근대적 시·공간의 탄생

개정증보판 근대적 시·공간의 탄생

개정증보판 1쇄 발행 2010년 9월 5일
개정증보판 3쇄 발행 2018년 4월 25일

지은이 이진경
펴낸이 유재건 • **펴낸곳** (주)그린비출판사 • **주소** 서울시 마포구 와우산로 180, 4층
전화 02-702-2717 • **이메일** editor@greenbee.co.kr • **신고번호** 제2017-000094호

ISBN 978-89-7682-740-1 03300
이 도서의 국립중앙도서관 출판예정도서목록(CIP)은 서지정보유통지원시스템 홈페이지(http://seoji.nl.go.kr)와
국가자료공동목록시스템(http://www.nl.go.kr/kolisnet)에서 이용하실 수 있습니다.(CIP제어번호: CIP2010003057)

나를 바꾸는 책, 세상을 바꾸는 책 www.greenbee.co.kr

| 개정증보판 |

근대적
시·공간의
탄생

이진경 지음

ᅙB
그린비

시간이나 공간에 관해 꽤 오랫동안 관심을 갖고 공부해 오면서 가장 놀라 왔던 것은 "시간은 존재하지 않는다"라는 『중론』의 명제였다. 이렇게 명백 히 시간이 존재하는데 어찌 시간이 없다고 할 수 있을까? 자명함으로 인해 더욱더 당혹스런 명제였다. 그것은 내가 당연하게 여기고 있는 어떤 관념 을 근본에서 반박하고 있는 것일 게다. 그렇다면 시간이 존재한다는 것은 대체 무엇일까? 아니, 시간이 존재하지 않는다면, 지금 우리가 인식하고 지 각하는 시간이란 대체 무엇인가? 그때 내 머리에 달라붙은 이 질문은 아직 까지도 떨어지지 않고 남아 나를 따라다니고 있다.

알다시피 베르그손은 우리가 지각하는 시간의 관념이 사실은 시간이 아니라 공간적 속성으로 치환된 시간, 즉 공간화된 시간이라고 말한다. 시 계바늘이 움직인 거리로 표시되는 시간, 그것은 '거리'라는 공간적 양으로 바꿔친 시간이라는 것이다. 순서라는 관념도, 거기에 전제되는 위치의 관념 도 그렇다. 그래서 그는 그렇게 공간화되지 않은 시간이란 무엇인지를 질 문하고 사유한다. 후설은 지나간 것을 다시-당기고 아직 오지 않은 것을 미 리-당기는 지향성을 통해 시간을 이해한다. 하이데거는 이를 '도래'하는 것 의 작용으로 변환하여 사용한다. 지향성처럼 주관의 작용인 경우는 물론, 베르그손처럼 '지속'이라고 말할 때조차 시간은 하나의 종합이고, 그 종합 의 산물임은 분명한 것 같다. 그렇다면 그 종합 이전에 시간은 존재한다고 할 수 없지 않을까? 시간이란 애초에 존재하지 않는 것을 우리가 만들어 내는 것 아닐까? 그러나 다시 의문은 남는다. 내가 건드리지 않고, 내가 '종합'하지 않아도 꽃은 지고 음식은 썩어 가며 비행기는 날아 가지 않는가?

시간은 존재하지 않는다는 말이 떨어지지 않고 계속 달라붙어 있는 것은 시간이 존재한다는 관념이 그토록 강하게 달라붙어 있기 때문일 것이다. 그러나 이후 시간을 다룬 철학자들의 책을 읽으면서, 나는 조금씩 조금씩 "시간이 존재하지 않는다"는 말에 다가가고 있었던 것 같다. 그 명제의 의미는 "시간이란 만들어진 것이고 만들어지는 것"이란 말일 게다. 그럼 그것은 어떻게 만들어지는가? '종합'에 의해, 즉 별개로 존재하는 것들을 하나로 묶는 종합에 의해서다. 그것이 단지 '주관적'이지 않은 것은 그 종합이 주관인 것이 아니란 이유 때문일 것이다. 그러나 주관적이지 않은 종합이란 대체 무엇인가? 내가, 주관이 관여함 없이 이루어지는 종합, 그것은 가령 상이한 사물들이 하나로 묶이는 것이고, 하나처럼 존재하는 것일 게다.

나중에 근자의 자연학은 이런 경우에 대한 많은 사례를 제공한다는 것을 알았다. 가령 수많은 반딧불이들이 리듬을 맞춰 동시에 반짝이는 것, 혹은 연주가 끝난 뒤 청중의 박수가 '동조'되는 현상이 그렇다. 내 신체의 기관들 또한 리듬을 맞추어 함께 움직인다. 달릴 때는 다리만이 아니라 심장도, 폐도 빨리 움직여 주어야 한다. 이런 리듬을 맞추기 위해 생체시계가 있다는 것도 알았다. 그렇다면 리듬을 맞추어 춤을 추는, 각기 다르게 움직이는 저 두 사람도 '종합'되는 하나의 시간 속에 있다고 해야 할 것이다. 그렇다면 상이한 개체들이 리듬을 맞추어 움직일 때, 시간이란 것이 만들어지는 것이라고 해야 하지 않을까? 시간을 만드는 '종합'이란 리듬을 맞추는 것의 다른 이름이라고 해야 하지 않을까?

여기까지 생각이 이르렀을 때, 그렇다면 봄에 맞추어 씨를 뿌리고 가을에 걷는 것도 자연의 움직임에 농부의 움직임이 리듬을 맞추는 것이란 생각이 들었다. 그런 움직임이 어디서나 '역'을 만든다는 것은 잘 알려진 사실이다. 역이란 이처럼 자연과 인간이 리듬을 맞추어 움직임에 따라 만들어진 '시간'의 형태일 것이다.

시간이 만들어지는 것을 이렇게 추적하면서 거꾸로 나는 "시간이 존재하지 않는다"는 말을 이해하게 되었고, 받아들일 수 있게 되었다. 시간은 없다. 그것은 리듬적 종합에 의해 만들어진다. 그렇기에 시간은 하나처럼 리듬을 맞추어 움직이는 모든 것에 존재한다. 따라서 '하나처럼' 움직이는 각각은 각기 다른 시간을 갖는다. 시간은 이처럼 다양하게 만들어질 수 있는 것이다! 나도 내가 리듬을 맞추는 상대방에 따라, 무리들에 따라 다른 시간을 넘나드는 것이다. 이렇게 보면, 우리들의 삶은 이 다양한 리듬, 다양한 시간을 만드는 것이라고 해도 좋을 것이다. 시간을 만든다는 것은 나와 함께 움직이고 나와 하나처럼 존재하는 동료들을 만드는 것이기도 하다.

그렇지만 우리가 언제나 우리의 시간을 만들 수 있는 건 아니다. 아니, 사실은 많은 경우 이미 주어진 시간에 맞추어 살아야 한다. 시계바늘에 맞추어 움직이고 시계바늘에 맞추어 말하고 침묵해야 한다. 학교나 직장에서도 그렇지만, 가정에서도 다르지 않다. 더욱 나쁜 것은 그 돌아가는 시계바늘에 쫓겨 다니고 끌려다닌다는 사실이다. "시간이 돈"이 된 사회, 그리고 돈이 모든 가치 있는 것을 대신하게 된 사회에서라면, 이는 차라리 시간의 존재 자체만큼이나 자명한 사실처럼 보인다. 그렇게 살다가 우리는 시간의 줄에 매달려 인생의 끝에 이르게 되고, 시간의 줄에 매달려 모든 시간과 이별하게 된다.

시간을 우리가 만들 수 있는 게 아니라면, 이 모든 사실은 피할 수 없는 운명으로 받아들여야 할 것이다. 과거의 수많은 사상가들이 시간의 줄을 끊고 불변성의 세계에 이르고자 했던 것은 이런 이유에서였을 것이다. 과거의 수많은 화가들이 시간을 커다란 낫을 들고 해골의 형상을 한 죽음의 신으로 그렸던 것도 이런 이유에서였을 것이다. 그러나 시간이 존재하지 않음을 안다면, 따라서 시간이란 만들어지는 것이며, 내가 속한 시간은 나와 함께 살고 함께 움직이는 동료들과 함께 만들고 바꿀 수 있음을 안다면, 거꾸로 이 끔찍한 형상의 운명도, 아무런 변화도 없는 정지된 피안의 세계도 모두 웃어넘길 수 있을 것이다.

애초에는 근대적 시간과 공간에 대해, 그것의 작동방식에 대해 썼던 이 책에, 그러한 시간에 대한 것뿐만 아니라 그것과 다른 시간에 대해 끼워 넣었던 것은 이런 이유에서였음을 이해해 주기를 나는 바란다. 시간뿐만 아니라 공간이나 시선에 대해, 우리의 이런저런 감각에 대해 다룬 글을 끼워 넣었던 것 역시 시간에 대한 이런 문제의식 속에서 읽어 주길 나는 바란다. 짧지 않은 시간이 지나갔음에도 다시 이 책을 찍어 내는 것을, 다른 삶의 가능성을 찾아 보자는, 그럼으로써 시간의 목줄에서 벗어나 '나'의 삶, '우리'의 삶이라고 말할 수 있는 출구를 열어 보자는 제안으로 읽어 주길 나는 바란다.

이 책이 쓰여지는 데 끼어든 수많은 인연들에 더해, 이 책이 다시 만들어지는 데 끼어든 또 다른 인연들, 그리고 그들과 함께 만든 시간에 대해 감사의 인사를!

2010년 8월

이진경

'핑크 플로이드'^{Pink Floyd}의 걸작 『달의 이면』^{Dark Side of the Moon}에 있는 「시간」^{Time}이라는 노래는 다음과 같은 구절로 끝난다.

> 시간이 다 되어 노래는 끝나야 해요. 비록 나는 아직 할 말이 더 남았어도 말이에요.(The time is gone the song is over, though I'd something more to say)

정말 우리는 시간에 끝나면 노래를 끝내야 한다. 싸구려 노래방에서든, 아니면 고래고래 소리지르며 정신없이 노래부르던 술집에서든. 노래뿐만이 아니다. 연인을 위해 미친 듯이 달려가 문닫으며 취직한 찰리는 거대한 기계 속에 갇힌 작업반장을 꺼내려다 벨이 울리자 갑자기 중단하고 도시락을 꺼낸다. 점심시간인 것이다!

대학에서 강의를 할 때도 그렇다. 한참 신이 나서 말하다가도 시간이 되면 중단해야 한다. 아무리 할 말이 많이 남았어도 소용없다. 반대로 할 말이 더 없는데도 시간이 아직 많이 남았으면 신소리라도 하며 시간을 때워야 한다. 시간이 어느 정도는 다 될 때까지. 오, 그때의 괴로움이란! 그래서 입으론 연신 떠들면서도 눈으로는 끊임없이 시계를 본다. 시간에 맞추어 해야 할 말의 분량과 말하는 속도를 조절하고 통제하는 것이다.

하지만 여기서 단지 '주관적인' 어떤 것을 떠올려선 곤란하다. 핑크 플로이드가 시간에 관해 저렇게 노래할 때, 스튜디오의 창 밖에선 프로듀서의 시선이 시계를 향하고 있을 것이다. 남은 할 말을 계속해서 떠들려고 해도 소용이 없다. 밖에서 기다리던 다음 강의의 주인공들이 가려진 문 밖에서 던지고 있을 눈총은 점점 더 빈번하게 삐그덕 열렸다 닫히는 문소리보다 더 강한 힘으로 말을 중단시킨다. 운이 좋아 다음 강의가 없어도 마찬가지다. 다른 강의에 가야 한다고 일어서는 학생들, 그리고 이젠 시간이 끝나지 않았느냐고 항의 어린 시선을 던지는 학생들. 그래, 끝내자! 뭐하느냐고 소리치는 작업반장의 고함에 놀란 찰리는 다시 그를 꺼내려 하지만 기계는 움직이지 않는다. 점심시간인 것이다!

이런 점에서 시간은 이미 '시간-기계'다. 우리의 행동과 말, 사고를 제약하고, 그 흐름을 적당한 단위로 절단하여 채취하는 시간-기계다. 학교에나 작업장에나, 또 많은 경우에는 공부하는 아이들의 방에도 어김없이 달라붙어 있는 시간표는 매 시간, 혹은 이미 주어진 분량의 시간마다 우리의 할 일을 정해 준다. 시간표-기계.

하지만 언제나, 모든 곳에서 모든 사람이 이런 식으로 살았을까? 아마 그렇진 않았을 것같다. 아무 때나 씨를 뿌린다고 벼가 꽃이 싹을 틔우진 않는다. 원시적 시기로 거슬러 올라갈 것도 없다. 모를 내던 농부들이 시계를 보며 일하진 않으며, 설혹 "6시야"라고 외치는 목소리가 있어도 그에 맞추어 일을 중단하진 않는다. 초기의 장인이나 도제들이 시간에 맞추어 일을 시작하고 끝냈다는 주장을 입증하는 것은 거의 불가능한 일이다.

공간의 경우도 비슷하다. 나이가 너댓살쯤 되면 집에서 아이들에게 밥을 먹이는 일은 결코 쉽지 않은 '일'이다. 잠시도 가만히 앉아 있지 않고 움직이며, 의자에 억지로 끌어다 앉혀 밥 한 숟갈 떠넣어 놓으면 어느새 저리 달아나 다른 짓을 하고 있다. 하지만 이런 아이들도 유치원에 가선 달라진다. 멀쩡히 앉아서 자기 손으로 꼬박꼬박 식사를 한다. 하지만 집에 오면 또다시 달라진다. 어쩜 저리 달라질 수 있는 것인지! 조용히 앉아서 공부하던 말 잘 듣던 학생들, 하지만 이들에게 룩색을 지워 강가에라도 풀어놓으면 사정은 조금 달라진다. 조금만 감시의 눈총을 늦추거나 통제의 목청을 낮추면 어느새 사고가 난다.

하지만 이 역시 그저 '주관적인' 것만은 아니다. 똑같은 동작으로 미친 듯이 바쁘게 나사를 조여대지 않으면 어느새 컨베이어벨트는 불량이 될 부품을 옮겨 가고, 옆에 있는 동료는 빨리 조이지 않고 뭐하느냐고 다그친다. 찰리처럼 나사 조이는 동작을 공장이 아닌 어떤 곳에서 그토록 반복하여 수행할 수 있게 할 수 있을것인가? 결코 만만치 않은 선생님의 거역하기 힘든 시선과 말이 아이들을 유치원의 식탁에 앉게 한다. 높이 돋운 교단 위에서, 마치 권위 모양 곧추 세운 교탁에서 내리꽂히는 교사의 시선, 교탁을 향해 줄지어 배열된 책걸상들, 그리고 닫아 놓은 문은 공부를 하지 않아도 교사를 보며 앉아 있게 만든다. 집이나, 공장이나, 유치원이나, 학교나 모두 '기계'다. 우리의 말과 행동, 사고를 제한하고 특정한 형태로 반복하게 하는 '공간-기계'. 집-기계, 공장-기계, 학교-기계, 성당-기계…… 이 모두는 사회적으로, 그리고 역사적으로 다른 방식으로 작동하는 공간-기계다.

우리의 삶은 바로 이런 시간-기계와 공간-기계를 통해서 조직되고 진행된다. 우리의 하나하나의 행동은 어떤 식으로든 이 시간-기계와 공간-기계에 결부되어 있다. 이 책은 바로 이런 시간-기계와 공간-기계를 다룬다. 근대사회를 살아 가는 우리들 근대인의 삶은, 근대인들의 삶을 조직하고 통제하는 조건으로서 근대적인 시간-기계와 공간-기계에 대한 연구를 통해 이해될 수 있다는 생각에서다.

그것은 아마도 근대적 시간 및 공간 개념의 탄생, 그리고 그것의 탄생을 규정한 역사에 대한 연구를 필요로 한다. 그것은 또한 집이나 학교, 공장 등에서 시간-기계와 공간-기계가 작동하는 방식, 그 결과 형성되는 시간과 공간에 대한 이미지 등에 대해 개념화적으로 사고할 수 있도록 해줄 수 있을 것이다. 그리고 이러한 연구는 집이나 학교, 공장 등 근대의 사회적 장場에서 우리를 일상적으로 '근대인'으로 생산하는 배치에 대한 연구에 기초를 제공할 것이라는 생각이다.

이 책에 실린 글은 여러 시기에 걸쳐 쓰여진 것이다. 1995년 9월경에 쓰여져서 서울사회과학연구소에서 발표했던 원고가 이 책의 주된 부분을 이루고 있다. 하지만 적절한 출판의 형식을 찾지 못했던 그 원고에, 시간·공간에 관한 여러 가지 연구방법에 관한 부분을 그로부터 1년 뒤 추가했고, 출판을 위해 사진과 도판을 마련하면서 본문과 관련되어 있지만 어느 정도는 독자성을 갖는 일종의 주석과 보충을 도판에 대한 설명을 대신해서 최근에 덧붙였다.

쓰여진 시기가 다르다 보니, 그간의 생각의 변화나 사용하는 개념의 소소한 변화로 인해 각 부분 간에 약간의 요철(凹凸)이 없지 않다. 하지만 전체적으로 일관성은 그다지 흔들리지 않았다고 보아 이러한 요철을 그대로 둔 채 출판하기로 했다. 그것에 손을 대는 작업의 번거로움이 그 주된 이유겠지만, 좀더 근본적으로는 이런 부분 간의 이질성이야 어느 경우든 있게 마련이고, 그것을 제거하는 것이 무조건 좋은 것은 아니란 생각도 없지 않았다.

본문의 내용이 어렵다고 느껴진다면, 도판과 그에 관한 '텍스트'를 먼저 읽는 것이 이해에 조금은 도움이 될 것이다. 그리고 시간, 공간을 다루는 이론에 관해 특별한 관심이 없다면 '여러 가지 연구방법들'에 관한 절은 건너

뛰어도 아무 지장이 없을 것이다. 읽기 어렵게 만드는 서술의 미숙함이 '근대사회의 시간-기계와 공간-기계'에 관한 절에 이르는 데 방해가 안 되길 바라지만, 그 미숙함을 견딜 수 없다면 직접 그 절로 넘어가는 것도 불가능하진 않을 것 같다. 근대적 삶에 대한 사유와 그로부터 탈주선을 그리려는 시도에 조금이나마 유용하게 이용될 수 있기를 소망한다.

1997년 3월
이진경

| 차 례 |

근대적 시·공간의 탄생

1장

시간의 역사에 관한 강의 :
사회적 시간의 역사이론을 위하여

1. 삶의 리듬과 사회적 시간

우리가 지금 다루려고 하는 '시간의 역사'라는 이 주제는 흔히 떠올리는 스티븐 호킹의 책이나 '상대성이론', '양자역학', 혹은 '열역학이론'과 같은 어려운 이론과는 별 상관이 없다. 차라리 그것은 우리 삶의 직접적인 영역을 다루는 것이고, 우리의 삶을 형성해 온 '시간'의 역사를 다루는 것이다. 이는 사회적인 차원에서 시간의 작용방식과 역사를 뜻한다는 점에서 '사회적 시간'을 다루는 것이라고 하겠다.

이를 이해하기 위해서는 일단 템포tempo라는 친숙한 단어를 떠올리면 좋을 것 같다. 그것은 알다시피 음악에서 빠르기를 표시하는 말로 사용된다. 하지만 단순한 속도와는 달리, 일정한 주기성을 갖는 빠르기이다. 보통 박자measure라고 부르는 것이, 강약의 박pulse으로 그 주기를 표시하기 때문에 템포는 박자와 연관된 것처럼 보인다. 사실 박자는 빠르기의 진행을 규제하는 척도measure라는 점에서, 척도로 작용하는 시간과 유사한 면을 갖고 있다.

〈그림 1–1〉 모리스 라벨(Maurice Ravel), 「볼레로」(Bolero)

라벨의 춤곡 볼레로의 시작 부분이다. 플루트 독주로 아주 작고 조용하게 시작되는 선율은 처음부터 끝까지 거의 달라지지 않고 반복된다. 그에 맞추어 탬버린이 두 마디 단위로 고정된 리듬(a)을 또한 처음부터 끝까지 변함없이 반복한다. 라벨은 이처럼 선율과 리듬을 고정해 놓아도 음악이 될 수 있음을 보여 줌으로써, 선율과 리듬 이외의 다른 요소, 즉 음색을 이루는 다양한 요소들이 또 다른 결정적인 음악적 요소임을 '증명'했다. 이 작품은 보다시피 4분의 3박자지만, 템포는 제일 머리에 따로 표시되어 있다. 즉 박자와 템포는 다른 것이다. 또한 탬버린이 연주하는 리듬은 3박자로 환원될 수 없는 다양한 가능성을 갖는다. 다만 이 곡에선 일부러 2마디 단위로 고정해 두었지만, 이것만으로도 리듬은 박자와 다르다는 것을 쉽게 알 수 있다.

그러나 템포를 빨리한다고 해서 박자가 변하는 것은 아니다. 반면 템포를 빨리할 경우 리듬은 다른 성격을 갖게 된다. 왈츠풍의 3박자로 '쿵 짝 짝' 하는 것을 2배쯤 빠르게 하거나 2배쯤 느리게 하는 경우를 떠올려 보자. 이런 점에서 템포는 차라리 리듬에 관한 것이라고 말하는 게 더 정확할지도 모르겠다. 템포를 정의하는 말, 예를 들면 라르고largo, 안단테andante, 모데라토moderato, 알레그로allegro, 비바체vivace 등은 박자에 관한 것이 아니라 리듬에 관한 것이란 점을 생각해 보면 좀더 쉬울지 모르겠다.

이 템포라는 말은 이탈리아어로 '시간'이란 뜻이다. 프랑스어로 시간을 뜻하는 탕temps이란 단어를 보면 같은 어원을 갖는 말이란 걸 쉽게 알 것이다. 그리고 우리의 삶은 바로 그 시간이라는 형식을 통해 진행된다.

〈그림 1-2〉 스트라빈스키(Igor Fedorovich Stravinsky), 「봄의 제전」 중 '젊은 소녀의 봄 춤의 징조'

스트라빈스키의 「봄의 제전」 가운데 박의 변화로 박자를 깨는 유명한 부분이다. 4분의 2박자는 강-약, 강-약의 박으로 구성된다. 그런데 현악기의 총주로 시작되는 부분은 스타카토로 정규적인 박을 강한 걸로 균질화하고는 곧바로 셋째 마디부터 악센트(' > ' 표시)를 이용해 강박의 위치를 바꾸고 있다. 그래서 셋째 마디는 약-강-약-강으로 강약이 도치되었고, 넷째 마디는 정상적인 2박자로 되돌아오지만 다섯째 마디에 가선 둘째 음에 강박을, 그 다음 두 마디는 모두 첫째 음에 강박을, 그 다음엔 다시 둘째 음에 강박을 주었다. 그 결과 이 부분은 들어선 박자를 알 수 없게 되었으며, 이는 이후 현대음악에서 박자를 해체하게 되는 결정적인 문턱이 된다. 즉 박자는 그대로 둔 채 박자 안의 리듬적 요소인 박을 변화시킴으로써 박자 자체가 해체된 것이다.

예를 들어 아침 7시면 일어나서 식사하고 9시 정도까지 출근을 하며, 12시가 되면 다시 식사를 하고······ 혹은 봄이면 씨 뿌리고, 여름이면 꽃을 피워 가을이면 수확하고 겨울이면 쉬는 농부의 삶도 마찬가지다. 그것은 음악과 마찬가지로, 일정한 주기성을 갖고, 일정한 반복의 형식——리듬——을 가지며, 나아가 일정한 빠르기를 갖는다는 점에서, 매우 강한 동형성을 갖는다. 이런 점에서 시간이란 삶이 진행되는 양상을 표시하는 '리듬'이라고 할 수 있다. 즉 이제 말하려는 사회적 시간이란 사회적 차원에서 형성되고 작동하는 삶의 리듬이라고 쉽게 이해하면 좋을 것이다.

그런데 하나의 사회 안에서도 사회적 시간은 다양한 형태로, 뒤섞이거나 병존하는 양상으로 존재한다. 우리의 현재 삶도 그렇다. 태양의 주기를 통해 정의되고 규제되는 '해'라는 시간이 있는가 하면, 계절에 따른 시간이 있고, 달의 운동과 연관된 시간(음력)이 있다. 반면 그런 자연적 주기에 기초한 시간과는 달리 인위적으로 정의된 시간표가 하루의 삶을 규정한다. 학교나 사무실, 공장은 특히나 그렇다. 그리고 이 다양하고 이질적인 시간들은 알다시피 서로 공존하며, 서로 교차하기도 하고, 서로 결합되거나 중첩되기도 한다.

나아가 이러한 사회적 시간은 단지 법조문처럼 대개는 일상과 동떨어진 어떤 외적인 규칙의 집합이 아니라, 일상적 삶의 부분부분을 사로잡고 있는 내적인 주기요 리듬을 표시한다. 이러한 리듬과 무관한 삶은 없으며, 이 주기적 리듬을 통해 진행되지 않는 삶은 없다고 단언할 수 있다. 바로 이런 의미에서 (사회적) 시간은 삶을 조직하는 내적인 형식이라고 말할 수 있다.

더욱이 어떤 사회나 삶의 리듬을 전체적으로 규정하는 지배적인 시간이 있게 마련인데, 이는 대개의 경우 사회·역사적으로 커다란 차이를 갖는다. 인류학자들의 연구는 우리가 익숙해져 있는 것과는 다른 많은 경우들에 대해 풍부한 사례를 알려 주고 있다. 예를 들면 말리노프스키Bronisław Malinowski는 트로브리안드Trobriand 족의 전혀 다른 시간 개념을 보여 준다. 그들은 해日의 운동에 대해 잘 알고 있지만, 해年라는 시간 관념은 갖지 않으며, 해와 관련된 사실들에 별 관심이 없다고 한다. 시간 계산과 관련해 해를 이용하는 방법은 주로 실제적 이용과 결부되어 있는데, 이는 하루의 각 시점이 갖는 의미에 관련된 것이라고 한다(예를 들면 새벽, 일출 전, 일출, 해가 지평선에 걸린 때……). 별 역시 비슷해서, 별자리에 이름을 붙이고 있으며, 어느 계절에 어느 별이 보이는지 알고 있지만, 시간을 측정하는 데는 이 역시 별다른 역할을 하지 않는다.

반면 그들의 시간 측정에서 달은 매우 큰 비중을 차지한다. 하지만 그들은 달의 변화 원인이나 주기에 대한 상징적 해석에는 별 관심이 없다. 부족 생활에서 달이 갖는 중요성과 관심은 전적으로 직접적이다. 즉 달빛은 밤의 어둠을 비추는 데 매우 중요해서, 모든 축제나 대사大事, 제의ritual는 보름달에서 그 절정에 이른다. 그들은 달의 주기를 4개로 나누는데, 각각의 4분기는 고유한 이름을 갖는다고 한다. 열셋째 날이 보름달의 시작으로 간주되며, 이날 세 가지 계속적인 축제일의 계열이 시작된다. 열넷째 날은 그 절정으로 간주되고, 열다섯째 날은 보름달이 끝나는 날이다.[1]

여기서 알 수 있는 것은 시간의 척도가 될 수 있는 다양한 주기가 있지만, 트로브리안드 족의 생활과 가장 밀접하게 연관된 것이 그 중에서 지배적인 위상을 차지하게 된다는 것이다. 이를 통해 한 사회에 고유하며, 그 사회에서 지배적인 시간 개념이란 그들의 삶의 주기 내지 삶의 리듬을 표시하는 것이란 점을 우리는 쉽게 알 수 있다.

부르디외Pierre Bourdieu는 알제리의 카빌Kabyle 족에 대한 인류학적 연구에서 그들에 고유한 시간 개념을 찾아서 보여 준다.[2] 지면 관계상 자세히 적지는 못하지만, 카빌 족의 경우에도 트로브리안드 족과 마찬가지로 그

1) Bronisław Malinowski, "Time-reckoning in the Trobriands", ed. by John Hassard, *The The Sociology of Time*, St. Martin's Press, 1990.
2) Pierre Bourdieu, "Time perspectives of the Kabyle", ed. by John Hassard, *The The Sociology of Time*, St. Martin's Press, 1990.

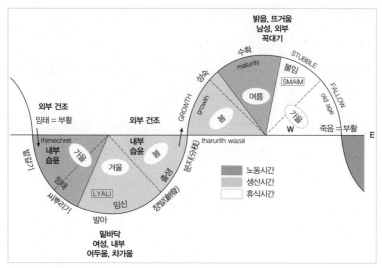

〈그림 1-3〉 순환적 시간

부르디외가 그린 알제리 카빌족의 1년력이다. 네 개의 계절과 농사일정, 자연의 성장력, 인간의 삶의 리듬 등 자연적인 리듬을 형성하는 몇 개의 리듬들이 함께 어우러져 하나의 공통된 리듬을 형성하고 있다. 아마도 순환적인 형태의 시간성을 보여 주는 전형적인 경우가 아닐까 싶다.

들의 생활——계절적 주기와 결부된 농경 생활과 가족 생활 등——과 밀접히 결부된 고유한 시간 개념이 부족의 삶 전체를 특징짓는 지배적인 리듬이란 점 정도만 밝혀 두겠다.

여기에 추가해야 할 또 하나의 중요한 사실은 대개는 침략과 지배, 혹은 침투의 양상으로 이루어지는 상이한 사회 사이의 접촉이나 소통은, 지배적인 시간 사이의 대립과 상충을 야기한다는 것이다. 일본과 한국은 각각 다른 사례를 보여 준다. 일본이나 한국이나 달의 운동을 기준으로 한 역曆인 음력을 사용하고 있었다. 일본은 일찍이 근대화를 추진하면서, 서양의 역인 양력을 받아들였고, 그것을 통해 기존의 시간을 대체했다. 그 결과 지금은 철저하게 양력으로 통일되었고, 그래서 한국이나 중국에는 남아 있는 설이 일본에서는 사라졌다. 추석 역시 마찬가지다.

반면 한국의 경우 (음력) 설과 추석은 오랜 정책적 억압에도 불구하고 사라지지 않았다. 설을 양력 1월 1일로 대체하려는 일본 제국주의의 노력은, 일세가 패망하여 물러간 이후에도 계속되어, 박정희 시대는 물론 그 이후에도 계속되었다. 설을 공휴일에서 제하고, 양력 1월 1일을 양력설로 만들어 연휴로 정하는 식으로 말이다. 그러나 그것으로써도 설을 없애는 데는 실패했고, 결국은 다시 설을 사람들에게 돌려주었다. 최근 점차 약화되고 있음은 사실이지만, 음력은 아마도 우리 부모님 세대가 살아 있는 한 그 영향력을 잃진 않을 것으로 보인다. 그것은 양력으로 환원되지 않는 생활 리듬이 여전히 소멸하지 않고 있음을 뜻하는 것이라 할 수 있다. 물론 이른바 '근대적' 삶의 내면적 침투가 진행됨에 따라 그것은 점차 영향력을 잃어갈 것 또한 분명하겠지만 말이다.

이제 우리는 현재 우리의 삶을 지배하고 있는 사회적 시간에 관해 말하려고 한다. 그렇지만 그것은 차라리 그 근대적인 시간이, 서구에서 고유하게 형성되었던 그 시간이 어떤 역사적 맥락을 갖는 것인지, 그것은 또 어떻게 우리의 피부에까지 새겨지게 된 것인지에 대해 질문하는 것일 수밖에 없다. 나아가 자본주의와 그 근대적 시간의 관계는 또 어떤 것인지에 대한 질문 역시 빼놓을 수 없다. 이를 통해서 무의식적으로 행해지는 우리의 삶의 양상에 대해 다시 질문하고, 거기서 새로운 삶의 리듬, 새로운 사회적 시간을 상상해 볼 수 있는 여백을 만들어 볼 수 있지 않을까?

2. 시간적 질서, 혹은 리토르넬로

삶의 리듬으로서 사회적 시간, 이는 동시에 삶의 시간적인 질서를 뜻하는 것이기도 하다. 동시에 그것은 어떤 사회에 내재하고 있는 시간적인 질서를 뜻하기도 한다. 리듬이라는 것은 카오스에 어떤 질서를 부여한다.[3] 달리 말하자면, 주어진 것 속에서 리듬을 포착한다는 것은 주기적으로 반복되어 돌아오는 어떤 규칙을 포착한 것이고, 그 안에서 강약과 장단의 흐름을 매번 달라지는 변화 속에서도 놓치지 않을 수 있게 되었음을 뜻한다. 즉 리듬을 통해 '카오스'는 '코스모스'로 변환된다고 할 수 있는 셈이고, 이런 점에서 삶의 리듬은 각각의 사회에 고유한 시간적인 질서와 결부되어 있다고 할 수 있을 것이다. 하지만 그것은 박자의 시간적 질서에 따르는 경우에조차 결코 박자의 단조로운 반복으로 환원되지 않는, 나름의 변이를 포함하는 질서고, 언제나 차이를 포함하는 반복이다. 우리는 시간적 주기 안에서 살지만, 다람쥐 쳇바퀴 돌듯 동일하게 반복되는 삶을 사는 것은 아니다.

결국 삶의 리듬으로서 사회적 시간이란 개개인들의 삶이 가진 차이와 이질성을 제거하지 않으면서도, 그들 사이에서 만들어지는 어떤 질서 내지 통일성이라는 것이다. 이런 점에서 그런 것은 사람들은 의식적으로 두들겨 맞추려고 하는 것이 아님에도 불구하고 형성되는 통일성이고 '일관성'consistance이라고 할 수 있다. 오히려 일상적 삶만큼이나 무의식적이기에 자연스럽고, 또한 무의식적인 만큼 각자의 이질성과 어우러질 수 있는 그런 삶의 질서. 이를 들뢰즈·가타리라면 '리토르넬로'ritornello——보통 '반복구'라고 번역된다——라는 개념으로 부를지도 모르겠다.[4]

물론 언제나 그런 것은 아니다. 일찍이 찰리 채플린이 훌륭하게 묘사한 바 있지만, 공장에서의 시간은 미분화微分化된 시간에 동일한 동작을 대

3) 이진경·권혜원 외 역, 『천의 고원』 II, 연구공간 '너머' 자료실, 2000, 91쪽.[Gilles Deleuze et Félix Guattari, Mille plateaux, Minuit, 1980.]
4) 같은 책, 90쪽 이하 참조.

〈그림 1-4〉 니콜라 푸생(Nicolas Poussin), 「시간의 음악에 맞추어 춤추는 여인들」(A Dance to the Music of Time) 습작, 1635년경
오른쪽에서 하프를 타고 있는 인물은 시간의 신이고, 그 옆에 '덧없음'의 상징인 모래시계와 비눗방울을 갖고 두 아이가 놀고 있다. 그리고 네 명의 여인들이 시간의 신이 타는 음악에 맞추어 춤을 추고 있다. 가난·노동·재물·사치를 상징한다는데, 내 눈에는 네 개의 계절처럼, 혹은 그 계절에 따른 삶처럼 보인다. 우리 삶은 이처럼 시간의 흐름에 맞춰 추는 춤 같은 것이라고 말하려는 것일 게다. 하지만 우리는 훌륭한 반주자라면 춤의 템포나 리듬이 달라지면 그에 맞춰 연주한다는 걸 안다. 저 시간의 신 역시 훌륭한 반주자임을 믿기에 춤에 맞춰 리듬과 템포를 바꾸어 주리라고 믿는다. 시간은 이처럼 삶의 템포, 삶의 리듬을 통해 만들어지고 변화되는 것이다.

응시키는 방식으로 작용하기에, 심지어 동작의 미세한 움직임까지도 통제하여 획일화시키려고 하기에, 앞서와 같은 '여유 있는' 시간 개념에서는 크게 벗어난다. 그리고 이는 나중에 다시 말하겠지만, 근대 내지 자본주의에 이르러 삶의 점점 더 넓은 영역으로 확장되어 간다. 여기서 발견되는 것은 차이 없는 반복이다. 견딜 수 없는 반복, 참기 힘든 통일성이다. 이를 가타리는 '자본주의의 리토르넬로'라고 말했다.[5]

5) Félix Guattari, *L'Inconscient machinique : essais de schizo-analyse*, Recherches, 1979, pp. 109~117.

리토르넬로란 개념이 생소할 테니 약간 부연하자면, 그것은 원래 바로크음악에서 합주협주곡concerto grosso 만드는 형식을 지칭하는 이탈리아어다. 합주하는 악기의 총주總奏, tutti가 어떤 선율을 한 악구樂句, phrase 연주하면, 그에 이어서 독주악기가 독주solo를 한다. 그게 끝나면 다시 총주된 악구가 반복된다. 조調를 바꾸거나 하는 등의 변환을 해서 말이다. 그리고 다시 독주 악기의 솔로가 이어지고, 또 다시 총주된 악구가 변형된 형태로 연주되고…… 이런 식으로 계속하다가 마지막에는 총주가 처음과 같은 조로 같은 악구를 반복하고 끝난다. 이처럼 반복되는 구를 리토르넬로라고 하기도 하고, 이런 방식의 악곡 형식을 '리토르넬로'라고 하기도 한다.

결국 리토르넬로란 반복에 의해 만들어지는, '시간적인 질서의 기초를 이루는 리듬'[6]을 지칭한다. 이때 반복구는 합주협주곡에서처럼 보통은 변이와 변환을 포함하는 반복의 형식을 취하지만, 자본주의의 리토르넬로처럼 차이 없는 반복의 형식을 취하는 경우를 배제하지도 않는다. 그것은 사회·역사적으로 상이한 양상을 취하는 시간적 반복과, 그것을 통해 형성되는 무의식적 질서를 파악하기 위한 개념인 셈이다. 그것이 차이의 반복이든, 동일성의 반복이든 간에.

르페브르Henri Lefebvre는 공간의 변혁이란 관점에서 기존의 사회주의에 대해 이렇게 질문한 적이 있다. "사회주의 체제는 자신에 고유한 공간을 만들어 냈던가?"[7] 그리고 이렇게 대답한다. "'사회주의'의 공간에 관한 질문에 얼른 답하기는 쉽지 않다. 여기에는 많은 신중함이 필요하다. 아마도 혁명적 시기, 그 강렬한 변혁의 시기는 새로운 공간의 전제 조건을 만

---

6) Félix Guattari, *L'Inconscient machinique : essais de schizo-analyse*, p. 110.
7) Henri Lefebvre, *The Production of Space*, tr. by N. Donaldson-Smith, Blackwell, 1991. [*La Production de l'espace*, Anthropos, 1974.]

들 뿐이라고, 그러한 공간의 구현은 조용히 진행되는 오랜 시기를 요구한 다고 말할 수 있을 것이다. 1920~30년대 소비에트 러시아에서 진행된 과감하고 창조적인 격동은 다른 영역에서와 마찬가지로 건축과 도시주의의 영역에서도 극적으로 중단되었다. 그리고 이 풍요로운 시기는 불모의 시기로 이어졌다. 이 불모의 시기가 낳은 결과는 어떤 의미를 갖는가? 오늘날 '사회주의적'이라고 할 만한 건축적 생산물은 어디에서 찾아 볼 수 있는가?"[8] 즉 르페브르의 결론은 "사회주의에서는 어떠한 건축적 혁신도 일어나지 않았으며, 어떠한 특별한 공간도 창조되지 않았다"는 것이다.[9] 결국 사회주의 체제는 기존의 공간을 근본적으로 변환시키지 못했다는 것이다. 이는 매우 근본적인 비판이다. 왜냐하면 이 경우 공간이란 뉴턴이나 칸트가 말하는 어떤 추상적인 형식이 아니라, 삶이 조직되는 구체적 형식이고, 경험과 사유의 구체적인 기초가 되는 지반이기 때문이다. "이러한 질문은 중요하다. 새로운 공간을 생산하지 못한 혁명은 그 잠재력을 충분히 실현하지 못하고 있는 것이다. 그러한 혁명은 삶 그 자체를 변혁시킨 것이 아니라 단지 이데올로기적 상부구조나 제도, 정치적 장치를 변혁시킨 것에 불과하기 때문이다. 정말로 혁명적인 성격을 갖는 사회적 변환은 그것이 일상생활이나 언어, 공간에 미치는 효과에서 창조적인 능력을 보여 주어야 한다. 그 충격이 각각의 영역에서 동일한 비율, 동일한 속도로 진행될 필요는 없다고 해도 말이다."[10]

이는 시간에 대해서도 마찬가지로 이야기할 수 있다. 사회적 관계의 변화, 그것은 틀림없이 삶의 리듬의 변화를 포함할 것이며, 또한 그래야만

8) *Ibid.*, p. 54.
9) *Ibid.*, p. 55.
10) *Ibid.*, p. 54.

한다고 말이다. 왜냐하면 그것은 삶을 바꾸는 것이어야 하기 때문이고, 삶을 근본적으로 바꾼다는 것은 새로운 삶의 리듬을, 새로운 시간을 만들어 내는 것을 뜻하기 때문이다. 그렇지 못한 경우, 그것은 삶의 근본적 변혁과 전복에 실패한 것이라고 해야 한다. 혁명의 문제로서 사회적 시간의 문제에 관심을 갖는다는 것은 바로 이런 문제의식이 아닐까 생각한다.

3. 순환적 시간과 직선적 시간

사회적 시간이 삶의 리듬이라면 당연히 이것은 삶의 리듬으로서 순환성을 반영할 수밖에 없다. 삶은 해와 계절의 주기, 달의 주기 등에 의해 주기적으로 순환하는 방식으로 진행되기 때문이다. 이런 점에서 어쩌면 순환적 시간은 자연스럽고 당연한 것인지도 모른다. 특히 자연적 순환의 리듬에 기초한 삶의 경우에는 더욱더 그렇다. 자연적 리듬의 순환성이 사회적 리듬의 순환성을 기초 짓는 셈이다.

1968년 혁명을 전후해 '상황주의자'라는 그룹의 일원으로 활동하다가, 1995년에 자살한 기 드보르Guy Debord는 그의 책 『스펙터클의 사회』에서 이렇게 쓰고 있다.

순환적 시간은 예전부터 유목민의 경험을 지배해 왔는데, 왜냐하면 그들은 유랑의 매순간마다 반복되는 동일한 상황에 부딪히기 때문이다. …… 떠도는 유목생활로부터 정착된 농경생활로의 전환은 내용 없는 게으른 자유의 종말이자 노동의 시작을 뜻한다. 농경적 생활양식은 일반적으로 계절적 리듬에 종속되어 있기 때문에, 완벽하게 구성된 순환적 시간의 토대가 된다. 영원은 순환적 시간에 내재해 있다.[11]

물론 여기서 드보르가 말하는 유목이 들뢰즈·가타리가 말하는 것과 동일한 가치평가를 갖는 것은 아니다. 하지만 순환적 시간이 유목민의 생활이나 농경생활과 긴밀히 결부되어 있는 것은 분명하다.

이런 순환적 시간에서는 세속의 시간과 신성한 시간이, 일상적 삶의 시간과 종교적 삶의 시간이 일치한다. 종교적 시간은 천문적인 시간, 자연적인 시간에 기초해서 구성되고, 이것이 세속의 시간을 규제하고 지배한다. 이 경우 역曆의 관리자, 시간의 관리자는 천문을 보며 점을 치는 점술가·마술사였고, 이들이 세속의 크고 작은 일에 적절한 날을 잡는 것이다.

이는 지금 우리 주변에서도 쉽게 볼 수 있다. 예컨대 이사를 하거나 결혼을 할 때, 날을 잡는다고 하는 경우가 그렇고, 『주역』의 속화라고 흔히 말하는 사주가 그렇다. 이 경우 시간은 결코 동질적이지 않아서, 좋은 날과 나쁜 날, 사주와 상생하는 날과 상쟁하는 날로 나뉜다. 우주의 흐름과 자연의 흐름, 그리고 삶의 흐름이 서로 조화되는 시간을 찾아 내는 것을 '날을 잡는다'고 한다.

〈그림 1-5〉는 매우 독특한 아이콘이 인상적인 마야의 달력 가운데 하나다. 그림에서 왼쪽 바퀴의 톱니는 13개월의 각 달을, 오른쪽 바퀴의 톱니는 이믹스(해룡/물/술), 익(공기/생명), 악발(밤昧), 칸(옥수수), 칙찬(뱀), 시미(죽음), 마닉(사슴/사냥), 라마트(토끼), 물룩(물), 옥(개), 추엔(원숭이), 엡(풀), 벤(갈대), 익스(재규어), 멘(새/독수리/현명한 자), 십(올빼미/대머리 독수리), 카반(힘/대지), 에스납(부싯돌/칼), 카왁(폭풍), 아하우(주主)로 순환하는 20개의 날日을 표시한다. 현재 톱니가 맞물린 상태는 2월-마

---

11) 기 드보르, 『스펙터클의 사회』, 이경숙 옮김, 현실문화연구, 1996, 107쪽.[Guy Debord, *La Société du spectacle*, Buchet-Chastel, 1967.]

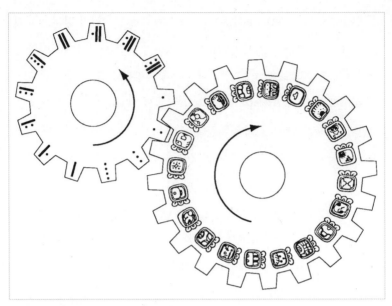

〈그림 1-5〉 마야 달력에서 260일 주기의 계산방법
마야인들은 모든 것을 시간화했다. 그래서 여러 개의 시간의 주기가 아주 복잡하게 얽혀 있는 시간-다양체를 만들었다.

닉을 표시한다. 그러나 20일 13개월 260일의 주기를 갖는 이 '졸킨'Tzolkin 력曆과 동시에 마야에는 20일 18개월(폽, 워, 십, 소츠, 섹, 술, 약스킨, 몰, 첸, 약스, 삭, 케흐, 막, 칸킨, 무안, 팍스, 카얍, 쿰후)에다 '불운한 5일'('와옙'이라 한다)을 더한 365일의 '하압'Haab력이 함께 사용되었다. 여기에 20년을 한 단위(카툰)로 하는 주기와 20카툰을 다시 한 단위로 하는 장주기들이 있었다.

그런데 마야의 달력에서 각각의 날에는 해도 좋은 일 내지 하면 좋은 일이나 하면 나쁜 일이 나름대로 대응되어 정해진다. 어떤 날은 옥수수를 심는 날, 어떤 날은 신에게 제사 드리는 날, 어떤 날은 아이에게 무언가를 주는 날 등등. 종교적 시간 내지 제의적 시간(이 두 말이 다 그다지 적절하다는 생각은 안 들지만)이 세속적 시간 내지 일상적 시간에 개입하고 그것을 '지배'(이 역시 별로 적절한 것 같지 않지만)하는 방식은 '좋다-나쁘다'라는 범주를 통해서 이루어진다. 이날 옥수수를 거두면 좋다/나쁘다, 이날 결혼식을 하면 좋다/나쁘다 등등. 이는 니체가 『도덕의 계보』에서 잘 보여 주었듯이,[12] 그리고 스피노자가 그 이전에 이미 윤리ethica와 도덕moralia의 상이한 범주로서 구분해서 보여 주었듯이,[13] 뒤에 보는 선-악의 범주와 매우 다른 성격을 갖는다.

반면에 이른바 역사라는 것을 통해서 시간은 순환적인 것에서 직선적인 것으로 바뀐다. 이때 역사가 단지 과거에 일어난 일만을 뜻하는 것은 아니다. 그것은 언제나 정치나 권력과 긴밀히 결부된, '계열화된' 사건들의 집합이다. 그런 만큼 계열적인 통일성을 구성하기 위해선 '필요한' 사건을 애써 찾아내기도 하고, 반대로 그 계열의 통일성을 교란하는 사건은 배제하기도 하는 방식으로 구성되고 만들어지는 것이 역사다. 그래서 예컨대 김부식은 자신이 쓴 역사책을 위하여 그 이전의 모든 역사책들을 다 불태워 버리지 않았던가? 역사가 국가로부터 '독립'했다고 보이는 최근의 시기에도 적어도 공식적인 성격의 '역사'는 권력의 정통성을 입증하면서, 그것을 축으로 특정한 사건들을 선별하여 포섭하거나 배제하는 방식으로 구성된다.

요컨대 역사란 정착민의 삶이 제국 내지 국가의 형태를 취하며, 그것을 통해 일련의 사건들이 모여 '문화' 내지 '문명'이라는 것을 만듦으로써

---

12) 프리드리히 니체, 『도덕의 계보』(니체전집 14), 김정현 옮김, 책세상, 2002.[Friedrich Nietzsche, *Zur Genealogie der Moral*, 1887.]
13) 질 들뢰즈, 『스피노자의 철학』, 박기순 옮김, 민음사, 2001.[Gilles Deleuze, *Spinoza: Philosophie pratique*, Minuit, 1981.]

구성되는 것이다. 이때 문명이나 문화라는 것은 성과의 축적이요, 지나간 시간의 누적을 뜻하는 것이다. 그렇게 누적된 시간은 돌이킬 수 없는 것이 된다. 예를 들면 대륙의 중앙을 정복한 사건, 황제로 등극한 시점은 결코 돌이킬 수 없는 것이다. 황제는 자신의 권력을 무無로 되돌리는 순환적 시간을 결코 허용할 수 없는 것이다. 이제 그들은 그 시간을 불가역적不可逆的인 것으로 만들기 위해 역사를 '기록'하기 시작한다. 연대기적인chronology 기록으로서 역사, 혹은 중국식의 편년체 역사는 시간의 방향성을 하나로 고정함으로써, 그리고 그것을 누적되고 축적되는 것으로 만듦으로써 현존하는 권력과 문명을 필경 무로 돌리고 말 순환적 시간과 싸우는 일종의 보호막인 셈이다. 드보르는 말한다.

> 연대기는 권력의 불가역적 시간의 표현이자, 시간의 임의적 진행으로부터 선행했던 것을 보호하는 도구다. 왜냐하면 시간의 이런 불가역적 방향은 모든 특수한 권력의 몰락과 더불어 붕괴하고, 그런 뒤에는 순환적 시간의 무심한 망각으로 돌아가기 마련이기 때문이다.[14]

따라서 역사의 시간은 순환성을 깨는 직선적 시간의 형식을 취한다. 역사의 소유자들은 시간에게 하나의 의미sens: '방향'이란 뜻도 있음, 즉 일정한 의의를 지니는 하나의 방향성을 부여했다고 할 수 있다.

결국 역사의 시간이란 역사를 소유한 자들의 시간이고, 그렇지 못한 자들의 삶의 리듬을 소유한 자들에 일치시키려는 그러한 시간이라고 할 수 있다. 그런 점에서 그것은 '제국의 시간'이요, '권력의 시간'이라고 할

---

14) 기 드보르, 『스펙터클의 사회』, 111쪽.

수 있을 것이다. 로마든, 중국이든 제국이 성립한 곳에선 어디서나 역曆을 정리하고, 시간에 황제의 이름을 부여하려고 한 것을 우리는 잘 알고 있다. 제국의 황제 이외에 독자적인 역의 사용은 금지되었다. 뿐만 아니라 국가기구를 수립한 모든 곳에서 시간은 권좌에 오른 왕의 이름으로 불리웠다(그러나 그것이 대중들의 삶을 실제로 장악하기 위해서는 그들의 시간성을 끌어맞출 수 있는 별도의 장치가 필요했다. 즉 그것이 없었던 시기에 제국의 시간, 권력의 시간이란, 여전히 순환적인 리듬에 따라 진행되는 대중들의 삶의 외부에서 겉도는 시간일 수밖에 없었다). 이 경우 시간의 문제는 권력의 문제, 그래서 삶의 리듬을 둘러싼 투쟁 내지 지배의 문제라고 할 수 있다.

기독교에서 신화적 시간, 종교적인 시간과 역사의 시간은 하나의 동일한 시간으로 결합되고 통일된다. 기독교에서 시간은 신에 의한 세계의 창조라는 명확한 시점始點을 갖고, 원죄와 타락으로 오염된 그 세계는 최후의 심판이라고 하는 종점終點을 향해서 달리고 있기 때문에, 여기서 시간은 분명한 시작과 끝을 갖는 그러한 직선적인 시간이 된다. 시작을 가지며, 어떤 목적 내지 종결을 향해 달리는 시간, 그것은 바로 역사의 시간이기도 하다. 여기서 신화는 역사와 융합되고, 신화적 시간은 순환성을 벗어나 직선적인 것이 된다. 유명한 중세사가인 르 고프Jacques Le Goff는 이렇게 쓰고 있다.

역사가 시작과 끝을 갖는다는 것, 이것은 매우 중요한 주장이다. 이러한 시작과 끝은 실증적인 동시에 규범적이고, 역사적인 동시에 신학적이다. 그렇기 때문에 중세 서양의 모든 연대기는 창조, 즉 아담에서 시작한다. …… 그것은 최후의 심판을 사실상의 결론으로 삼는다. …… 그러므로 중세 사제

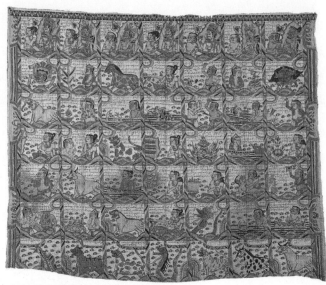

〈그림 1-6〉 길일과 흉일을 표시한 발리의 달력, 20세기

발리인들의 이 달력은 서양력이 들어간 이후에 만들어진 것으로 보인다. 7일을 주기로 하는 배열이 그것을 보여 준다. 각각의 칸은 하루를 표시하는데, 각 칸마다 신이나 악마를 그려서 그날의 상서로움이나 불길함을 표시했다. 좋은 날과 나쁜 날, 좋은 시간과 나쁜 시간, 이는 아마도 자연의 리듬과 인간의 삶의 리듬 사이의 조화와 갈등을 표시하는 일종의 대위법적 방법은 아니었을까?

〈그림 1-7〉 기슬레베르투스(Gislebertus), 「최후의 심판」, 오텅(Autun)의 생-라자르 성당 서쪽 문 위의 팀파눔(tympanum)에 새긴 조각상, 1135년 이전

이런 식의 조각상은 고딕 성당의 정면에 있는 문 위라면 어디서든 발견된다. 가운데 있는 인물은 심판자 그리스도이고, 그 오른쪽 아래는 악마에게 고통받는 인간들로 상징되는 지옥이며, 왼쪽은 그와 반대 세계인 천당이다. 그리스도의 형상이나 동작이 변형과 과장으로 인상적이다. 바로 이 최후의 심판이 있는 한, 기독교의 시간관은 순환적인 것이 되어선 안 되었다. 순환성이란 이 심판의 최종성, 그것의 결정성을 무화시키는 것이고, 따라서 신의 모든 행위를 무화시키는 것이기 때문이다. 이것은 창조로부터 이어지는 직선적인 시간을 만들어 낸다. 그리고 창조와 원죄에서 심판 사이를 잇는 모든 시간은 죄와 심판에 의해 규정되는 선·악의 시간성을 갖게 된다.

들과 이들의 청중에게 시간은 역사고 이 역사는 하나의 방향을 가진다. 그러나 역사의 방향은 몰락이라는 하강선을 따른다.[15]

여기에서 시간이 실증적인 것은 그것이 역사적 실재성을 주장한다는 점과 결부되어 있다. 그것은 이제 신화에 머물지 않고 스스로 역사가 되고자 하는 것이다. 동시에 그 시간이 규범적이라는 것은, 종말이 신의 '심판'으로 끝나기에, 역사적 현존이란 그 심판을 향한 과정이 되고, 언제나 그 심판하는 최종점에서 소급되는 판단에 의해 삶의 방식과 규범이 작동하기 때문이다. 현재는 언제나 기다리고 있을 그 최후의 심판 아래, 그 심판관의 시선 아래 놓여 있는 과거인 것이다.

여기서 기독교의 시간 개념 안에는 선/악이라는 범주가 작용하고 있음을 명확하게 볼 수 있다. 그것은 선한 자와 악한 자가 다른 최후를 맞는 시간이고, 그런 만큼 그 최후에 의해 규정되는 다른 과거이며, 선/악에 의해 규제되는 현재인 것이다. 선이 지배하는 시간과 악이 지배하는 시간, 그리고 그것의 교차와 대립, 이것이 규범으로서 기독교적인 시간이다. 이 점에서 앞서 말한 '좋은/나쁜'이란 범주에 의해 규제되는 시간과 매우 다른 성격을 갖는다. 최후의 심판을 담보로 무언가를 금지하고, 선/악의 범주를 통해 어떤 행위를 하지 못하게 하는 것이다. 그것은 사람들을 위축시킨다. 세속적인 악의 시간이 지속될수록 그것은 사람들을 오그라들게 만들 것이 틀림없다.

---

15) 자크 르 고프, 『서양중세문명』, 유희수 옮김, 문학과지성사, 1992, 198~199쪽.[Jacques Le Goff, *La Civilisation de l'occident médiéval, Arthaud*, 1964.]

세계는 늙어 가면서 더 경직되고 오므라들었다. 단테의 표현을 빌리면 '시간이 가위를 가지고 맴돌면 망토가 갑자기 짧아지는 것처럼' 말이다. 인간도 오므라들었다.……'옛날 사람들은 아름답고 컸다. 오늘날 사람들은 어린이와 난쟁이 같다'고 13세기 초 귀오의 프로뱅은 말했다.[16]

그리스도의 강림이라는 구원의 사건으로 인해 이 돌이킬 수 없는 몰락의 과정은 커다란 하나의 전환점을 갖게 된다. 그리스도의 강림이라는 이 결정적 시점을 통해 정의되는 이러한 전환점이 바로 시간의 연대기를, 그 직선적 시간을 두 개로 분할하는 것이다.

6세기에 디오니시우스 엑시구스Dionysius Exiguus는 예수 그리스도의 출생을 기점으로 이전과 이후, 즉 기원전과 기원후라는 기독교적 연대 구획의 기초를 세웠다. 이 연대 구획은 구원사의 의미로 가득하다. 인간의 운명은 저 중요한 사건을 중심으로 어느 쪽에 살았느냐에 따라 전혀 달라진다.[17]

한 해를 시작하는 날짜를 예수의 탄생일로 잡느냐, 수난당한 날짜로 잡느냐, 아니면 그걸 끝내고서 부활한 날짜로 잡느냐가 사소한 문제가 아니었던 것도 이런 맥락에서 이해할 수 있다. 그 결과 다양한 연표 양식이 중세에 공존했으며, 그 중에서 부활 날짜를 새해 시작으로 삼는 것이 가장 널리 이용되었다고 한다.[18]

이로써 창조에서 시작해 구원과 최후의 심판으로 이어지는 시간 속에

---

16) 자크 르 고프, 『서양중세문명』, 202쪽.
17) 같은 책, 203쪽.
18) 같은 책, 213쪽.

서 선/악의 범주가 작용하고 있음을 분명히 알 수 있다. 근본적으로 선한 시간인 창조의 시간이 악과 몰락, 원죄에 의해서 정의되는 시간으로 바뀌었고, 그것이 예수의 대속에 의해서 구원의 시간, 그럼에도 불구하고 최후의 심판을 기다리는, 그런 점에서 선악의 범주에서 작동되는 그런 시간으로 변환된 것이다. 이런 의미에서 그것은 사실 실증적이라기보다는 규범적인 시간이었던 셈이고, 자연적인 것과 대비되는 신화적 시간이었던 셈이다.

4. 신의 시간과 인간의 시간

기독교에서 신의 시간은 역사의 시간의 양상을 띠고 세속의 시간 속으로 침투해 들어간다. 그렇지만 그 경우에도 역사적 시간은 결코 자연적인 리듬이나 자연적 시간과는 별다른 관련이 없다. 즉 기독교에서 종교적 시간은 자연적 시간과 분리된다. 그 결과 자연적 시간과 신성한 시간이 분리된다. 그런데 중세의 세속적 시간은 대개 농경생활과 관련된 것이어서, 자연적 시간과 분리되기 어렵다. 여기서 신의 시간과 인간의 시간 사이에 첫번째 균열을 볼 수 있다. 이는 주로 교회의 시간과 농민의 시간 사이의 균열로 나타난다. 다른 하나의 균열은 교회의 시간과 상인의 시간 사이에서 찾아볼 수 있다.

성직자들은 시간을 측정하고 계산하는 데 관심이 많았다. 예를 들어 부활절이 언제인가를 정확하게 계산할 수 있어야 했고, 날짜를 세어서 그날이 오늘인지 내일인지를 알아야 했다. 실제로 부활절을 언제로 해야 하는지, 그것을 어떤 식으로 계산하는 게 정확한지 등을 둘러싼 논란이 있었

고, 그것이 시간이나 날짜를 계산하는 방법에 큰 진전을 가져왔다.[19]

한편 수도원은 엄격한 시간적 규율에 따라 생활했던 것으로 유명하다. 수도원은 성 베네딕트Saint Benedict가 6세기경에 창시했다. 베네딕트는 수도사들의 세 가지 활동을 육체노동, 예술적 지적인 활동, 영적인 기도활동으로 규정하고, 하루를 7개의 시간으로 나누어——7시과時課라고 하는데—— 엄격하게 통제했다.[20] 기상시간, 식사시간, 기도시간 등이 모두 이에 따라 통제되었는데, 시간을 어기는 경우, 특히 처음이 아닌 경우에는 용서받을 수 없었다고 한다. 이처럼 율법, 다시 말해 신의 시간에 따른 엄격한 복종을 통해 그들은 자신이 인간이 아닌 신에 속해 있음을 확인하려고 했던 셈이다.[21]

반면 농민들은 그들 자신의 고유한 시간도 (제도화된 형태로) 갖지 못했고, 그것을 측정할 능력도 없었지만, 그것에 대해 그다지 관심이 없었다고 한다. 마르크 블로흐Marc Bloch는 이런 중세 농민들의 태도를 "시간에 대한 거대한 무관심"이라는 말로 요약한다. 물론 여기서 시간이라는 말은 일정한 척도를 가지고 측정된 것을 지칭한다. 사실 농민들이야 씨 뿌리는 때, 김맬 때, 추수할 때 등등만 알면 되는 것이고, 이는 또한 자신들의 몸으로 느낄 수 있는 자연의 순환이었기에, 시간에 대해 별다른 관심을 갖지 않아도 알 수 있지 않았겠는가. 다만 교회의 종소리를 듣고는 무슨 날인지를 알았으며, 당연하게도 시간을 의식하는 경우에는 교회적 시간에 따르게 되었다.

19) G. J. 휘트로, 『시간의 문화사』, 이종인 옮김, 영림카디널, 1998, 126쪽 이하 참조.[G. J. Whitrow, *Time in History*, Oxford University Press, 1988.]

20) 데이비드 유잉 덩컨, 『캘린더』, 신동욱 옮김, 씨엔씨미디어, 1999, 129~132쪽.[David Ewing Duncan, *The Calendar : The 5000 - Year Struggle to Align the Clock and the Heavens — and What Happened to the Missing Ten Days*, Fourth Estate, 1998.]

21) Jacques Attali, *Histoires du temps*, Fayard, 1982, pp. 67~69.

〈그림 1-8〉 부활절 계산표, 1461년

시간에 대한, 더구나 시간 측정에 대한 중세인들의 일반적인 무관심과 반대로 기독교 성직자들이 시간에 관해 관심을 갖게 된 요인 중의 하나가 바로 부활절의 정확한 계산이란 문제 때문이었다. 대개 제국이 존재하는 경우, 연대기적 순서를 따라 배열된 역사적 기록들이 있어서, 어떤 사건이 발생한 시간을 추산하기가 그리 어렵지 않다. 그러나 서양의 중세는 오랜 기간 단일한 제국의 지배가 없었기에 기록들의 서술은 시간적 통일성을 갖고 있지 못했다. 그래서 예수의 탄생과 부활을 기념해야 했던 중세 성직자들로선 여러 가지 자료를 종합하고 비교하여 시간을 계산하고 측정하는 일이 중요한 관심사였던 것이다. 이탈리아에서 만들어진 위의 계산표는 1461년 이후 모든 해의 부활절을 계산할 수 있는 표인데, 가장 바깥 원주의 M과 A는 3월과 4월을 표시한다. 1461년 부활절이 중앙 상단의 A-5(4월 5일)인데, 여기서부터 13번째를 시계방향으로 세면 그 다음해의 부활절 날짜를 알 수 있다고 한다.

비록 외면적이기는 하지만 교회의 시간, 신의 시간이 농민의 시간을 포섭하게 된 것은 분명하다. 자연적인 리듬과 무관한 시간임에도 불구하고, 자연적 시간에 따라 사는 사람들의 삶을 포섭할 수 있었던 것은 시간을 계산하고 측정하는 수단과 능력을 교회가 독점하고 있었다는 사실에 의해서였다.

그러나 그것만으론 자연적 시간을 지배할 순 없었다. 신성한 시간이 세속적인 삶의 리듬을 지배하려면 자연적이고 세속적인 삶의 리듬과 타협해야 했다. 한창 바쁜 농번기에 축제일이 잡힌다면 그 축제는 성공하기 힘들 게 분명하기 때문이다. 그래서 종교적인 대축제의 대부분은 자연적 시간과 직접적으로 관련되는 이교도들의 축제일을 직접 계승했다고 한다. 예컨대 성탄절은 동지 때의 태양 축제를 계승해서 수립되었다 한다.

제의적 연표도 농촌 노동의 자연적 리듬에 맞추어졌다. 예수의 승천부터 성신 강림절에 이르기까지 제의적 연표는 농민들의 농한기에 맞추어 짜여졌다. 농번기인 여름철과 겨울철에는 대축일이 없었다. …… 자크 드 보라진은 …… 농사 일정에 불편을 주지 않기 위해 본래의 만성절 날짜를 변경했던 사실을 증언하고 있다.[22]

이에 대해 르 고프는 신의 시간이 자연적 시간 내지 자연적 리듬에 긴밀하게 의존하고 있었다고 말하지만,[23] 그다지 적절하지 않아 보인다. 왜냐하면 그것은 자연적 시간에 맞추어 신의 시간을 변경시킨다고는 하지

---

22) 자크 르코프, 『서양중세문명』, 219~220쪽.
23) 같은 책, 220쪽.

〈그림 1-9〉「성무일과서」

「성무일과서」는 대개 중세 말기에서 르네상스 시기에 사용되던 예배서인데, 성무일과의 구분과 더불어, 1년간 기념해야 할 성인축일과 축제로 요약되는 '신의 시간'이 표시되어 있다. 이런 성무일과서는 대개 달마다 구분되어 있는데, 그 달에 해당되는 황도궁과 '매달의 노동'을 그려둠으로써 장면으로 장식되어 있다. 왼쪽 그림은 「베리공작의 화려한 기도서」중 6월이고, 오른쪽은 13세기 성녀 엘리자베스의 시편서에서 12월을 표시해 놓은 것이다. 이런 식으로 '자연의 시간', '노동의 시간'은 신의 시간과 나란히 「성무일과서」의 한가운데 이렇게 자리 잡고 있다. 신의 시간을 지키는 것만으론 먹고 살 수 없었던 것이다. 자연의 시간은 이처럼 그와 무관한 기독교적 신의 시간 안에도 자연스럽게 침투하여 존재한다. 스피노자의 '자연-신'이 기독교의 신의 내부에 슬며시 침투하는 것의 전례인 셈일까?

만, 그것은 농민의 활동, 혹은 활동의 결과를 포획하기 위한 불가피한 타협이었고, 이를 통해 자연적 시간의 리토르넬로를 신의 시간 안으로 포획하고 지배하기 위한 타협이었기 때문이다.

신의 시간과 인간의 시간 사이의 두번째 균열은 상인 내지 도시의 시간과 결부되어 있다. 상인들의 활동은 농민과 달리 자연적 시간과 리듬에 따르는 것은 아니었다. 그 당시 상업은 주로 멀리 떨어진 동방 등지에서 물건을 사다가 가격이 충분히 오른 적절한 때를 택해 물건을 파는 이른바 '원격지 교역'이었다. 이 경우 언제 물건을 사고 언제 물건을 내다 팔 것인지가 문제가 되었다. 혹은 직공들에게 돈을 주고 물건을 주문생산해 파는 선대제先貸制 방식을 취할 경우에는, 주문한 물건을 언제까지 만들도록 요구할 것인지, 그 시간을 어떻게 확인할 것인지 등이 문제가 되었다.[24] 전체적으로 매매와 관련된 계약은 자연적 시간과는 별도로 시간의 측정을 필요로 했다.

이를 위해 수도원과는 별도로 도시에 시간을 알리는 종이 등장한다. 사실 도시는 한편으로는 이른바 야만족으로부터 자신을 방어하기 위해, 다른 한편으론 다른 세력들로부터 자신을 지키기 위해 높은 성벽을 쌓았고, 싸움이 벌어진 경우 그것을 알리고 시민들을 동원하기 위해 종을 사용하였다. 나아가 형의 집행을 알리기 위해, 노동시간을 알리기 위해 종을 사용했다고 한다.[25] 중세인들은 종소리를 듣는 것만으로도 그 종소리가 무엇을 뜻하는지 알 수 있었고, 그 종소리마다 '뚱보 자클린'이니 '롤랑의 종'이니 하는 이름을 붙여 구별했다고 한다.[26]

24) Jacques Le Goff, *Time, Work, & Culture in the Middle Ages*, tr. by, Arthur Goldhammer, University of Chicago Press, 1980, p.35.[*Pour un autre Moyen Âge*, Gallimard, 1977.]
25) Jacques Attali, *Histoires du temps*, p.77.

〈그림 1-10〉 피렌체 시청사였던 베키오 궁의 시계탑

르네상스는 유럽인들이 자신의 고전적 취향과 고귀한 문명의 상징처럼 말하지만, 사실 유럽적인 현상은 아니었다. 그것은 피렌체와 그 주변의 일부 도시들, 대개는 상업의 발전으로 강성해진 도시들에서 발생했던 것이고, 나중에야 로마로 이전되었을 뿐이다. 관심 있는 예술가들의 방문으로, 그리고 인쇄술 발달에 기인한 책의 보급으로 그 영향력은 다른 지역으로 퍼져 갔지만, 사실 그 폭은 매우 국지적이고 제한적이었다. 베키오 궁(Palazzo Vecchio)은 피렌체의 행정청으로 사용되던 일종의 시청사였던 셈인데, 건물 자체는 르네상스적인 양식과 상관없는 중세적 풍으로 만들어져 있다. 그 인상적인 탑의 중앙에 커다란 시계를 설치했는데, 이는 교회의 종으로 알려지던 신의 시간과 구별되는 또 하나의 시간, 즉 상인의 시간, '시민'의 시간이 새로운 권력의 중심에 자리 잡게 되었음을 보여 주는 징표였다. 이 그림은 궁의 시계탑이 시 전체를 내려다보며 휘하에 장악하고 있는 듯한 인상을 확실히 전해 주는데, 그런 식으로 상인의 시간은 도시 전체를 장악해 간다.

　여기서 도시의 종이 알려 주는 세속의 시간은, 교회의 종이 알려 주는 성직자의 시간과 대립한다. 상인의 시간은 다수의 사람들을 대상으로 하고, 교역이나 계약처럼 멀리 떨어진 지역에서도 객관적으로 확인할 수 있는 확실한 시간이어야 한다. 노동을 통제하기 위한 시간 역시 마찬가지로

26) 요한 호이징하, 『중세의 가을』, 최홍숙 옮김, 문학과지성사, 1988, 12쪽.[Johan Huizinga, *Herfsttij der Middeleeuwen*, De Sikkel, 1977.]

확실한 시간, 엄밀한 시간을 요구했다.[27] 이제 문제가 되는 것은 어떤 의미를 갖는 시기를 택하고 설정하는 것보다는, 차라리 시간적 지속의 기간을 양적으로 확인하고 통제하는 것이었다. 13~14세기에 발명된 시계가 적극 도입되고, 그것의 기술적 발전을 위한 노력이 경주되게 되는 것은 이러한 맥락에서이다.

도시의 청사 주위에 설치하게 되는 시계탑은 상인의 시간이 도시의 시간을 장악하게 되었음을 뜻하는 것이었다. 물론 시계 자체는 아직 기술적으로 취약해서 그다지 정확하지 않았고, 시계 바늘도 시침 하나뿐이었으며, 더구나 제한적으로 보급되었을 뿐이었지만, 도시의 권력과 결부된 새로운 시간성의 상징으로 부상했다. 상인의 시간, 그것은 자연적 시간이 아니면서 또한 종교적 시간도 아닌, 또 하나의 인위적 시간이 도시 안에 자리 잡게 되었음을 뜻하는 것이다. 이제 그것은 '도시의 시간'이 된다.

상인의 시간과 교회의 시간은 이처럼 별도의 영역을 확보했을 뿐만 아니라, 상업이 발달하면서 대립하고 갈등하게 된다. 그것은 12~13세기를 지나면서 신의 시간과 인간의 시간 사이의 대립과 갈등이라는 양상을 취한다. 이는 상업과 불가피한 이윤 내지 이자와 관련된 것이었다.

아시시의 성 프란체스코Saint Francis of Assisi가 1210년경 설립한 탁발 교단인 프란체스코 교단은 교황의 지원을 얻으면서 급속히 확산된다. 프란체스코는 자신의 모든 재산을 버리고 빈민과 병자·부랑자들을 섬기며 산 사람인데, 그 영향 때문인지 프란체스코 교단은 이자나 상업이윤에 대해 적대적인 태도를 갖고 있었다. 그들은 고리대금업자에 대해 신의 시간을 팔아먹는 사람이라고 비난했다.[28] 이자가 돈을 일정 시간 동안 빌려 주고

---

27) Jacques Le Goff, *Time, Work, & Culture in the Middle Ages*, p. 35.
28) *Ibid.*, p. 29.

그 대가로 받는 것이라면, 결국 그것은 그 사이에 낀 시간을 팔아 얻는 것이다. 그런데 알다시피 시간이라는 것은 원래 신에 속한 것이지 인간의 것이 아니기 때문에 이것을 팔아먹는다는 것은 결국 신의 시간을 훔치고 팔아먹는 것이라는 것이다. 나아가 14, 15세기에 들어서 원격지 무역이 발전하면서 많이 사용되게 된 환어음 역시 신의 시간을 착취하는 것으로 간주되어서 금지한다.

그렇지만 이는 그 당시 상업 이윤 자체를 부정하는 것이었기에 상인들은 그것을 받아들일 수 없었다. 하지만 때가 때인 만큼, 교회의 금지를 무시할 수만은 없어서, 13세기에는 도시의 경찰이 개입해 이자의 상한선을 20% 정도로 제한했다고 한다. 교회는 1274년 리옹 종교회의Council of Lyon, 1311년 비엔 공의회Council of Vienne 등에서 다시 이자의 소멸을 촉구했지만, 14세기를 지나면서 환어음과 이자는 흔한 것이 되어 버렸다.[29] 교회의 금지는 대부분의 지역에서 존중되지 않았다. 그럼에도 불구하고 교회는 1512년 라테라노 공의회Lateran Council, 1565년 밀라노 종교회의에서 다시 이자를 금지하는 결정을 한다.

시간에 따른 차익을 신의 배타적 소유물인 시간을 팔아먹는 고리대와 동일시하는 것은 상업자본주의의 기본전제인 이윤의 원리와 신용의 가능성 자체를 부인하는 것이었다. 이런 점에서 신의 시간은 상인의 시간과 대립하게 되며, 이 대립은 중세 전체를 걸쳐 중심적인 위치를 갖는다고 할 수 있다.[30]

그러나 시간의 판매를 금지하는 순간 신의 시간은 원리적으로 난감한 딜레마에 직면하게 된다. 즉 그러한 금지는 원리상 시간의 절약과 낭비,

---

29) Jacques Attali, *Histoires du temps*, p. 117.
30) Jacques Le Goff, *Ibid.*, p. 30.

판매 등의 개념이 성립함을 뜻하는데, 그것은 시간의 현실적 사용과 조절이 신이 아닌 인간에 의한 행위임을 뜻하게 된다는 것이다. 그렇다면 이는 신의 시간과 대비되는 인간의 시간이, 즉 인간이 자신의 의지대로 처분하고 사용할 수 있는 시간이 있음을 원리적으로 뜻하게 되는 게 아닐까? 바로 여기에 신의 시간이 세속적 시간에 개입하는 순간 당면하는 딜레마가 있었다.

이제 이 두 가지 시간의 분할은 현실적으로 직업적 활동이 행해지는 세속적 시간과 예배가 행해지는 신성한 시간 간의 분열로 나타나게 된다.

5. 시계적 시간

도시의 시간, 상인의 시간이라는 것은 엄밀한 시간 측정을 위한 계측의 기준이 필요했다. 시계가 발전하게 된 것은 이러한 역사적 맥락 속에서다. 시계의 발전은 기술사적인 연구와 문화사적 연구, 사회사적 연구 등 상이한 방향에서 진행된 바 있다.[31] 여기서는 이를 다룰 순 없고, 단지 시계가 근대적 시간, 혹은 근대적 '시간-기계'의 형성과 맺는 관련에 대해서만 간략히 살펴보기로 하자.[32]

기술적으로 시계의 발전에 결정적인 두 가지 계기가 있는데, 그 첫째는 태엽이다. 알다시피 힘을 축적했다가 조금씩 풀어나가는 기계라는 의미에서 탈진기脫進機라고도 한다. 13세기에도 기술자들은 태엽이 에너지를 축적할 수 있다는 것을 알았지만, 실용화할 수 있는 기술은 없었다고

---

31) David Landes, *Revolution in Time: Clocks and the Making of the Modern World*, Belknap Press of Harvard University Press, 1983. ; Jacques Attali, *Ibid.*
32) 이에 대해서는 이 책의 4장에서 자세히 검토할 것이다.

48 근대적 시·공간의 탄생

한다. 최초의 태엽장치 시계는 1430년경 부르고뉴 공Duke of Burgundy 필리프 르 봉Philippe le Bon을 위해 처음 만들어졌다고 하며, 1459년 장 드 뤼스부르Jean de Lycbourg가 만든 시계는 태엽 장치를 갖고 있었다고 한다.[33] 16세기 들어와 야금기술이 발달하면서 태엽의 풀리는 힘을 균등하게 하는 기술 역시 발전했다고 한다.

두번째 계기는 진자의 운동을 탈진기로 사용한 것이다. 이는 탈진 속도의 규칙성을 경이적으로 높여서 시계의 정확성을 급속히 상승시켰다. 최초의 진자시계는 1637년에 갈릴레오가 고안한 것을 기초로, 1655년 로마에서 카메리니Camerini에 의해 만들어졌다. 한편 네덜란드의 하위헌스Christiaan Huygens 역시 독자적으로 설계하여, 1657년 시계공인 코스터Salomon Coster가 만들었다. 하지만 먼저 성공한 것은 하위헌스였는데, 이로 인해 그는 이탈리아에서 표절 혐의로 고발되기도 했다.[34]

이후 태엽과 진자를 결합한 시계는 급속도로 발전했고, 이로써 오차가 하루 한 시간 남짓에서 수분으로 줄었다고 한다. 태엽의 이용으로 시계의 크기는 매우 축소될 수 있었고, 휴대용 시계가 만들어지게 된다. 분침이 처음 등장한 것은 17세기인데, 이때부터 시계는 장신구로서 만들어지기 시작한다.[35] 18세기에 들어와 크고 작은 다양한 시계들이 상점에서 팔리게 되었고, 그 세기 중엽에는 노동자 중에도 휴대용 시계를 가진 사람이 있었다고 한다.[36] 하지만 이는 산업화가 가장 진전된 영국의 경우에 한정되는 것 같다. 시계는 여전히 값비싼 귀중품이었고, 대다수 사람들은 시계

33) Jacques Attali, *Histoires du temps*, pp. 148~149.
34) David Landes, *Revolution in Time*, pp. 116~117.
35) Jacques Attali, *Ibid.*, pp. 154~155.
36) Edward Palmer Thompson, *Customs in Common*, Merlin Press, 1991, p. 366.

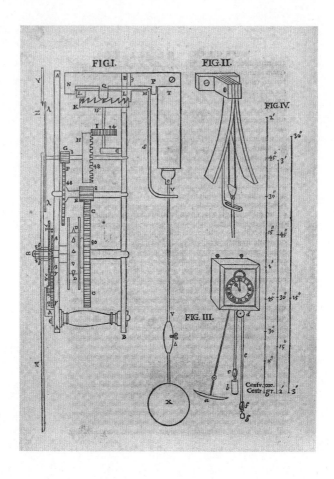

〈그림 1-11〉 하위헌스(Christiaan Huygens), 「진자시계」, 1673년

이탈리아에서 갈릴레이가 진자시계를 발명했다면, 그와 비슷한 시기에 빛의 파동설로 유명한 하위헌스 역시 진자시계를 발명했다. 근대과학의 선구자들이 이처럼 진자시계의 발명자가 되었던 것은, 시계의 정확성을 진자운동에 대한 과학으로 뒷받침할 수 있었다는 사실보다는, 정확한 시계의 중요성과 그것의 부재로 인한 '고통' 때문이었던 것으로 보인다. 사실 근대과학을 상징하는 피사의 사탑에서 한 갈릴레이의 실험은 하나의 허구적 전설일 뿐인데, 왜냐하면 그 당시에는 그런 실험에 필요한 정확한 시계가 없었기 때문이다. 갈릴레이 당시 시계의 오차는 하루에 1시간 정도였고, 시계에는 분침이 없었다고 한다. 그러니 초 이하의 경각을 다투는 실험이 대체 어떻게 가능했을 것인가!

탑의 종소리에 의존했다고 하는 게 정확할 것이다.[37]

시계는 이전과는 전혀 다른 종류의 시간 개념을 형성한다. 그것은 시계적 시간이라는 별도의 개념이 성립될 여지를 제공한다. 시계를 보면서 우리는 시간을 인식하지만, 시계를 보면서 1분 지났다, 10분 지났다 하는 것은 원주를 60개로 나눈 눈금 1개 내지 10개만큼의 거리를 지났다는 걸 뜻한다. 시계를 들여다보고는 '3시 15분이다'라고 생각할 때, 우리는 현재의 시간을 인식하는 것처럼 보이지만, 그것은 사실 시침과 분침이 어떤 위치에 있음을 본 것에 불과하다. 거리나 위치는 알다시피 모두 공간적 속성이지 시간 자체의 속성이 아니다. 역설적이게도 시계는 공간적 속성을 통해 시간을 측정하고 있는 것이다.

따라서 우리는 시계를 '시간의 공간화'를 통해 시간을 측정가능하고 계산가능한 양量으로 변환시키는 도구라고 해야 한다. 시계를 통해 시간은 거리나 위치와 같은 동질적인 양으로 변환된 것이다. 신성한 시간에서 두드러지게 보이는 시간마다의 고유한 특질은 추상되어 사라지고, 시간 사이의 이질성들은 제거된다.[38] 시간은 이제 동질적이고 균질적인 어떤 척도가 될 수 있게 된다. 갈릴레오의 '근대과학혁명'의 요체가 자연 혹은 운동의 수학화에 있다고 한다면,[39] 운동을 수학화할 수 있는 기초는 모든 운동이 동질적인 어떤 절대적인 척도에 의해 비교되고 서술될 수 있어야 한다는 것이다. 시계적인 시간이 바로 이런 기초를 제공했다.

시간의 각 부분이 동질적인 양이라면, 시간은 서로 더하거나 빼는 것

37) Jacques Attali, *Histoires du temps*, p. 155.
38) 앙리 베르그손, 『의식에 직접적으로 주어진 것에 관한 시론』, 최화 옮김, 아카넷, 2001, 118쪽 이하 참조.[Henri Bergson, *Essai sur les données immédiates de la conscience*, F. Alcan, 1889.]
39) 에드문트 후설, 『유럽학문의 위기와 선험적 현상학』, 이종훈 옮김, 한길사, 1997, 88쪽. [Edmund Husserl, *Die Krisis der europäischen Wissenschaften und die transzendentale Phänomenologie*, 1936.]

도 가능해지며, 심지어 음의 부호를 갖는 시간을 상정하는 것도 가능해진다. 시간은 이제 하나의 차원으로 단일 계열화된다. 이제 시간은 직선적인 것이 된다. 그러나 그것은 시작도 목적도 갖지 않기에 기독교의 그것과는 전혀 다른 성격을 갖는 직선이요 시간이다. 그것은 차라리 기하학적 시간이라고 해야 할 것이다.

시간이 더해질 수 있다는 것은, 합을 통해 시간의 누적이 가능하다는 것을 의미한다. 시간은 단지 흘러가는 무정형한 흐름이나 리듬이 아니라 이제는 누적될 수 있는 어떤 양이고, 따라서 시간의 누적은 시간에 따른 변화에 어떤 방향성을 부여한다. 예를 들어 한 사람이 하루에 물건을 하나 생산할 수 있다면, 열흘이면 열 개를 생산할 것이며, 100일이면 백 개를 생산할 것이다. 여기서 이 누적되고 합산된 시간은 진보라는 개념으로 이어진다. 변화의 누적이 진화를 가져온다는 19세기 생물학의 진화 개념은 이런 점에서 17~18세기 물리학과 동일한 시간 개념에 서 있는 것이다. 헤겔의 진보 개념이 19세기 생물학에 기초하고 있다는 점에서, 이러한 근대적 시간 개념 안에 있다는 것은 따로 설명하지 않아도 쉽게 이해할 수 있을 것이다.

변화는 여기서 그치지 않는다. 시간이 동질적이라면, 그것은 더하고 빼는 것뿐만 아니라 미세한 부분으로 분할하는 것도 가능하게 된다. 알다시피 미분학이라는 새로운 수학적 계산법을 가능하게 했던 이 개념은, 사회적으로 보면 매우 작은 단위 시간에 따른 통제와 조정의 가능성을 의미하는 것으로 변환된다. 이는 나중에 테일러가 노동자들의 시간관리라는 이름으로 동작의 미시적 통제를 시도하는 데서 극명하게 드러난다.[40]

다른 한편 우리는 이 책의 4장에서 시간 개념과 구분해서 '시간-기계'라는 개념을 사용하게 될 것이다. 그것은 시계적 시간이 단지 시간을 측정하는 수단일 뿐만 아니라 사람들의 활동을 특정한 방식으로 절단하고 채취한다는 점에서 '기계'라고 말할 수 있을 것이다. 시계로 인해 만들어진 근대적 시간-기계의 특징에 대해 말하자면, 그것은 한마디로 '선분화'라는 분절방식을 갖는다는 것이다.

이미 말했듯이, 중세 도시에서 나타나는 노동에 대한 시간적인 강제와 통제는 시계 발전의 또 하나의 동력이었다. 작업시간을 알리는 데 종을 사용했다는 것은 앞서 말한 바 있다. 이로 인해 파업을 하거나 대투쟁이 벌어질 때면 노동자들이 제일 먼저 달려가서 부수는 것이 작업시간을 알리는 이 종이었다고 한다. 그래서 이 종을 부순 자는 사형에 처한다는 규정이 각 도시마다 있었다고 한다.[41] 어떻게 보면 계급투쟁이 이 종을 둘러싸고 벌어졌던 셈이고, 이를 달리 표현하면 계급투쟁이 시간을 둘러싸고 벌어졌던 것이라고 말할 수 있을 것이다(맑스의 『자본』에서 중요한 일부를 이루는 자본의 역사는, 그것의 중심적인 부분이 시간을 둘러싼 노동과 자본의 계급투쟁이었다는 것을 알 수 있다. 특히 절대적 잉여가치를 다루는 장들은 바로 이 문제를 다루고 있다).[42]

시계의 기술적 발전은 두 가지 측면에서 노동의 시간적 통제를 요구하게 된다. 하나는 노동의 시작과 끝 시간은 물론 작업시간 내부에서 노동을 강제하는 장치로서 시계와 시간표가 이용될 수 있다는 것이고, 다른 하나는 분업의 발전에 따른 노동의 공시화, 노동의 조직화에 시간적 통제가

40) 프레더릭 테일러, 『과학적 관리의 원칙』, 박진우 옮김, 박영사, 1994.[Frederick W. Taylor, *The Principles of Scientific Management*, Harper Bros., 1911.]; 해리 브레이버맨, 『노동과 독점자본』, 강남훈·이한주 옮김, 까치, 1987.[Harry Braverman, *Labor and Monopoly Capital: The Degradation of Work in the Twentieth Century*, Monthly Review Press, 1974.]

41) Jacques Le Goff, *Time, Work, & Culture in the Middle Ages*, pp. 46~47.

42) 칼 맑스, 『자본론』 I권(상), 김수행 옮김, 비봉, 2005(제2개역판), 235쪽 이하.[Karl Marx, *Das Kapital*, Bd. 1, 1867.]

긴밀하게 필요하다는 점 때문이다. 시간의 선분화라는 특징과 관련해 특히 중요한 것은 전자이다.

시간표와 시간관리인 등은 감시원이나 벌금 등과 더불어 이미 1700년대에 나타난다. 이것이 18세기 말이 되면서 방적공업에 본격적으로 도입된다. 19세기 초반까지만 해도 시간표는 매우 간단한 수준이었고 활동의 외연적 제한 수준을 크게 넘지는 않았었다고 한다. 그러나 19세기 후반에 들어오면서 시간표는 매우 정교하고 자세해지기 시작했으며, 알다시피 19세기 말이 되면 시간에 따라 미세한 동작 하나하나까지를 통제하려는 이른바 '동작관리', '시간관리'가 나타난다. 이로써 테일러주의는 시간-기계가 절단, 채취하는 활동의 폭을 미세한 부분동작에까지 확장시켰고, 그 결과 시간-기계는 시계적 시간처럼 미시적 시간으로까지 얼마든지 분할가능한 분절기계가 되었다. 이런 점에서 테일러주의는 근대적 시간-기계의 완성이라고 말할 수 있을 것이다.

이런 시간-기계는 작업장에서만이 아니라 집이나 학교 등에서의 시간에 대해서 마찬가지로 관여하게 된다. 실제로 많은 자본가들이 "학교가 대체 뭐하는 곳이냐, 학교에서 학생들에게 시간적 규율에 따라 생활하는 것을 가르치지 않는다면 학교가 있을 필요가 없다"라고까지 비난한 문헌들이 많이 나타난다고 한다.[43] 이런 점에서 근대적 시간-기계는 단지 공장 안에서만이 아니라 모든 곳에서 작동하게 되는 것이다. 학교는 말할 것도 없고, 집에서의 생활도 점차 여기서 자유롭지 못하게 된다.

따라서 근대적 삶 전 영역에서 삶의 리듬을 분절하는 분절기계가 되었다고 말할 수 있다. 그것은 이제 근대를 사는 우리 모두의 삶의 리듬을

---

43) E. P. Thompson, *Customs in Common*, pp. 387~388.

장악하고 통제하고 있는 것이다. 바로 이런 의미에서 우리는 근대적 시간에 대해 시계적 시간의 리토르넬로라고 말할 수 있을 것이다. 그러나 그것은 선분화라는 것이 선분화된 단위 시간에 정해진 동작을 표준화된 형태로 대응시킬 것을 요구한다는 점에서, 차이와 이질성을 최대한 제거하고 없애는 방식의 통일성을 만들어 낸다. 이런 이유에서 우리는 근대적 리토르넬로, 근대적 시간성은 이전과 달리 사람들마다 갖고 있는 삶의 고유성과 이질성을 허용하지 않는 삶의 리듬을 강요——정말로 그것은 강요이다——한다고 말할 수 있을 것이다.

이제 이러한 근대적 시간성, 근대적 시간-기계 혹은 근대적 리토르넬로가 어떻게 해서 우리처럼 공간적으로나 문화적으로나 멀리 떨어진 사람들의 삶에까지 침투하게 되었는지를 간략하게 살펴보자. 그것은 말 그대로 '제국의 시간'의 제국주의적 확장이라고 해야 적절할 것 같다.

19세기 중엽만 해도 유럽이나 미국 모두 양력을 사용하긴 했어도 각 지방마다 해에 맞추어 시간을 정했기 때문에, 시계를 사용하는 경우에도 지방마다 시간은 상이했다. 그때까지의 생활에서 이는 사실 아무런 문제가 되지 않았다. 그러나 철도가 본격적으로 사용되면서부터 이런 차이와 격차는 참을 수 없는 문제가 되었다. 왜냐하면 철도는 하나의 단일한 시계를 갖고 달리는데, 그 시계가 도착하는 곳의 시계와 달랐기 때문에, 예컨대 철도의 운행표를 만드는 것조차 매우 복잡하고 번거로운 일이 되었던 것이다. 그래서 나라마다 시간적 통일성을 마련하려는 시도가 진행된다.

여기서 철도는 공장에서 발생한 '시간적인 정확함에 대한 신앙'을 나라 전체로 확장하는 역할을 한다. 철도는 합리화된 운행표를 중심으로 정확함을 수행하는 새로운 시간 관리의 장이었고, 역驛에는 시계가 달리게 되었다. 이제 역은 모든 마을의 중심이 되었고, 마을의 시간은 역마다 달

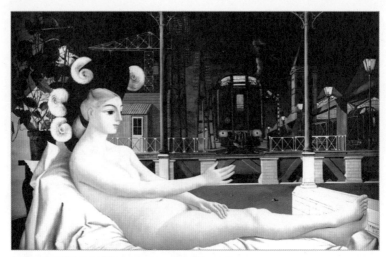

〈그림 1-12〉 기차와 시계, 시간(델보(Paul Delvaux, 「철의 시대」, 1951년)

기차는 19세기 후반 산업문명의 상징인 동시에 새로운 속도의 상징이었다. 여기서 더 나아가 기차는 시간과 정확성의 상징이 되며, 실제로 시간에 대한 감각이나 생각을 바꾸는 데 중요한 역할을 하기도 한다. 뉴턴의 이른바 '만유인력의 법칙'이 사과의 일화로 상징되는 것에 비하면, 아인슈타인의 특수상대성이론이 빠른 속도로 달리는 두 대의 기차로 상징되는 것은 훨씬 더 설득력이 있다. 시간의 정확성은 철도회사의 전략이기도 했다. 그들은 이를 가시화하기 위해 지금까지 전통이 된 군복을 철도원이나 역무원의 제복으로 사용했고, 역마다 시계를 달았으며, 기차여행의 핵심을 정확한 시간을 지키며 운행하는 것으로 삼았다. 미국처럼 넓은 지역에 걸쳐 있는 곳에선, 사실 지역마다 실질적인 표준시간이 같을 수 없었는데, 반면 철도회사는 자신의 시간표와 이동시간을 통해서 하나의 통일된 시간을 실제로 만들 수 있었다. 그래서 처음에는 역사의 시계와 지역의 시계가 달랐지만, 역사의 시계가 새로운 표준으로 자리 잡게 되었고, 이는 기차와 시간, 정확성의 이미지를 실질적으로 확립하는 데 결정적인 역할을 했다. 델보의 이 그림처럼 기차는 옷을 벗고 누운 여인의 침실의 바로 옆에까지 근접해 있는 무언가를 실어 나른다.

린 시계에 따라서 맞추어지게 된다. 역은 병영兵營을 모델로 구축되었고, 상명하달, 해고·휴직·경질·징벌·제복 등에 이르기까지 군대의 엄격함을 그대로 사용하였다.[44]

한편 철도망이 국경을 넘게 되면서, 나라마다 시간이 다르다는 점도 문제가 된다. 이 경우 각 나라의 표준시간을 정하고, 그 표준시간의 조정을 위한 기준시간이 마련될 필요가 있었다. 이는 항해를 하는 경우도 마찬

44) Jacques Attali, *Histoires du temps*, pp. 223~224.

가지다. 이때 기준시간(표준시간)을 어느 것으로 할 것이냐를 놓고 열강들 간에 투쟁이 벌어진다.

16~18세기 중엽까지는 카나리아 제도를 기준으로 그어졌던 파리 자오선Paris Meridian이 해도海圖 작법의 기준이 되었다고 한다. 19세기에 이르면서 영국의 그리니치 천문대가 기준점으로 그려지기 시작했고, 1850년 경에는 미국이 그리니치 자오선을 받아들였다. 1875년에 영국 철도회사의 요청으로 국제 지리학회가 열렸는데, 여기에서 전 세계의 시간을 통일하자는 제안이 있었고, 거기서 기준을 카나리아 자오선(파리 자오선)으로 하자는 제안이 나왔다. 그러나 1881년, 일급 천문대가 있는 곳을 기준으로 해야 한다는 주장이 제기되면서 그리니치와 워싱턴, 베를린이 경합을 하게 된다. 그로부터 3년 뒤, 과거 1세기 동안 가장 많이 이용되었던 그리니치 자오선이 채택되는데, 이는 첫 제안 이후 10년 동안의 항쟁을 거친 결과였다. 1882년에 미국이나 유럽의 철도회사들은 그리니치 자오선을 받아들이지만, 열강들은 잘 받아들이지 않는데, 특히 프랑스의 저항은 완강했다. 그들은 '국제 시간국'이 파리에 설립된 1911년에 가서야 이를 받아들였다.

그러나 이 표준시간에 각 나라 및 지역의 시계를 실제로 맞출 수 있는 방법이 마련되기까지, 철도를 운행하거나 항해하는 사람들을 제외한다면 상징적 의미 이상을 지니기 어려웠다. 20세기 초에 마르코니Guglielmo Marconi에 의해 무선전신이 실용화됨으로써, 비로소 지구 전체가 전파의 속도——빛의 속도와 같다——가 허용하는 오차 안에서 시간을 맞출 수 있게 된다. 이후 라디오나 전화의 보급은 가정에서도 정확한 표준시간을 맞출 수 있는 조건을 제공하게 된다. 1924년에 영국의 BBC가 처음으로 라디오로 시간을 알리기 시작했고, 전화망이 보급되기 시작하면서 현재

〈그림 1-13〉「시간기록계」, 1914년

시간기록계의 기능을 가장 먼저 가장 선명하고 정확하게 보여 준 것은 채플린이었다. 영화「모던 타임스」에서 출근하는 노동자는 모두 출근시간을 기록하는 시간기록계를 "찰칵" 하며 누르는데, 채플린은 이 기계를 화장실 앞에 슬쩍 갖다 놓음으로써, 그래서 화장실을 드나들 때마다 "찰칵" 누르게 함으로써 그것이 뜻하는 바를 명확하게 보여 준다. 나중에 나사를 돌리다 미쳐 버린 찰리는 경찰에 쫓겨 들어오면서도 시간기록계를 "찰칵" 누름으로써, 미쳐서도 잊지 못할 정도로 무의식의 심층 깊이 그것이 자리 잡고 있음을 보여 주었다.

시각을 유료로 알려 주는 서비스도 생겼다고 한다. 어쨌든 이 과정은 근대적 시간이 전 세계적인 통일성과 지배성을 획득하게 되는 '제국주의적인 통일화 과정'을 보여 주는 것이다. 이제 다른 나라들로선 선택의 여지가 없게 된 셈이다.

다른 한편 19세기 후반 이후, 값싼 시계를 대량 생산하려는 노력이 계속된다. 1880년대 6달러짜리가, 그 뒤에는 1달러짜리 시계도 만들어진다. 자동차로 유명한 포드가 젊어 한때 이 값싼 시계를 대량생산하는 사업을 추진했었다는 것은 잘 알려진 사실이다. 결국 20세기에 들어오면서 개인용 시계는 실용화된다. 이는 결국 손목시계로까지 나아가고, 그 결과 언제 어디서나 근대적 시간-기계가 사람들 각자의 삶 순간 순간에 관여할 수 있는 장치가 마련된다. 이것을 통해 제국의 시간은 개개인의 삶의 리듬에 파고들게 된다.

이로써 시간 통제는 각자의 시계를 통해 사람들 피부 속까지 스며들게 된다. 제국의 시간이 이전에는 외면적이고 상징적인 선언이었다면, 이제는 개인의 삶과 수족에까지 관철되는 '시간의 제국주의'로 발전된 것이다. 「모던 타임스」──근대적 시간──에서 채플린이 풍자했던 것처럼, 이제 그것은 시계적 시간에 의한 삶의 통제가 근대인들의 무의식으로까지 파고들었다는 것을 뜻하는 것은 아닐까?

6. 자본주의의 시간

마지막으로 '자본주의의 시간'에 대해 간략히 살펴보자. '시계적 시간'에 대해서 이야기했을 때, 그것은 공장만이 아니라, 학교·집·거리·술집에서까지 작용하는, 그래서 모든 근대인의 삶 전체를 규제하는 일종의 시간적인 분절 방식을 이루는 것이었다. 그런데 이것이 '자본주의적 배치'를 이루게 되는 경우는 조금 다른 방식의 계열화가 나타난다.

도자기 공장을 경영하던 웨지우드Josiah Wedgwood는 새로운 기계의 도입 없이, 단지 시계적 시간을 도입하고 그것에 따라 사람들의 활동을 통제하는 것만으로도 생산성의 비약적 상승을 가져왔다고 한다.[45] 그는 시간

---

45) E. P. Thompson, *Customs in Common*, p. 385.

맞춰 출근하고 일하는 사람에게는 칭찬하고, 격려하며, 때로는 상도 주고, 그렇지 않은 사람들에 대해서는 비난하고, 욕하고, 벌금을 매기는 방식으로 시간적 통제를 확립하려고 했다.

여기서 우리는 시간의 자본주의적 배치를 이루는 요소들을 분명하게 추출할 수 있다. 시간과 행동의 대응관계를 정의하는 시간표-기계, 그것에 부합하게 행동했는지를 확인하는 시계, 그리고 그 결과에 따라 상/벌을 주는 처벌-기계의 세 가지가 그것이다. 이 세 가지 요소가 반복적으로 계열화되면서 시간-기계의 자본주의적 배치를 이루게 되는 것이다. 엥겔스의 『영국 노동자계급의 상태』에 나오는, 빈번히 인용되는 다음 글은 시간-기계가 자본주의적 배치 안에서 어떻게 작동하는지를 잘 보여 준다.

다음과 같은 공장규칙은 아주 일반적이다. ① 작업 시작 10분 후 정문을 폐쇄한다. 그후에 온 사람은 아침식사 시간까지 들어갈 수 없다. 이 시간 동안 작업을 하지 않은 사람은 누구나 직기당 3펜스의 벌금을 물어야 한다. ② 기계가 작동 중인 동안 자리를 비우는 직공은 한 직기당 한 시간에 3펜스의 벌금을 물어야 한다. 작업시간 중 감독자의 허가 없이 작업실을 떠나는 사람은 3펜스의 벌금을 물어야 한다. …… 또 다른 공장규칙을 보면 3분을 늦게 온 노동자는 15분에 해당하는 임금을 벌금으로 물어야 하고 20분을 늦게 온 노동자는 하루 일당의 1/4를 벌금으로 물어야 한다. 아침식사 시간까지 공장에 오지 않는 노동자는 월요일의 경우 1실링, 다른 날에는 6펜스의 벌금을 물어야 한다.[46]

46) 프리드리히 엥겔스, 『영국 노동자계급의 상태』, 박준식 외 옮김, 두리, 1988, 219~220쪽.[Friedrich Engels, *Die Lage der arbeitenden Klasse in England*, 1844.]

이러한 배치와는 좀 다른 차원에서 '자본주의의 시간' 자체에 고유한 특징을 추적할 필요가 있다. 그것은 선분화된 시계적 시간이라는 것과는 또 많이 다른 양상을 보여 주기 때문이다. 자본주의의 시간은 시간과 화폐의 결합으로 특징지을 수 있는데, 그것은 한마디로 말하면 "시간은 돈이다"라는 것이다. '자본주의 정신'을 대변하는 프랭클린Benjamin Franklin은 다음과 같이 말했다.

시간이 돈임을 잊지 말라. 매일 노동을 통해 10실링을 벌 수 있는 자가 반나절을 산책하거나 자기 방에서 빈둥거렸다면, 그는 오락을 위해 6펜스만을 지출했다고 해도 그것만 계산해서는 안 된다. 그는 그 외에도 5실링을 더 지출한 것이다. 아니 갖다 버린 것이다."[47]

베버에 따르면, 청교도 문헌에서는 태만이나 향락이 아니라 오직 근면한 행위만이 신의 뜻에 따라 신의 영광을 더하는 데 봉사하는 것으로 간주되었다고 한다. 그런 만큼 시간 낭비는 모든 죄 중에 최고의 중죄로 간주되었고, 사교나 무익한 잡담, 사치 등을 통한 시간 낭비, 그리고 건강에 필요한 정도를 넘는 수면시간에 의한 낭비는 도덕적으로 절대적인 비난을 받게 된다.[48] 다시 말해 시간을 낭비하는 게으른 자들이란, 신을 위한 시간이 있는데도 그 시간을 신을 위해 쓰지 않는 자들이라는 것이다.[49]

시간에 대한 이러한 태도는 두 가지 계기를 기초로 하고 있는 것 같다.

---

47) 막스 베버, 『프로테스탄티즘의 윤리와 자본주의 정신』, 박성수 옮김, 문예출판사, 1988, 18쪽에서 재인용.[Max Weber, *Die protestantische Ethik und der Geist des Kapitalismus*, 1905.]
48) 같은 책, 114쪽.
49) 같은 책, 115쪽.

〈그림 1-14〉 채플린, 「모던 타임스」, 1936년

자본주의는 시간당으로 임금을 지불한다. 따라서 일하는 시간에 사람을 놀린다는 것은 돈을 버리는 것을 뜻한다. 그래서 프랭클린은 말했다. "시간은 돈이다." 테일러가 시간관리를 통해서 치밀하게 시간을 아끼려고 했던 것도 동일한 이유에서였다. 하지만 그것은 이미 테일러 당시부터 노동자의 저항 앞에서 무력했고, 쉽게 무효화되었다. 벌금과 체벌이 시간을 강제하는 유일한 외적 장치였다. 자본가가 노동자의 동작과 노동의 속도를 장악할 수 있었던 것은 노동자들의 작업을 기계적으로 작동하는 하나의 일관공정으로 배열하면서부터였다. 컨베이어벨트를 따라 노동이 배치됨에 따라 이제 노동은 컨베이어벨트의 속도에 맞추어 이루어진다. 이젠 자본가가 아니라, 바로 다음 공정을 받는 노동자가 느린 동작을 비난하게 된다. 채플린은 나사를 돌리는 동작이 컨베이어벨트를 따라 가면서 점점 미쳐 가는 신체를 통해서 이를 더할 수 없을 정도로 적절하게 보여 준다. 더 나아가 그는 컨베이어벨트 위의 나사를 따라 거대한 기계적 체계 안으로 끌려 들어감으로써 기계의 움직임에 사로잡힌 인간의 신체를 극적으로 가시화한다. 신체의 리듬, 혹은 신체의 시간, 그것은 이제 변함없이 속도만을 달리할 뿐인 기계의 박자로 대체된 것이다.

하나는 임금이라는 형태로 다른 사람들의 노동시간을 사야 한다는 것이다. 임금은 시간단위로 계산되고 지불된다. 따라서 시간의 낭비란 곧 돈의 낭비를 의미하게 된다. 그것은 자신의 시간 역시 타인에 의해 돈으로 구매될 수 있는 것을 의미하고, 그 결과 구매되든 않든 그것은 돈으로 교환될 수 있는 시간으로 간주되는 것이다.

다른 하나는 그 시간이란 것이 한 번 지나가면 다시 되돌리거나 무를 수 없다는 것이다. 따라서 임금을 준 노동자가 시간을 낭비한다는 것은 돈을 지불한 시간이 그냥 흘러가 버리는 것을 뜻하게 되고, 그것은 돈의 낭비를 의미하는 것이 된다. 역으로 자신의 시간 역시 그냥 흘려 보낸다는 것은 돈으로 바꿀 수 있는 것을 그러지 않고 낭비한다는 것이 된다. 가역적인 시간을 고안했던 과학자들의 근대적(!) 상상력을 여기서는 결코 인정할 수 없었던 것이다.

이제 시간적인 계산과 돈의 지불, 즉 시간의 낭비와 돈의 낭비는 동일한 것이 되고, 낭비와 절약의 차원에서 시간과 돈은 동일한 것으로 정의된다. "시간은 돈이다" 내지 "시간은 금이다"라는 격언으로 알려진 프랭클린의 말은 이 점을 직접적으로 표현하고 있다. 이로써 시간 자체가 화폐화되게 된다. 역시 프랭클린의 말이다.

모든 조직된 사회는 휴가를 최소한으로 줄여야 한다. 우리의 시대는 [화폐라는] 하나의 기준으로 환원되고, 매 시간마다 시간이라는 화폐가 주조되고 있다. 근면한 자들은 그 시간이라는 화폐의 하나하나를 자신의 직업 속에서 자기의 이익을 위해 어떻게 이용해야 하는가를 알고 있다. 반대로 자신의 시간을 낭비하는 자는 실제로는 금을 낭비하는 자와 다름이 없다.[50]

애덤 스미스는 이런 생각을 경제학적 개념을 통해서 보여 준다. 그것은 보통 '기회비용'이라고 불리는 것이다. 동일한 시간에 토끼 2마리를 잡거나 노루 1마리를 잡을 수 있다면, 그런데 토끼 1마리와 노루 한 마리가 교환된다면 노루를 잡을 미련한 사람이 어디 있겠냐는 것이다. 그러다 보면 노루 값이 오르고 결국에는 노루 1마리와 토끼 2마리가 교환되게 된다

50) Jacques Attali, *Histoires du temps*, pp. 190~191에서 재인용.

는 것. 이른바 '보이지 않는 손'의 조화다.[51]

이로써 노동시간은 최소한의 노력으로 최대의 결과를 얻어야 하는 공리주의적 경쟁 속으로 말려 들어가게 되고, 객관적인 것으로 변환된다. 내가 어떻게 생각하느냐와 무관하게 노동시간은 노동시간 사이에서 일정한 비율로 교환되는 것이다. 시간이 돈이라는 것은 단지 자본가의 주관적인 공상이 아니라, 교환의 비율을 결정하는 어떤 척도를 통해 객관적으로 존재하는 현상인 것이다. 그것이 바로 '가치'라고 불리는 것이다. 물론 토끼나 노루로서는 어이가 없을 것이다. 자신의 '가치'가 자기를 잡아 죽이는 데 걸리는 시간에 의해 결정된다는 사실이 말이다. 확실히 이런 점에서 인간의 노동시간에 의해 모든 상품의 가치가 결정된다고 하는 노동가치론은 이른바 '휴머니즘' 내지 인간중심주의에 확고하게 기초하고 있는 것이다. 하지만 토끼나 노루 입장에서는 그런 휴머니즘보다 끔찍한 게 없을 것이다.[52]

어쨌든 스미스 이래 고전 경제학에서 이 가치의 크기는 알다시피 노동시간에 의해 측정된다. 시간이 금이라는 것, 다시 말해 시간이 경제학적 가치를 갖는다는 사실에서 우리는 이제 시간과 화폐가 하나의 동일한 것이 되고 있음을 알 수 있다. 이런 의미에서 이제 우리는 자본주의의 시간이란 다름 아닌 '화폐화된 시간'이라는 말을 할 수 있을 것이다. 시간이 화폐화되는 만큼, 시간은 화폐에 포섭되는 것이라고 할 수 있겠다. 화폐화된 시간, 그것은 화폐에 포섭된 시간과 다르지 않다. 시간은 사람들 각각

---

51) 애덤 스미스, 『국부론』, 김수행 옮김, 동아출판사, 1992.[Adam Smith, *An Inquiry into the Nature and Causes of the Wealth of Nations*, 1776.]
52) 이에 대해서는 이진경, 『미-래의 맑스주의』(그린비, 2006)의 2장 「노동의 인간학과 미-래의 맑스주의」를 참조하라.

의 모든 삶을 관통하며, 모든 활동을 감싸고 있다. 그렇다면 시간이 화폐화되었다는 것은, 이제 화폐가 시간의 형식으로 개개인의 모든 활동, 개개인의 삶 전체에 침투하게 되었다는 것을 뜻하는 게 아닐까?

화폐화된 시간은 이제 자본주의에서 생산이나 교환, 분배에 이르기까지 사람들의 활동을 규제하는 일반적인 형식이 된다. 모든 것은 화폐화됨으로써만 그 가치를 인정받을 수 있고, 모든 활동은 화폐화되는 한에서만 생산적인 것으로 인정받을 수 있으며, 모든 시간은 화폐화되는 한

〈그림 1–15〉 클레(Paul Klee), 「시간」, 1933년

시계? 아니다. '시간'이란 제목을 붙인 것으로 보아 이 그림은 시계가 아니라 '시간'을 그린 것이다. 몇 시일까? 5분전 일곱시? 그거야 캔버스의 테두리나, 아니면 가장 안쪽에 있는 네모를 시계의 숫자판 삼아 읽을 때나 그렇지. 중간에 삐딱하게 돌려놓은 두 개의 네모를 보면, 시간은 10분전 일곱시이거나 아니면 5시 45분이다. 이처럼 이 그림은 하나의 동일한 시계바늘이 전혀 다른 시간들을 표시할 수 있는 모호함을 갖고 있다. 시계가 상징하는 일의적이고 단일한 시간을 슬며시 비틀며 빠져나가는 것이다. 상이한 복수적 시간이 이처럼 중첩되어 있을 수 있다는 것, 그것은 시계로 표시되는 근대적 시간의 외부를 사유하는 하나의 방법인지도 모른다.

에서만 유의미한 시간으로 인정받을 수 있게 된 것이다. 이는 경제학자들이 가치법칙이라고 부르는 것이 실제로 뜻하는 내용이기도 한다. 여기서 '노동가치'라는 개념을 통해 작동하는 이 가치법칙은 모든 사람의 시간을 화폐화했던 것처럼, 이제는 모든 사람의 삶과 활동을 화폐화하는 것이다.

그렇다면 결국 '가치법칙'이라고 하는 것은 활동을 가치로 환원하고, 가치를 (노동)시간으로 환원하며, 이런 환원을 통해서 화폐를 통해 작용하는 가치의 공리계를 구성하는 것이라고 할 수 있을 것이다. 가치법칙이 작용하는 세계, 가치의 공리들 안에서만 사람들의 활동이 생산적인 것이

〈그림 1-16〉 달리(Salvador Dalí), 「기억의 고집」, 1931년

달리는 다른 방식으로 시계적 시간, 근대적 시간의 외부를 사유하려고 했다. 그것은 카망베르 치즈처럼 부드러운 시계, 아니면 이 그림에서처럼 축 늘어지고 휘어진 시계를 통해서 시간의 비균질성과 '부드러움', 혹은 '휘어짐'을 가시화하는 것이었다. 달리 스스로 이 그림을 그리는데 아인슈타인의 상대성이론이 영감을 주었음을 밝힌 바 있다. 저 부드러운 시계는 확실히 시간의 동질적인 엄격성을 부드러운 유연성으로 바꾸어 줄 듯한 느낌을 준다. 혹은 라캉 말대로 늘어진 남근처럼 "축 늘어진" 시계라고 본다면, 이제 시계적 시간 또한 그처럼 축 늘어진 거세로 위축된 무기력한 것이 되었음을 보여 준다고 해야 할까? 하지만 실제로 시계적 시간은 아직 그렇게 생각하기엔 너무도 "쎈" 힘을 갖고 있는 듯하다.

되고, 삶의 시간이 유의미한 것이 될 수 있는 세계, 바로 그것이 가치의 공리계인 셈이다.[53] 여기서 시간은 화폐와 융합되어서 노동하는 모든 근대인은 물론, 노동시키는 모든 근대인을 규제하는 일종의 존재 형식이 된다고 얘기할 수 있다. 그렇다면 우리는 거기서 사람들의 다양한 삶의 방식을 가치 내지 화폐라는 동일한 형식으로 변형시키고, 그것을 통해 사람들의 삶 자체를 획일화하려는 일종의 권력을 발견해야 하는 것은 아닐까? 자본주의의 리토르넬로를 말이다.

53) 이진경, 『미-래의 맑스주의』(그린비, 2006)의 4장 「가치형태론에서 화폐와 허무주의」를 참조하라.

7. 시간과 속도

지금까지 근대와 자본주의에 이르기까지 존재해 온 다양한 시간들에 대해서 개략적이나마 살펴보았다. 시간은 확실히 칸트 말처럼 우리들의 경험이나 삶의 '선험적 조건'임이 분명한다. 어떤 삶의 방식도 복수의 개체들의 공동의 리듬을 갖고 있는 한 시간이라는 형식을 내포하게 마련이다. 그러나 시간은 삶 이전에 따로 떨어져 존재하는 어떤 보편성의 형식이 아니라, 공동의 삶의 리듬 자체가 형식화된 것일 따름이며, 따라서 공동의 삶의 리듬이야말로 거꾸로 사회적 시간의 선험적 조건이라고 해야 할 것이다. "선험적 형식으로서 '시간'은 존재하지 않는다. 리토르넬로는 시간의 선험적 형식이며, 언제나 상이한 시간들을 만들어 낸다."[54]

이런 의미에서 우리는 들뢰즈와 가타리처럼 "시간적 질서의 기초를 이루는 리듬"인 '리토르넬로'라는 개념을 통해서 시간의 다양한 사회적 양상과 변이들을 보려고 했다. 그런 만큼 삶의 리듬이 달라지고, 그것이 다른 것으로 대체되면 그 안에서 살아 가는 사람들의 시간 감각도 달라지고, 결국에는 시간 자체가 달라지게 된다. 이런 한에서 시간이란 하나의 굳어진 형태로 고정되고 결정화된 형식이 아니라, 사람들의 삶의 방식, 삶의 리듬이 달라짐에 따라 변화될 수 있는 역사적이고 가변적인 형식임을 알 수 있다.

그런데 실상 지금까지 인간의 역사, 특히 근대 문명과 자본주의가 지배하고 있는 현재의 삶의 방식에서 시간은 인간의 자연스러운 삶의 리듬에서 분리된 어떤 형식이 점점 독립되었으며, 그것이 점점 더 많은 사람들

---

54) 질 들뢰즈·펠릭스 가타리, 『천의 고원』 II, 129쪽.

의 삶을 사로잡고 포획하는 그런 과정이었던 것으로 보인다. 시계적 시간은 손목시계를 통해 우리의 일상에 놀라울 정도로 침투하여 있으며, 그 시계적 시간은 자본주의의 화폐적 형식과 결합하여 우리의 삶을 '좀더 정확히', '좀더 빨리', '좀더 길게'라는 구호로 몰아붙이고 있다.

느림이나 한가로움, 느긋함 등은 이제 낭비와 게으름, 무능력과 동일한 것으로 비난받고 있다. "시간은 돈이다"라는 말은 이제 "속도는 돈이다"라는 말로 변형되어 우리들의 발걸음과 손놀림, 눈의 움직임과 마음의 움직임을 미덕이 된 속도를 향해 몰아붙인다. 물론 빠름 그 자체가 악덕은 아니듯이, 느림 자체 또한 미덕은 아니다. 그러나 빠름에서 중요한 것은 얼마나 빠른가 하는 상대적인 양이 아니라, 우리의 신체를 끌어당기는 중력이나 관성(타성)의 힘에서 벗어나는 어떤 성분을 포함하고 있는가 하는 것이다.[55] 이를 에피쿠로스는 '클리나멘'clinamen 내지 편위偏位라고 불렀는데,[56] 일종의 '절대적인 것'으로서 속도를 표시한다고 할 것이다.

반대로 '느림'이 한가로움이나 여유, 느긋함을 의미하는 독자적인 개념이 되는 것은 중력이나 관성/타성의 힘에 끌려가는 단순한 정지와 구별되는 성분을 가질 때일 것이다. 따라서 그 경우 느림이란 외적으로 강제되는 중력과 관성에서 벗어나 '적절한 때를 기다릴 줄 아는 여유' 내지 '익을 때를 기다릴 줄 아는 여유'를 뜻하는 것이라고 해야 할 것이다. 무언가를 기다리며 하늘 한가운데 멈추어 서 있는 매를 본 적이 있는가? 바로 이 매가 그런 의미에서 '느림'을 갖고 있는 경우일 것이다. 하지만 날아 보려 한 사람이라면 알 것이다. 그것이 빠른 속도로 날아가는 것보다 훨씬 힘든

---

55) 질 들뢰즈·펠릭스 가타리, 『천의 고원』 II, 154~155쪽.
56) 칼 맑스, 『데모크리토스와 에피쿠로스 자연철학의 차이』, 고병권 옮김, 그린비, 2001, 71쪽 이하.[Karl Marx, *Differenz der demokritschen und epikureischen Naturphilosophie*, 1841.]

내공을 요한다는 것을. 떨어지는 것은 속도가 없으며, 단지 중력에 끌려갈 뿐이다. 반면 이렇게 멈추어 선 매의 느림은 중력을 이기고 관성을 이기는 어떤 절대적인 속도를 갖고 있는 것이다. 이런 의미의 '느림'이란 그 외양과 달리 속도 내지 빠름과 대립되는 무엇이 아니라, 관성과 중력에서 벗어나는 절대적 속도라는 점에서 클리나멘과 근본적으로 동일한 무엇이라고 할 수 있을 듯하다.

자본주의는 "좀더 빨리"를 외치며 손을 놀리게 하고, "좀더 빨리"를 외치며 상품의 유통속도를 높이려 하며, "좀더 빨리"를 외치며 소비의 속도를 높이려 한다. 왜냐하면 시간이 돈인 만큼 속도가 돈이기 때문이다. 그것은 비릴리오Paul Virilio 말대로 어쩌면 '속도의 파시즘'을 만들어 낸다고도 할 수 있을 것이다.[57] 모든 것을 "좀더 빨리"라는 단일한 욕망의 중력장 속으로 밀어 넣는다는 점에서 말이다. 하지만 이 경우 '속도'는 아무리 빨라도 단지 상대적인 속도일 뿐이며, 그 속도의 장場 안에서 운동하는 모든 것은 어느 것도 자신의 속도를 갖고 있지 못한 채 그저 중력 내지 관성과 같은 강제된 속도에 끌려갈 뿐이다. 그런 점에서 반대로 그런 속도 없는 속도에서 벗어날 수 있는 힘을 가질 때, 그 속도의 강제에서 빗겨날 수 있는 힘을 가질 때, 혹은 그 속도의 장 안에서 매처럼 멈추어 서서 무언가를 포착하려고 할 수 있을 때, 혹은 '느림'으로 표시되는 고유한 자신의 속도를 가질 수 있을 때, 그것은 비로소 '절대적인 속도'를 갖게 될 것이다. 자본주의에서는 이처럼 '느림'이 거꾸로 절대적인 속도가 되는 역설이 발생하는 것이다.

---

57) 폴 비릴리오, 『속도와 정치』, 이재원 옮김, 그린비, 2004.[Paul Virilio, *Vitesse et politique : essai de dromologie*, Galilée, 1977.]

노동이나 이동, 소비, 생활 등의 모든 영역에서 절대적 속도를 갖는 것, 속도의 중력에서 벗어난 외부를 창조하는 것, 강요된 속도나 시간에서 벗어난 자율적인 속도와 리듬을 갖는 것, 그리하여 자율주의적인 삶의 리듬, 일의 리듬, 사유의 리듬을 창조하는 것. 이것이야말로 낡은 시간적 형식을 변형시키는 것이며, 자율주의적인 방식으로 새로운 형식의 시간, 새로운 리듬의 시간을 창안하는 것이 될 것이다.

2장

시선의 역사에 관한 강의 :
근대적 시선의 체제와 주체화

1. 시선과 권력

지금 여기서 다루려는 것은 시선의 역사에 관한 것이지만, 역사 일반보다는 근대와 관계된 역사에 한정된 것이기에 '근대적인 시선의 역사'라고 하는 것이 더 정확할 것이다.

〈그림 2-1〉은 홀바인Hans Holbein의 「대사들」이라는 그림인데, 원래 유명하지만 라캉 때문에 더 유명해진 그림이다. 그런데 유심히 살펴보면 이 그림이 좀 이상하다는 생각이 들 것이다. 두 사람의 발 아래를 보면 왼쪽에서 오른쪽으로 올라가면서 기이한 모습으로 길게 늘어진 것이 있다. 무얼까? 그러나 특별히 지적해서 이렇게 말하기 전에는 아마도 대개는 이상한지 아닌지, 왜 이상한지, 그게 무언지 그다지 관심 없이 지나치지 않았을까?

이게 무언지 알려면 그림의 왼쪽 하단에 눈을 대고 늘어지기 시작하는 끄트머리에서 늘어지는 방향을 따라 화면과 거의 평행이 되는 방향으로 시선을 뉘여 보아야 한다. 그렇다. 보다시피 그것은 해골이다. 길게 늘

〈그림 2-1〉 한스 홀바인, 「대사들」(The Ambassadors), 1533년

여 놓은 해골바가지의 왜상歪像이다. 라캉Jacques Lacan은 이 왜곡된 형상을, 음경에 문신을 한 해골이, 발기한 경우 보이는 모습이라고 말한다.[1] 정신 분석은 여기서도 음경(남근)과 섹스를 찾아냈다.

하지만 우리가 중요하다고 생각하는 건, 이 형상이 분명히 눈앞에 있지만 잘 보이지 않는다는 사실이다. 수많은 사람들이 이 그림을 보지만, 대개는 무심결에 지나친다. 그런데 아이러니하지 않은가? 눈앞에 있지만

1) 자크 라캉, 권택영 편, 『자크 라캉의 욕망이론』, 문예출판사, 1994, 214쪽.

보지 못한다는 것이. 그렇다면 존재하는 것과는 다른 차원에서 '볼 수 있는 것'le visible과 '볼 수 없는 것'l'invisible이 있으며, 그것을 가르는 경계선이 있다고 생각해야 하는 것은 아닐까?

다음 그림은 마사초Masaccio가 피렌체의 산타 마리아 노벨라Santa Maria Novella 성당에 그린 벽화이다. 이 벽화가 유명해진 것은 예수와 성신의 머리 위에 있는 원통형 천장vault 때문이다. 즉 이 그림은 투시법을 이용해 그린 최초의 그림이란 이유로 매우 유명해졌다. 이전에는 이처럼 깊이감을 정확하게 표현한 그림이 없었다.

〈그림 2-2〉 마사초, 「삼위일체」(Holy Trinity), 1426~27년

그런데 격자형 장식으로 새겨진 그 원통형 천장에 평행선이 몇 개나 있는지 혹시 알겠는가? 이어지는 선은 하나로 계산하기로 하자. 몇 개인가?——내가 보기에는 하나도 없다.

물론 여러분의 어이없다는 표정도 이해할 수 있고, 비난의 눈총도 인정할 수 있다. 그러나 진실을 말하건대, 평행선은 하나도 없다. 성신의 머리 뒤로 뻗은 선들은 계속해서 연장하면 예수의 두 발 사이에서 하나로 모이다. 알다시피 평행선이란 거칠게 말하면 '끝까지 안 만나는 선'이다. 따라서 거기에는 평행선이 하나도 없다. 둥근 천장을 따라 난 선들은 보다시피 곡선이다. 더구나 그것들 역시 꼭대기에서 양쪽 아래로 내려오면서 점점 좁아지며 모이고 있다. 거기도 평행선을 찾을 순 없다.

투시법(회화에선 원근법이라고도 하지만, 투시법이 적절한 번역어다)에선 평행선이 한 점에서 모인다고 말할 것인가? 그렇다면 천장 좌우에 있는 고전적인 기둥들은 어떤가? 십자가 뒤의 제단이나 성모의 발 아래 있는 단의 선들은 어떤가? 그건 결코 만나지 않는 선들이다. 그렇다면 그것은 평행선이 아닌가?

좀더 솔직히 말하면, 여러분이 원형 지붕 아래서 본다는 깊숙이 파인 공간도 사실은 거짓이다. 거기에는 어떤 파인 공간도 없다. 그건 다만 종이 위의 그림이요 평면만이 있을 뿐이다. 거기서 깊이를 본다면 그것은 여러분의 '착각'이다. 투시법이란 그런 착각을 체계적으로 만들어 내기 위한 기술이다.

이 그림에서 여러분은 없는 평행선을 보았고, 없는 깊이 또한 보았다. 한마디로 말해 여러분은 눈앞에 없는 것을 보고 있는 것이다. 볼 수 있는 것과 볼 수 없는 것을 가르는 선이, 이번에는 없는 것을 보게 만들고 있는 것이다.

여기서 이런 예를 길게 들어가면서 하고 싶었던 얘기는, 눈에 보이는 것을 보고, 보이지 않는 것은 보지 않는다고 하는 우리의 생각이 매우 소박한 것이란 점이다. "존재하는 것은 모두 지각된 것이다"라는 버클리의 말처럼 말이다. 반대로 존재하지만 보이지 않는 것도 있고, 없지만 보이는 것도 있는 것이다. 이제 우리는 이렇게 말해야 한다. 우리는 특정한 것만을 보고 특정한 것은 보지 않는다. 혹은 우리는 특정한 방식으로만 보고, 또한 그와 동일한 방식으로 보지 않는다. 그렇다면 조금 더 나아가 아마도 특정한 방식으로 보고, 또한 보지 못하게 하는 조건이 있다고 해야 하지 않을까? 그리고 아마도 그것은 사회 역사적으로 달라지는, 그리하여 사람들로 하여금 전혀 다른 방식으로 보고, 보지 못하게 만드는 그런 것이 아닐까?

조금 다른 방식의 예를 보자. 영화관의 경우에는 볼 수 있는 것과 볼 수 없는 것을 강제로 결정하는 조건을 갖추고 있다. 그런 조건을 우리는 '배치'라는 개념으로 표현할 텐데,[2] 볼 수 있는 것(가시적인 것)과 볼 수 없는 것(비가시적인 것)을 가르는 그 배치를 '가시성의 배치'라고 부르자.[3] 그러면 영화관에 고유한 (가시성의) 배치에 대해 말할 수 있다. 커다란 스크린, 캄캄한 어둠, 고정된 의자, 이 세 가지가 반복하여 계열화되면서 영화관의 배치를 만든다. 의자는 스크린을 향해 고정되어 있고, 사방이 어둠으로 뒤덮여서 눈앞에 보이는 건 오직 스크린밖에 없다. 다른 건 하나도 볼 수 없게 하는 것이다. 그것이 영화라는 걸 하나의 거대한 스펙터클(구경거리)로 만든다. 현실보다도 오히려 더 강한 호소력을 가지고 눈을 향해 달려드는 스펙터클, 이것을 영화관의 배치는 창출해 내고 있는 것이다. 물론 탈주선이 있긴 한다. 눈을 감고 자거나, 좁다란 의자 사이 통로로 빠져 나가는 것. 그렇지만 결국 그런 것도 모두 어둠에 묻어 버림으로써 탈주선의 전염을 저지한다. 영화관이라는 건 이렇게 정해진 어떤 것만을 보게 하는 그런 장치다.

이와 더불어 또 하나 얘기해야 할 것은 '본다'는 것이 우리의 인식에서 차지하는 특별한 위치다. "보는 것이 믿는 것"To see is to believe이라는 영어 속담이 있다. 우리의 경우에는 또 "백문百聞이 불여일견不如一見"이란 말이

2) 질 들뢰즈·펠릭스 가타리, 『천의 고원』 I, II, 이진경·권혜원 외 옮김, 연구공간 '너머' 자료실, 2000. [Gilles Deleuze et Félix Guattari, *Mille plateaux*, Minuit, 1980.]
3) 질 들뢰즈, 『푸코』, 허경 옮김, 동문선, 2003, 79쪽.[Gilles Deleuze, *Foucault*, Minuit, 1986.]

있다. 확실히 우리는 만지거나 냄새 맡아서, 혹은 소리로 사람을 구별하는 능력이 보고서 아는 것에 비해 매우 떨어진다.

이것만으로 본다면 우리는 여러 가지 지각 중에서 보는 것에 특권적인 지위를 부여하고 있음이 분명하다. 하지만 서양의 경우 이는 근대적인 현상이었다. 중세에는 청각이 가장 중요한 감각이었고, 촉각이 그 다음이었으며, 시각은 세번째였다고 한다. 하지만 지금이라면 시각은 다른 지각 모든 것을 합친 것보다 중요하고 영향력이 크다. 보는 것이 믿는 것이란 말은 이런 점에서 현재에 관한 한 조금의 과장도 포함하지 않는다. 그리고 좀더 나아가 우리의 삶과 행동은 실제로 그러한 믿음에 의해 크게 좌우된다는 점도 추가할 수 있겠다. 삶이나 행동이란 그런 믿음의 형태로 존재하는 도식schema: 주어진 상황에 대한 전형적 태도의 집합에 따라 이루어지는 것이니까.

앞서 우리는 특정한 것만을, 특정한 방식으로만 보고/보지 못한다고 말했다. 그렇다면 이제 여기서 아주 단순한 추론을 할 수 있다. 보는 것이 믿는 것이고, 믿는 것이 삶과 행동을 좌우한다고 할 때, 특정한 방식으로만 본다면, 우리는 특정한 방식으로만 믿을 것이고, 그것은 그 특정한 방식 안에서 우리의 삶과 행동이 제한되리라는 것이다. 따라서 특정한 것만을, 특정한 방식으로 보게 하는 배치는, 그 안에서 사고하고 판단하는 사람들의 판단과 행동을 결정적으로 방향지운다고 할 수 있다.

이처럼 볼 수 있는 것과 볼 수 없는 것을 가르고 정의하는 방식이 결국은 특정한 방식으로 믿고 행동하게 만드는 것이라고 할 때, 그리고 그것이 그 안에 있는 사람들에 대해 반복하여 동일하게 작용한다고 할 때, 여기서 결국 권력pouvoir이란 개념을 떠올리는 것은 지극히 자연스러운 일일 것이다. 따라서 볼 수 있는 것과 볼 수 없는 것을 가르고, 보아야 할 것과 보는 방식을 정의하고 그 방식대로 보게 만드는 특별한 배치를 다루는 문제는,

동시에 그 안에서 작용하는 권력이 작동하는 '체제'régime를 다루는 문제라고 할 수 있다. 이러한 체제를 우리는 '시선의 체제'라고 부를 것이다.

본다는 것이 그 자체로 권력과 결부되어 있다고 했을 때, 푸코 식의 어법을 빌려 말하면 봄−권력voir-pouvoir이라는 말도 충분히 가능하지 않을까? 나아가 체제régime라는 말에 또한 포함되어 있는 제도와 정체政體, 정권이라는 의미가 오히려 적절해 보인다. 권력에 의해 작동하며, 제도화되어 작동하는 특정한 체제를, 혹은 체제 안에서 작용하는 권력을 지시한다는 점에서 말이다.

2. 시각과 응시

시선의 체제를 다루기 전에 잠시 '시선'regard이라는 개념에 대해 약간 설명할 필요가 있다. 이는 눈의 단순한 지각작용인 '시각'vision과 대비되는 개념인데, 많은 경우 '응시'凝視, 영어로는 gaze라는 말로 번역되기도 한다(이는 사용하는 사람에 따라 의미가 달라지기 때문인데, 나는 맥락에 따라 때론 '응시'로, 때론 '시선'으로 번역해서 사용하겠다).

사물에 대한 단순한 지각으로서 응시를 시각으로부터 구별한 사람은 사르트르였다. 그에게 응시란 단순한 지각이라기보다는 주체의 지향성이 담긴 지각이고, 즉자존재卽自存在가 아니라 대자존재對自存在와 결부된 것이다. 이는 머리와 얼굴의 구별을 통해 쉽게 이해할 수 있다.[4] 사르트르가 보기에 예를 들어 개나 늑대 같은 동물에게는 머리는 있지만 얼굴은 없

---

4) 장 폴 사르트르, 『존재와 무』, 손우성 옮김, 삼성출판사, 1976, 435~505쪽.[Jean-Paul Sartre, *L'Être et le néant*, 1943.]

다. 머리는 손, 발과 함께 신체의 일부고, 있는 그대로의 생물학적 기관이다. 새나 곤충에게도 있는 기관이다. 반면 아무리 진화된 동물이라도 얼굴을 갖고 있지는 않다. 사르트르에 따르면 얼굴은 지향성을 가진 눈을 통해 머리로부터 구분되는 것이다. 기쁜 얼굴, 슬픈 얼굴, 화난 얼굴, 들뜬 얼굴, 우울한 얼굴 등등. 한마디로 말해 지향성을 통해 의미작용 속에서 해석되는 것이 얼굴이다. 이처럼 얼굴을 머리로부터 구별해 주는 것, 다시 말해 지향성을 통해 의미작용 속으로 대상을 끌어들이는 눈의 지각작용을 단순한 지각과 구별해서 응시라고 부르는 것이다. 이처럼 주체의 지향성이 관여되었기 때문에 사르트르는 즉자존재인 머리와 달리 얼굴을 대자존재에 대응시킨다.

라캉은 시각 내지 시선과 구별해서 '응시'라는 개념을 다시 끌어들인다. 하지만 사르트르와 달리 그는 주체의 지향성을 통해 구별하지는 않는다. 그는 주체철학적 지반에 대해 비판하고 있기 때문에 주체의 지향성이나 주체의 응시라는 개념을 거부하기 때문이다. 반대로 그는 이를 뒤집어서 '타자의 응시'라는 개념을 사용한다. 그리고 사르트르와 달리 응시는 의식되는 것이 아니라 무의식의 층위에서 작용하는 것이며, 따라서 시각이 작용하는 순간에는, 마치 무의식이 그러하듯이, 응시는 소멸된다고 한다. 이런 점에서 그는 응시 안에서 본다는 말과 달리 응시와 시선은 언제나 분열된다는 것을 강조한다. 즉 시각과 응시의 '분열'Spaltung이라는 개념이 그것이다.[5]

가령 라캉은 앞서 〈그림 2-1〉의 홀바인의 그림을, 밑에 있는 해골이 보이지 않았던 것은 시각이 작동하는 순간 응시는 소멸하는 경우의 예로

5) 자크 라캉, 『자크 라캉의 욕망이론』, 195~202쪽.

사용한다. 그는 그 왜곡된 형상에서 남근을 본다. 즉 평상시의 남근에 해골문신을 했다면, 그 남근이 발기했을 때 형상이 아마도 홀바인 그림의 길게 늘어난 해골의 모습이 될 거라는 것이다. 하지만 남근은 무의식적 욕망의 일차적 대상이지만, 그 자체로는 욕망의 직접적인 대상이 되지 못하며, 언제나 은폐되고 숨는 그런 대상이다. 그런데 홀바인의 그림에서 시선이 해골의 늘어진 형상을 주목하게 되면, 그것은 사실 발기한 남근을 보는 것을 뜻하기에, 응시는 거기서 소멸되어 작동하지 않게 된다는 것이다. 혹은 홀바인 그림의 두 인물이나 다른 물건들을 시선이 보는 동안, 그 숨겨진 남근을 보는 시선은 소멸된다는 것이다. 그리고 그것은 일종의 거세라고 한다. 이런 식으로 의식-시선과 무의식-응시는 분열되어 있다는 것이다.

그렇지만 사실은 바로 그것이 정반대로 시선과 다른 차원에서 응시가 진정 찾고 있는 것, 응시가 진정 욕망하는 것이 무엇인가를 말해 준다. 시선과 다른 차원에서 응시란 남근, 혹은 그것의 실재계적 대상으로서 '오브제 프티 아'objet petit (a)의 상관물이란 것이다. 그래서 그는 바로 응시야말로 또 하나의 '부분대상'이라고 한다. '부분대상'이란 멜라니 클라인Melanie Klein의 개념인데, 가령 어린아이에게 어머니의 젖가슴은 일차적인 욕망의 대상이지만, 어머니의 일부로서가 아니라 젖가슴 그 자체가 바로 직접적인 욕망의 대상이며, 다만 그것은 젖가슴으로서만 욕망의 대상이라고 한다. 이처럼 욕망의 직접적인 대상을 부분대상이라고 하는데, 젖가슴·남근 등이 그것이다. 그런데 라캉은 바로 응시가 또 하나의 부분대상이라고 하는 것이다.

여기서 응시가 부분대상이라는 말은 응시가 시선이나 의식이 움직이는 기저에 자리 잡고 있는 것이라는 의미뿐만 아니라, 어머니의 젖가슴처럼 어머니의 응시, 아버지의 응시, 타자의 응시가 바로 욕망의 대상이라는 것을 뜻한다. 이는 다른 곳에서 인정욕망이라고 불렸던 개념의 상관물처럼 보이다. 즉 아이는 사태를 단지 자신의 시각만으로 보지 않으며, 타자의 질서 속에서, 타자의 욕망에 대한 인정욕망 속에서 본다는 것이다. 그러나 아이는 그것은 인식하지 못한 채 그렇게 한다. 시각과 응시는 분열되어 있는 것이고, 그는 자기도 모르는 채 타자의 응시를 욕망하면서 사태를 보는 것이다. 무의식의 위상을 차지하고 있는 타자의 질서 속에서 사고하고, 상징적인 질서 속에서 말하듯이 말이다.

여기서 잠시 인정욕망이라는 개념에 대해 부연할 필요가 있다. 그것은 헤겔 『정신현상학』의 유명한 주인과 노예의 변증법에서 나오는 개념이다. 코제브Alexandre Kojève는 그 주인과 노예의 변증법을 중심으로 헤겔을 해석하는 강의를 프랑스에서 했는데, 라캉은 사르트르나 바타유 등과 더불어 이 강의를 들었고, 그 영향을 크게 받았다.[6]

그런데 주인과 노예의 변증법에서 인정욕망이란 각각의 주체가 타자에 대해 갖는 일종의 지향성이다. 서로가 상대방에게 주인으로서 인정받고자 하는 욕망, 그것이 인정욕망이다. 그런데 이는 서로가 서로에 대해 동등하게 요구하기 때문에 인정투쟁이 벌어지고, 여기서 죽음을 걸고 승리한 자가 주인이 되고, 죽음에 대한 공포로 인해 상대방을 인정한 자는 노예가 된다. 노예는 이제 타자의 의지에 의해, 타자의 욕망에 의해서 노동을 하게 되지만, 바로 그 노동으로 인해 노예의 상태를 벗어날 수 있는 계기를 찾게 된다. 반대로 주인은 상대방의 인정을 받았지만, 그 인정은 더 이상 주인이나 동등한 자의 인정이 아니라 노예의 인정에 불과한 것이

6) Vincent Descombes, *Le Même et l'autre : Quarante-cinq ans de philosophie française (1933~1978)*, Minuit, 1979.

된다…… 등등.[7] 이런 점에서 헤겔의 주인과 노예의 변증법은 지향성을 통해 인간관계를 규명한다는 점에서 '현상학적인' 구조를 가지고 있다고 할 수 있을 것이다(『정신현상학』이라는 제목은 그런 의미에서 시사적이다).

사실 『에크리』에서 라캉 역시 '인정욕망'이란 개념을 중요하게 사용하고 있다. 모든 욕망은 인정욕망이라고 분명히 말한다. 그렇지만 『세미나』 11권인 『정신분석의 4가지 근본개념』에서는 이런 생각의 '현상학적 성격'에 대해 나름대로 거리를 두려고 하는 것처럼 보인다. 그래서 그는 메를로-퐁티의 『가시적인 것과 비가시적인 것』을 언급하면서 사르트르의 응시 개념을 비판하고 있다. 사르트르의 응시란 "놀라게 하는 응시"라는 것이다. 특별한 응시, 눈에 띄고, 그래서 알아채자마자 그 응시를 의식하고 그것의 인정을 받기 위해 노력하게 하는 그런 응시 말이다. 가령 "내가 그의 이름을 불러 주었을 때, 그는 나에게로 와서 꽃이 되었다"처럼, 나를 불러 주는 놀라게 하는 응시가 바로 사르트르의 응시다. 반면 라캉의 응시는 놀라게 하는 것이 아니라 무의식의 일차적 대상답게 은폐되고 숨어 있는 것이며, 의식이 알아채려는 순간 소멸되고 사라져 버리는 것이다. 따라서 의식적으로 그것의 인정을 받으려고 노력하는 그런 일은 불가능하다.

이처럼 라캉은 응시 개념을 통해서, 현상학에서라면 의식의 차원에서 정의되고 있던 응시와 인정욕망을, 무의식의 차원에서 정의하려고 했던 게 아닌가 싶다. 그리고 바로 그런 점에서 시각과 응시의 분열은, 시각과 응시가 서로 화답하고 부응하는 사르트르의 경우와 분명히 다른 개념이라고 하겠다. 그럼에도 불구하고 응시가 오브제 프티 아, 혹은 부분대상

---

7) 알렉상드르 코제브, 『역사와 현실변증법』, 설헌영 옮김, 한벗, 1981.[Alexandre Kojève, *Introduction à la lecture de Hegel*, Gallimard, 1947.]

으로 정의되고 있으며, 그런 점에서 그것은 일차적인 욕망의 대상이고, 그 욕망은 무의식의 차원에서지만 인정욕망이라는 점 또한 분명하다. 그것은 무의식을 대문자 타자의 담론이요, 대문자 타자의 욕망이라고 보는 라캉의 사유와 불가분한 것처럼 보이기 때문이다. 요컨대 의식과는 다른 방향에서 자기도 모르는 사이에 (무의식적으로) 무언가를 욕망하게 하는 것, 그것이 바로 욕망의 대상으로서 응시다.

그런데 정말 응시는 남근의 상관물일까? 여러분은 정말로 홀바인 그림의 해골이 발기된 남근과 결부되어 있어서 못 알아보았다고 생각하는가? 그렇다면 남근을 그린 수많은 그림들, 혹은 반대로 여성의 성기를 그린 많은 그림들은 어떻게 그려질 수 있었을까? 뿐만 아니라 히에로니무스 보스Hieronymus Bosch의 그림에서처럼 여성의 엉덩이 밑으로 피리를 집어넣고, 미켈란젤로처럼 백조와의 성교를 그리고, 쿠르베처럼 여성의 성기에다 '세계의 기원'이란 이름을 붙여 그리고 하는 일이 어떻게 가능했을까? 모두가 다 프로이트를 알기 이전의 일이고, 그래서 초현실주의자들처럼 의식적으로 성적인 이미지를 그렸던 사람들이 아닌데 말이다.

사르트르처럼 '놀라게 하는 응시' 내지 지향성으로서 응시라는 의식적으로 주관적인 개념뿐만 아니라, 라캉처럼 오직 남근이나 성욕, 혹은 그와 결부된 한에서만 작용하는 인정욕망 내지 '욕망'과 결부된 응시 개념은 지금의 주제를 다루는 데 부적절하다. 아니, 이 주제만이 아니라 하더라도 그런 식으로 시선의 문제를 다루는 것은 그다지 적절하지 않다고 생각한다. 그것은 필경 모든 문제를 오이디푸스적인 가족 삼각형 안으로 환원하는 결과로 귀결되고 말 테니 말이다.[8]

8) Gilles Deleuze et Félix Guattari, *L'Anti-Œdipe : Capitalisme et schizophrénie*, Minuit, 1972.

이런 맥락에서 우리는 푸코의 연구, 특히 『감시와 처벌』은, 그가 비록 regard라는 동일한 단어를 사용하고 있긴 하지만, 다양한 시선의 체제에 대한 연구로 이해할 수 있다고 생각한다. 물론 그가 유난히 관심을 기울이고 있는 것이 근대적인 시선의 체제라는 점은 굳이 덧붙일 것도 없다. 감옥과 같은 배치dispositif나 담론이라는 언표들의 배치들을 통해 작동하는 시선들, 그 시선들을 통해 작용하는 권력의 문제를 그 책들은 다루고 있기 때문이다.[9] 하지만 여기서 푸코의 연구와 동일한 대상이나 주제를 다루진 않을 것이다. 우리의 직접적 관심은 일단 시각예술과 관련된 대상이기 때문이다. 물론 여기서 시각과 구분해서 시선이란 말을 사용한 것은, 그것이 단지 눈앞에 있는 그대로 수용하는 소박하고 결백한 그런 지각만은 아니란 점을 표시하기 위해서이다.

3. 르네상스적 시선과 바로크적 시선

시각예술과 관련해 시선regard의 체제에 대한 연구를 위해 매우 중요한 선례를 남긴 사람은 양식사樣式史로 유명한 미술사가 하인리히 뵐플린이다.

그의 이론이 가장 집약된 저서는 『미술사의 기초개념』[10]인데, 여기서 그는 개인이나 민족적 특성과 무관한, 그리하여 가장 이질적인 예술가들에게도 공통적으로 나타날 수 있는 시각방식을 다룬다. 흔히 양식적인 특징이라고 불리는 것이 그것인데, 그 책에서는 특히 르네상스의 양식적 특

---

9) 미셸 푸코, 『감시와 처벌』, 오생근 옮김, 나남, 2003.[Michel Foucault, *Surveiller et punir*, Gallimard, 1975.]
10) 하인리히 뵐플린, 『미술사의 기초개념』, 박지형 옮김, 시공사, 1994.[Heinrich Wölfflin, *Kunstgeschichtliche Grundbegriffe*, 1915.]

〈그림 2-3〉
뒤러, 「성 제롬」, 1514년

〈그림 2-4〉
오스타데, 「화가의 작업실」, 1663년

징과 바로크의 양식적 특징이 대비되는 다섯 쌍의 대립 개념들을 통해 서술되고 있다. 일단 그가 제시하는 대립 개념들과 그것의 의미를 먼저 살펴보기로 하자.

다섯 쌍의 대립 개념은 선적인 것과 회화적인 것, 평면성과 깊이감, 폐쇄된 형태와 개방된 형태, 다원성과 통일성, 명료성과 불명료성이다.[11]

뒤러Albrecht Dürer의 판화 「성 제롬」(그림 2-3)과 오스타데Adriaen van Ostade의 판화 「화가의 작업실」(그림 2-4)을 보자. 가장 먼저 눈에 띄는 차이는 뒤러의 그림은 매우 명료하여 세세한 디테일의 섬세한 무늬까지 어느 것도 빠뜨리지 않고 깔끔하게 보여 주는 반면, 오스타데의 그림은 매우 섬세한 선을 사용한 판화임에도 불구하고 중앙의 빛을 받는 부분을 제외하고는 모호하게 둘러싸는 어둠 속으로 형상들이 묻히고 있다는 점이다. 앞서 보았던 홀바인의 「대사들」(그림 2-1) 역시 아까 문제가 되었던 해골의 왜곡된 형상을 제외하곤 극히 명료하고 깔끔하게 그려져 있다.

또 하나의 차이는, 뒤러의 그림이 선적인 데 반해 오스타데의 그것은 회화적이라는 것이다. 뒤러의 그림은 대상을 윤곽선을 통해 포착하고 있는 반면, 오스타데의 그림은 대상을 빛에 의해 응결된 덩어리로 포착하고 있다. 이로 인해 뒤러의 그림에 빛은 대상을 정확하게 포착하기 위해 가능한 한 고르고 균일하게 퍼져 있고, 물체의 형상은 모든 윤곽선이 가능한 한 뚜렷이 드러나는 양상으로 섬세하게 그려져 있으며, 실루엣은 정확하게 있는 그대로 그려져 있다. 반면 오스타데의 그림에서 빛과 어둠은 명확히 대비되고, 전체적으로 빛은 희미하고 몽롱한 분위기를 연출하고 있으며, 실루엣은 어둠과 섞이며 모호하게 그려져 있다.

11) 뵐플린, 『미술사의 기초개념』, 31~34쪽.

〈그림 2-5〉 티치아노, 「우르비노의 비너스」, 1537~38년

〈그림 2-6〉 벨라스케스, 「비너스」, 1647~51년

다음에는 비너스를 그린 두 장의 그림이다. 르네상스의 대가 중 한 사람인 티치아노Tiziano Vecellio와 바로크의 가장 유명한 대가 중 한 사람인 벨라스케스Diego Velázquez가 그린 것이다. 우선 티치아노의 비너스에서 윤곽선은 끊어진 곳이 없이 고르며, 윤곽선의 흐름은 안정되어 있고 그 선만으로도 아름답다. 반면 벨라스케스의 비너스에서 윤곽선은 차라리 그 밖에 있는 배경과 공간에 의해 수동적으로 만들어지는 듯하며, 곳곳에서 생략되고 있다. 비너스나 천사의 다리가 그 예다. 그 흐름은 매우 격정적으로 깊이 파이다가 다시 솟아오르고, 신체의 곳곳에서 비틀리고 요동치고 있다. 더 중요한 것은 그런 윤곽선이 두드러지지 않는다는 것이다. 오히려 커튼과 침대와 대조되면서 몸이 하나의 덩어리로 조형되고 있다.

또한 티치아노의 그림에서 비너스의 신체는 개별 부위는 전체적인 화음을 이루지만 동시에 각각의 부위들 또한 뚜렷한 형상을 유지하고 있다. 관절 하나하나가 온전히 드러나며 연결된 부위마다 완결된 형태를 취하고 있다. 즉 전체적인 통일성이 부분을 흡수하는 식의 양상은 여기선 볼 수 없다. 반면 벨라스케스의 그림에서 신체의 각 부위들은 과감하게 생략되고 대충의 특징만이 묘사되며, 강조되는 정도가 다르다. 여기서는 전체적인 신체의 운동감과 그것이 이루는 통일성이 부분의 독립성을 와해시키고 있다.

또한 이 다원성과 통일성의 차이는 세부의 표현에서 차이를 낳는다. 티치아노의 「비너스」에는 저 뒤에 있는 부인이나 벽의 태피스트리까지도 정확하게 묘사되고 있다. 사실 그것을 그 정도로 정확하게 보려면 비너스의 신체를 보고 있는 시점에선 불가능하기에 그 가까이까지 가야 한다. 즉 하나의 단일한 관점에서 눈에 보이는 대로 그린 것이 아니라는 것이다. 반면 벨라스케스의 그림에서는 가까운 부분은 자세하게 그려지지만, 물러선 뒷부분은 그에 비해 모호하게 그려졌다. 즉 하나의 시점에서 보이는 대로 그린 것이라는 것이다.

여기서는 폐쇄성과 개방성이란 대립 개념도 보여 준다. 르네상스의 그림에서는 화면의 구도와 화폭이 서로 깊은 연관을 맺는 데 반해, 바로크 양식에서 그것은 그저 우연적인 것에 불과하다. 보다시피 티치아노의 그림은 수평선과 수직선에 기초한 안정적이고 구축적인 구도를 취하며, 화면에서 형태들의 배치는 테두리 선을 따라 그것을 균형 있게 채우고 있다. 반면 벨라스케스의 그림은 의도적으로 수평선을 피하여 사선으로 동적인 구도를 취하며, 형태의 배치는 테두리 선과 무관하게 보인다. 어떤 부분은 중요한데도 마치 잘릴 듯 아슬아슬하게 테두리 선에 닿아 있고, 다른 부분은 여유 있게 비어 있다. 즉 화면이 화폭에 의해 제한된다는 인상을 배제하려고 하는 셈이다.

뵐플린은 이 몇 개의 그림만이 아니라 무수한 많은 그림과 건축물, 조각들을 통해서 이 두 양식을 가르는 대립 개념에 대해 설명하고 있다. 그런데 이 다섯 쌍의 대립 개념은 내가 이해하기에는 수많은 그림이나 건축물, 조각상 등에서 반복적으로 나타나는 일종의 코드화된 시선을 보여 줌을 뜻한다. 즉 그것은 시선이 사물의 형태를 포착할 때, 혹은 화가들이 대상을 포착할 때, 그것을 포착하는 습속화된 방식을 보여 준다는 것이다. 예컨대 형태를 윤곽선을 중심으로 해서 포착하는 것과 볼륨감을 중심으로 포착하는 것은 분명히 사물을 보는 상이한 방식이다.

사물을 포착하는 데 하나의 일원적인 시점을 가지고 포착하는가, 아니면 굳이 시점을 가까이 가져가면서까지 각 대상이 가지고 있는 부분적인 형상을 동일한 섬세함을 가지고 포착하는가도 마찬가지다. 이 점에서 바로크에서는 시선의 중심성, 시선에 의해 만들어지는 통일성이 강조되어 있고, 르네상스의 경우에는 시선으로 환원되지 않는 대상들 자체의 균형과 안정성, 통일성이 강조되어 있다. 이것은 나중에 투시법에 관한 부분에서 다른 방식으로 확인된다.

또한 시선이 빛을 이용하는 방식도 다르다. 바로크 같은 경우는 빛의 밝음과 어두움의 대비를 아주 극도로 이용해서 깊이감과 볼륨감 등을 만들어 낸 반면에, 르네상스 같은 경우에는 빛은 정확하게 균질적인 것으로 되어 있다. 달리 말하면 르네상스의 경우 빛은 대상을 정확하고 올바르게 보는 조건인 반면, 바로크에서 빛은 그 자체가 어둠과 더불어 시선의 대상이 되는 것이다. 건축의 경우에 이는 더욱 뚜렷한데, 르네상스에서 실내의 빛은 기본적으로 균질적이다. 빛이라는 것은 그 자체가 특별한 시선의 대상이 아니라 무언가를 보게 해주는 매개기 때문이다. 그러나 바로크 건축에서는 빛과 어둠이 대비되는 방식이 즐겨 사용된다. 아마도 베르니니Gian Lorenzo Bernini가 만든 스칼라 계단Scala Regia이 대표적일 것이다. 어둠을 이용한 밝음의 강조나 그 반대는 빈번히 발견되는 것이고, 노이만Johann Balthasar Neumann의 피어첸하일리겐Vierzehnheiligen에서처럼 중간 공간을 이용해 완화된 부드러운 빛을 만들어 내기도 한다.

이러한 연구를 통해 뵐플린이 찾아내려는 것이 무엇이었을까. 뵐플린은 자신의 연구대상이 "가장 이질적인 예술가들에게조차 공통적으로 드러날 수 있는 시각방식이라는 층"[12]이라고 말한다. 그는 이를 시대에 공통된 어떤 '형태적 취향'이라고 부르기도 하고,[13] '재현방식 그 자체'라고 부르기도 한다.[14] 양식사적 연구를 통해 재현방식과 관련된 더 근원적인 층

12) 뵐플린, 『미술사의 기초개념』, 29쪽.
13) 같은 책, 25쪽.
14) 같은 책, 28쪽.

〈그림 2-7〉 베르니니(Gian Lorenzo Bernini), 바티칸의 스칼라 레지아, 1663~66년

을 발견해서 개인의 성향이나 민족성의 다양함과는 별 관련 없는 서유럽
의 시각방식의 발달사, 시각의 발달사라는 것을 정립할 수 있지 않을까 하
는 것이 그의 생각인 것이다.

　이걸 우리가 사용한 개념으로 다시 말하면, '볼 수 있는 것'과 '볼 수 없
는 것'을 분할하고, 볼 수 있는 것을 특정한 형태로 분배하는 습속이라고

〈그림 2-8〉 노이만, 피어젠하일리겐(Vierzehnheiligen) 교회, 1743~72년

할 수 있다. 이런 걸 '가시성의 배치'라고 들뢰즈는 얘기한다.[15] 이는 앞서 보았듯이 구체적으로 형태를 포착하는 방식, 시점을 설정하는 방식, 빛을 이용하거나 분배하는 방식 등을 포괄한다. 이 '시각적인 층' 자체가 미술

15) 질 들뢰즈, 『푸코』, 93쪽.

사의 과제가 된다고 뵐플린은 생각한다. 동시에 그의 연구는 르네상스적 시선의 체제와 바로크적 시선의 체제가 어떻게 다른가를 보여 주고 있다고도 볼 수 있다. 결국 뵐플린은 이러한 가시성의 배치를 통해 예술가들의 이름이 없는 미술사를 쓰려고 하는 것이다.

4. 투시법과 근대적 시선

근대적 시선의 체제와 관련해서 투시법은 매우 결정적인 자리를 차지하고 있다. 그것은 형태를 포착하고 묘사하는 방식과 시점을 설정하는 방식, 그것을 통해 그려지거나 만들어진 대상과 시선을 관련짓는 체계화된 코드요 습속이기 때문이다. 그것은 특히 시선이 근대적인 방식으로 보거나 못 보게 하는 지배적인 습속이기에, 그것의 효과까지 포함해서 자세히 검토할 필요가 있다.

『공간, 시간, 건축』의 저자로, 뵐플린의 제자이기도 한 기디온Sigfried Giedion은 근대적 공간의 기초가 투시법이었다고 말한다. 그리스 신전이 보여 주듯이 투시법 이전에는 조형적이고 조각적인 공간이었다면, 투시법을 발견한 르네상스기에 와서 근대적, 투시적 공간이 만들어지고, 투시법을 명시적으로 해체한 입체파 이후 근대적 공간이 깨졌다고 한다. 그에 따르면 역사상 세 가지 공간 개념이 있었다.[16]

기디온의 이러한 입장은 한편으로는 투시법의 위상이 너무 과장되어 있다는 점에서, 다른 한편에서는 투시법 내부에서 나타난 차이를 보지 못

---

16) Sigfried Giedion, *Space, Time and Architecture: The Growth of a New Tradition*, Harvard University Press, 1967.

한다는 점에서 그대로 받아들이기는 힘들다. 그럼에도 불구하고 투시법이 근대적 공간의 중요한 기초 내지 요소가 되었다는 것은 틀림없는 사실이다.

투시법은 라틴어로 perspectiva인데, 이는 '아주', '완전히'를 뜻하는 접두사 per와 '보다'를 뜻하는 동사 specere가 합쳐서 나온 perspicere라는 동사에서 파생한 것으로, '잘 보다', '꿰뚫어 보다'라는 뜻이다. 그것은 '잘 보는 방법,' '잘 보이게 하는 방법'이라는 뜻을 담고 있는 셈이다. 따라서 '투시법'이 정확한 번역어인데, 회화에서는 종종 이를 '원근법'이라고 번역한다. 하지만 이는 지나친 의역일 뿐만 아니라 정확하지 않은 번역이다. 아마도 서양 근대회화의 가장 중요한 특징이, 동양이나 다른 대륙과는 달리 원근감이 정확하게 표시된다는 점에서 그런 것이겠지만, 투시법은 원근을 나타내는 유일한 방법이 아니라, 그것을 나타내는 하나의 특정한 방법이다. 다시 말해 투시법 이외에도 원근감을 표시하는 방법이 또 있다는 것이다.

투시법에 대해 얘기하기 전에 투시법에 따르면 그림이 어떻게 달라지나 살펴보자. 〈그림 2-9〉는 로마시대의 것으로 「지하세계의 오디세우스」라는 그림이다. 그런데 보다시피 분위기가 서양그림 같지 않고, 동양화 같은 느낌마저 든다. 투시법을 사용하지 않은 그림인데, 그 결과 공간감이 모호해져서 신비적인 분위기를 만들었다고 파노프스키는 말한다.[17]

〈그림 2-10〉은 중세 그림이다. 이 그림에서 예수의 관은 투시법과는 오히려 반대의 방향으로 그려졌고, 그 관의 옆면에 새긴 이디큘러 역시 마

---

17) Erwin Panofsky, *Perspective as Symbolic Form*, Zone Books, 1991, pp. 42~43.[*Die Perspektive als "symbolische Form"*, 1927.]

〈그림 2-9〉「지하세계의 오디세우스」, 1세기경

〈그림 2-10〉「나에게 손대지 마오」, 클로이스터노이베르크 제단, 1324~29년에 새로이 채색된 것.

〈그림 2-11〉 조토, 「회칙의 인가」, 1320년경, 아시시 성 프란체스코 성당.

찬가지다. 그 관과 그 뒤에 선 사람 사이, 또 관과 성모 사이에도 아무런 거
리감도 없이 붙어 있다. 하지만 이 경우에는 앞서와 같은 신비적인 공간감
은 느껴지지 않다. 그걸 보면 투시법을 사용하지 않으면서도 매우 다른 그
림이 그려질 수 있음을 쉽게 알 수 있다.

　　이에 비하면 〈그림 2-11〉은 많이 나아간 것을 알 수 있다. 조토Giotto di
Bondone는 청빈하게 살며 부랑자와 빈민과 함께 하려던 성 프란체스코를
평생 존경하여 그에 관한 그림을 많이 그렸는데, 이 그림은 프란체스코가
로마에 가서 교황 인노첸시오 3세Pope Innocent III로부터 자신을 따르는 탁
발托鉢 교단의 회칙을 인가받는 장면을 그린 것이다. 당시 교황청은 왈도
파와 유사한 이단적 혐의를 두고 있었지만, 교황에 절대복종하겠다는 거
듭된 약속을 믿고 그들을 새로운 수도회로 인가한다. 프란체스코 수도회
가 그것이다.

　　조토는 서양의 중세 그림을 새로운 단계에 올려놓은 사람이고, 그에

이르러 비로소 그려진 인물들의 얼굴은 표현적인 표정을 갖게 된다. 단테가 조토를 격찬했던 것은 이런 이유에서였다. 이 그림에서 주목할 것은 교당의 천장이다. 이전과 달리 이 천장의 격자무늬는 투시법에 근접한 모습을 보여 주고 있다. 이 역시 조토의 선구적인 위치를 보여 주는 것이다. 그럼에도 불구하고 공간적 깊이감까지 느끼기는 힘들며, 격자의 선들은 정확히 하나의 점에 모이지 않는다.

이와 비교할 때 앞서 본 마사초의 그림(그림 2-2)에서 격자들은 정확하게 예수의 발밑에서 한 점으로 모이고, 원통형 천장은 성신의 뒤로 강한 깊이감의 공간을 만든다. 1426~27년경에 그려진 이 그림은 최초로 투시법에 따라 그린 것이어서 유명한 그림이다.

그러면 서양은 어떻게 해서 투시법을 사용하게 되었을까? 여기에는 건축가로 알려진 브루넬레스키Filippo Brunelleschi와 만능인 알베르티Leon Battista Alberti 두 사람이 결정적인 공헌을 했다. 1425년 브루넬레스키는 한 번은 피렌체의 산 지오반니San Giovanni 세례당 앞에서, 또 한 번은 시뇨리아 광장Piazza della Signoria에서 투시법의 과학성을 증명하는 유명한 공개실험을 한다.[18] 이로써 당시 르네상스의 중심지였던 피렌체에서 투시법은 선진적인 예술가와 지식인 사이에 알려지기 시작한다.

그로부터 10년 뒤 알베르티는 기하학과 광학 등을 이용해 과학적임을 보여 주는 책(『회화론』)을 쓴다.[19] 이는 그 당시에 피렌체를 중심으로 해서 한창 발전하기 시작하던 활판 인쇄술로 인해 유럽으로 이탈리아 및 유

---

18) Samuel Y. Edgerton, Jr., *The Renaissance Rediscovery of Linear Perspective*, Basic Books, 1975, p.125 이하.; Hubert Damisch, *The Origin of Perspective*, tr. by John Goodman, The MIT Press, 1995, p.101 이하, p.143 이하.[*L'origine de la perspective*, Flammarion, 1987.]
19) 알베르티, 『알베르티의 회화론』, 노성두 옮김, 사계절, 1998.[Leon Battista Alberti, *De Pictura*, 1435.]

럽의 다른 지역으로 확산된다. 그래서 투시법은 급속하게 전 유럽으로 퍼져간다.

여기서 우리는 일단 하나의 질문에 부딪치게 된다. "투시법은 정말 과학적인 지각양식인가?" 서양의 근대적 사유에 익숙한 우리를 포함해서, 많은 사람들이 투시법은 자연적이고 과학적인 지각양식임을 의심치 않았다. 이 점에서 투시법은 미술이나 예술을 넘어선다. 반면 동양의 그림이나 남아메리카, 혹은 아프리카의 그림이나 조각에서 보이는 그런 지각방식을 과학적 지각에 비해 뒤떨어진 것으로, 미개한 것으로 간주하는 것을 심지어 아직도 심심치 않게 볼 수 있다.

파노프스키는 이런 생각을 깨고 나간다. 1927년에 나온 『상징형식으로서의 투시법』Die Perspektive als "symbolische Form"은 함부르크 대학의 동료 교수였던 카시러Ernst Cassirer의 개념을 이용해 투시법을 상징형식으로 간주하는 내용을 담고 있다. 이 책에서 그는 자연적 내지 과학적 지각형식이라는 것을 반박하기 위해 두 가지 이유를 댄다. 첫째, 투시법은 하나의 시점을 가정하는데, 인간의 눈은 둘이다. 둘째, 투시적 상像은 평면에 투영되는 것으로 간주되는데, 인간의 망막은 구부러져 있다.[20]

특히 두번째 논거에 비추어 그는 직선적 투시법과 대비되는 곡선적 투시법이 과거에 있었다는 주장까지 한다.[21] 예를 들면 엔타시스 양식처럼 가운데가 불룩한 경우가 그것이라는 것이다. 그러나 역사적으로 그런 양식이 있었다는 주장은 입증할 수 없었고, 반대로 어이없는 상상으로 반박된다.[22]

---

20) Erwin Panofsky, *Perspective as Symbolic Form*, pp. 28~33.
21) *Ibid.*, p. 35.
22) Samuel Y. Edgerton, *The Renaissance Rediscovery of Linear Perspective*, p. 154.

여기서 중요한 것은 그가 투시법이란 자연적이고 과학적인, 따라서 유일하게 올바른 지각 방식이 아니라, 역사적으로 가변적인 지각 체제요 시선의 제체라는 것을 보여 주었다는 점 때문이다.

그런데 서양의 이러한 투시법에도 두 가지가 있었다. 그것은 시점을 설정하는 문제와 연관된 것인데, 직접적으로는 소실점을 어떻게 설정하는가에 따라 구분되는 차이였다. 하나는 전체상을 가장 균형 있고 안정되게 포착할 수 있는 이상적인 시점에 소실점을 설정하는 것이고, 다른 하나는 실제의 시점이 갖는 다양성과 그로 인한 변형을 살릴 수 있는 시점에 그것을 설정하는 것이다.[23] 전자의 경우 대개는 소실점이 화면의 중심에, 적어도 중심의 부근에 설정된다. 후자의 경우는 한쪽 구석으로 치우치거나 아예 화면 밖으로 벗어나기도 한다. 이런 맥락에서 가우리쿠스Pomponius Gauricus는 투시법을 기하학적 투시법과 인본주의적 투시법으로 나누기도 한다.[24]

르네상스의 기본적인 입장은 이상적인 시점을 기준으로 해야 한다는 것이었다. 그것은 아마도 대칭과 균형, 안정을 중심으로 사물을 포착하려는 태도와 연관된 것이겠다. 팔라디오Andrea Palladio는 건축학적인 입장에서 그런 입장을 강하게 주장했고, 비뇰라Giacomo Barozzi da Vignola도 정 필요하면 약간 빗나가서 그릴 수도 있겠지만, 기본적으로는 소실점은 중심에 있어야 한다고 했다. 바사리Giorgio Vasari는 좀더 자유스러운 입장을 갖고 있었다.[25]

바로크에 이르면 소실점을 중앙의 점에 두어야 한다는 제한은 사라진

23) Erwin Panofsky, *Perspective as Symbolic Form*, pp. 68~69.
24) Hubert Damisch, *The Origin of Perspective*, p. xvii.
25) Erwin Panofsky, *Ibid.*, p. 142 이하.

다. 안정성 대신에 운동감 넘치는 역동성을 포착하려 했던 태도로 보면 이는 자연스런 것처럼 보이다. 이는 수평과 수직의 안정화된 구도를 오히려 피하려는 입장과도 상통한다. 레오나르도 다빈치의 「최후의 심판」에서처럼 일자로 놓였던 책상은 많은 경우 모서리를 앞세운 것으로 바뀌고, 사선을 따라 동일한 크기의 사람들은 서로 다른 크기로 그려진다.

소실점을 설정하는 데서 나타나는 이런 차이를 파노프스키는 객관적인 시점 대 주관적인 시점으로 대비시킨다. 즉 르네상스에서는 객관적인 의미가 본질적이었다면, 바로크에서는 주관적인 의미가 본질적이었다는 것이다. 그는 이것이 또한 규범적인 것 대 자유의지, 집합적인 것 대 개인적인 것, 합리적인 것 대 비합리적인 것 의 대비와 연관된다고 본다. 그리고 이것이 각각 르네상스와 바로크의 차이에 대응한다고 한다.[26] 그래서 파노프스키는 결국 객관적인 투시법과 주관적인 투시법으로 대비하고 있는 셈이다.

하지만 나는 이런 대비가 그다지 적절하지 않다고 생각한다. 뵐플린이 말했던 다원성과 통일성의 대개념에서 다원성이란 통일성의 부재가 아니며, 통일성 또한 획일성이 아다. 결국 그 대립 개념은 부분을 전체와 연관시키는 방법이었다. 마찬가지로 바로크의 주관적인 투시법은 다만 주관적인 것만은 아니며, 차라리 객관적인 것과 주관적인 것을, 다시 말해 대상과 시점을 연관시키는 방법이라고 해야 한다. 이는 사실 부분적인 대상을 보는 시점과, 화면 전체를 구성하는 시점의 관계이기도 하다.

이는 건축의 경우에 더욱 분명한 차이로 드러난다. 〈그림 2-12〉는 브라만테Donato Bramante가 예전의 성 베드로 성당 내부에 만든 템피에토

---

26) *Ibid.*, p. 68.

〈그림 2-12〉 브라만테, 템피에토, 성 베드로 성당, 로마, 1502년.

Tempietto라는 예배당이다. 어느 지점에서, 어느 방향에서 보아도 전체 모습을 한 눈에 다 포착할 수 있다. 이렇듯 르네상스는 어디서 보든 이상적인 전체상이 한 눈에 포착될 수 있는 걸 원했다. 이 경우 그림의 소실점에 대응하는 전체의 중심점은 건축물의 중앙에 자리 잡게 되고, 이를 중심으로 건축물의 각 부분은 이상적인 대칭을 이루게 된다. 방사형, 정방형, 원형 등이 즐겨 사용되는 것은 이로 인해서다. 그것은 중심이 대상에 내재하기 때문에 어디서 누가 보든 동일한 상을 제공한다. '객관적'이라는 말이 유의미한 것은 정확히 이런 의미에서다.

〈그림 2-13〉은 바로크의 가장 중요한 건축가 중 하나인 보로미니Francesco Borromini의 작품이다. 보다시피 브라만테의 작품과 너무도 다르다. 이 성당은 보는 지점이 달라짐에 따라 매번 다른 상을 제공하는데, 그 다양함은 전체상을 한 눈에 포착하기도 힘들 정도다. 돔 역시 타원형이어서 보는 곳마다 다른 형상을 취하고, 평면은 중첩된 4개의 타원으로 이루어져 있다. 바로크 건축가들은 정방형이나 원형을 가능하면 피하려고 하며, 타원을 즐겨 사용한다. 이는 정적인 안정감이 아니라 역동적인 운동감을 추구하기 때문이다.

〈그림 2-13〉 보로미니(Francesco Borromini), 산 카를로 알레 콰트로 폰타네, 로마, 1635~36년

역시 뵐플린의 제자였던 건축사가 파울 프랑클Paul Frankl이 지적했듯이, 바로크는 확실히 시점마다 시시각각으로 다르게 변하는 상을 즐긴다. 하지만 동시에 그 각각의 시점들이 제공하는 부분적이고 불충분한 상을 하나로 종합하고 통일시키는 특권적인 시점을 마련한다.[27] 보로미니의 경우 저 뒤틀린 벽체로 만든 정면——파사드façade라고 부르다——의 앞에서

---

27) 파울 프랑클, 『건축 형태의 원리』, 김광현 옮김, 기문당, 1989, 238~243쪽.[Paul Frankl, *Principles of Architectural History*, The MIT Press, 1973.]

〈그림 2-14〉 구아리니, 산 로렌조, 토리노, 1668~80년

적절한 거리를 둔 점이 그 점이 될 것이다. 그것은 어디서나 동일한 형상이 아니라는 의미에서 '주관적'이지만, 또한 여러 시점 가운데 대상을 가장 잘 포착하기 위한 점이라는 의미에서, 주체가 서야 할 점이라는 의미에서 '주체적'이라고 해야 한다. 즉 바로크 건축의 경우에는 건축물이 어디서나 동일한 형상이 아니라는 의미에서, 보는 점에 따라 달라진다는 점에서 '주관적'이지만, 그것은 건축물과 관련된 점들의 '객관적' 배치에 따른 것이다.

앞서 잠시 말했듯이 이러한 시점의 설정은 그것이 즐겨 사용되는 형태적 취향의 차이를 만들어 낸다. 더불어 이는 빛을 이용하는 상이한 방법과도 대응한다. 대상을 어떻게 보든 객관적이고 이상적인 형태로 포착하도록 하기 위해 르네상스 건축은 균질적이고 고른 빛을 이용한다. 그림에서도 그랬듯이. 반면 바로크 건축은 빛과 어둠의 대비를 즐겨 사용하며,

종종 그것만으로 새로운 형상을 만들어 내기도 한다. 밝은 돔과 어두운 실내의 대비가 그 한 예이다. 〈그림 2-14〉는 구아리니Guarino Guarini의 작품 산 로렌초 성당의 돔인데, 이런 특징을 잘 보여 준다. 물론 그 형상 역시 보는 시점에 따라 상이한 것으로 보이며, 가장 잘 보려면 그리로 이동해야 할 어떤 특권적 점이 마련되어 있다. 안드레아 포초Andrea Pozzo가 그린 성 이그나티우스 성당의 천장화가 바로 그런 경우의 대표적인 사례다.

5. 근대적 시선의 체제와 주체

이제 투시적 시선의 체제와 주체의 관계에 대해 보아야 한다. 여기서도 우리는 르네상스적 체제와 바로크적 체제를 구분해야 하는데, 이 역시 소실점의 위상학과 연관되어 있다.

르네상스적 투시법에서 소실점의 위상은 뒤러의 판화(그림 2-15)에서 잘 나타난다. 누드 모델이 누워 있고, 사이에 격자판을 두고 화가가 있다. 그리고 바닥 내지 화면에 격자판을 그려 놓고 각각의 격자면에 비치는 대로 상을 옮기는 것이다. 여기서 소실점은 격자판을 축으로 화가의 눈과 대칭인 점에 있다. 반대로 소실점에 대응되는 화가의 시점을, 잘 보이는 점이란 뜻에서 '투시점'이라고 하자. 그런데 이 그림은 그 소실점과 투시점이 하나의 동일한 점이 아니라, 격자판을 사이에 두고 분리되어 있는 두 점이란 것을 보여 준다. 다시 말해 투시점은 그려지는 장면의, 아니 그림의 외부에 있는 것이다.

다른 한편 르네상스인에게 소실점이란 엄격히 말해 점이 아니다. 평행선들이 무한히 접근해 가는 곳이지만, 그것들이 모이는 하나의 점일 수는 없었던 것이다. 비록 실제로 그릴 때는 편의상 점으로 표시를 한다고는 해도 말이다. 사실 무한히 접근해서 수렴하는 하나의 점이라는 개념은 뉴턴과 라이프니츠에 이르러야 비로소 나타나는 것이다. 무한소와 미분의 개념이 그것이다.

한편 벨라스케스의 대작 「라스 메니나스」las Meninas는 바로크에 이르러 변화된 양상을 잘 보여 주는 작품이다. 푸코가 『말과 사물』les mot et les choses의 첫 장에 다시 실었던 같은 제목의 글은 이 그림에 대한 분석이다. 여기서 소실점은 벽면의 선들이 흩어지고 있어서 아주 명확하지는 않지만 대략 왕과 왕비의 모습이 비친 거울에 있다고 보인다. 그리고 이 거울을 통해서 소실점에 대응하는 자리에 왕과 왕비가 있다는 것을 짐작할 수 있게 해놓았다.

그런데 여기서는 소실점의 자리에 거울이 놓임으로써 그에 대칭적인 시점, 즉 투시점이 소실점과 하나의 동일한 점이라는 걸 보여 준다. 이 점에서 격자판을 사이에 두고 분리되어 있던 뒤러의 두 점과는 다르다. 이두 점이 사실은 하나의 동일한 점이라는 것, 그리고 소실점은 그것이 투시점과 동일한 만큼 분명히 하나의 '점'이라는 것, 이는 바로크적 투시법을 르네상스적 투시법과 근본적으로 구별해 주는 가장 중요한 특징이다. 더불어 이 그림은 투시점이 그림의 외부가 아니라 내부에 있다는 것을 보여주고 있다.

다음으로, 또 중요한 것은 그 점이 바로 왕과 왕비가 있는 점, 다시 말해 왕의 시선이 발원하는 시점이라는 것이다. 이는 그 점이 다른 어떤 시점들에 비해서 특권화된 시점임을 뜻한다. 다양한 상을 제공하는 다양한 시점들과 구별되는, 그것을 흡수하는 특권적인 시점이 바로크의 투시법에서 결정적으로 중요하다는 것을 앞서 보았다. 바로 그 점은 왕의 자리, 혹은 근대의 '왕'이 된 주체의 특별한 자리인 것이다. 이 점은 또한 실제로

〈그림 2-15〉 뒤러, 「누워 있는 누드를 그리는 제도공」, 1538년

〈그림 2-16〉 벨라스케스, 「라스 메니나스」, 1656년

는 뒤러의 그림과 마찬가지로 화가의 눈이 있는 시점이기도 한다. 나아가 그것은 또한 관람자의 눈이 자리 잡고 있는 시점이기도 한다. 전체상을 파악하려면 우리가 그리로 이동해야 하는 시점, 결국 왕의 시점과 화가의 시점, 그리고 그림을 보는 우리의 시점은 하나의 동일한 점에 일치하고 있는 셈이다.[28]

르네상스와 구별되는 이 두 가지 특징은 매우 중요하기에 좀더 자세히 검토해야 한다. 첫째로, 소실점과 투시점이 하나의 동일한 점일 수 있다는 것은 케플러Johannes Kepler의 '연속성의 정리'에 동형적으로 표현되어 있다. 그 내용은 쉽게 말하면 "모든 원추곡선은 연속적이다"라는 말이다.[29] 원추곡선이란 하나의 면과 원뿔이 교차할 때 생기는 단면의 절단선들을 말하는데, 여기에는 다섯 가지가 있다. 원, 타원, 포물선, 쌍곡선, 직선이 그것이다. 원뿔의 축과 직각이 되게 절단하면 원이 생긴다. 이를 약간 비스듬하게 하면 타원이 되고, 좀더 기울이면 포물선이 된다. 거기서 좀더 기울여 원뿔의 경사면보다 각이 더 커지면 위아래 원뿔 모두와 만나면서 쌍곡선이 된다. 그리고 원뿔의 축을 따라 꼭짓점에서부터 절단하면 두 개의 직선이 된다(그림 2-17).

이렇게 전혀 다른 것처럼 보이는 이 곡선들이 연속성을 갖고 있다는 것이고, 이는 각 곡선의 원점/초점이 연속성을 가진다는 것을 뜻한다. 거칠게 말하면, 〈그림 2-18〉에서 원의 중심은 두 초점 F, F'이 일치하는 점이다. 초점 F'를 F로부터 차츰 멀리하면 F, F'를 초점으로 하는 타원이 된다. F'를 무한히 멀리 밀고 나가면 원추곡선은 이제 포물선이 되고, 그 무

28) 미셸 푸코, 『말과 사물』, 이광래 옮김, 민음사, 1997.[Michel Foucault, *Les Mots et les choses*, Gallimard, 1966.]

29) 김용운·김용국, 『수학사 대전』, 우성문화사, 1986, 236~237쪽.

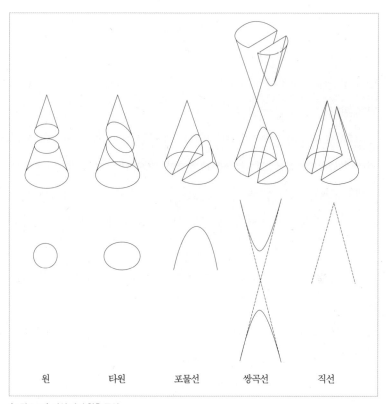

| 원 | 타원 | 포물선 | 쌍곡선 | 직선 |

〈그림 2-17〉 다섯 가지 원추 곡선

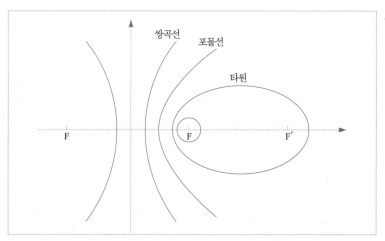

〈그림 2-18〉 초점과 원추곡선의 연속성

한히 먼 점(무한원점)을 지나 반대방향에 나타나면 쌍곡선이 된다는 것이다. 이래서 케플러는 "포물선은 타원 및 쌍곡선의 극한이다"라고 했다. 이로써 정반대에 위치한 소실점과 투시점이 하나의 동일한 점이라고 볼 수 있게 된다.

데자르그Gérard Desargues는 투시법과 케플러의 이 정리를 이용해 '사영 기하학'을 만들었다. 모든 평행선은 무한히 먼 어떤 하나의 점——이를 무한원점無限遠點이라고 한다——에서 만난다는 공리가 그것의 기초가 된다. 그는 이런 전제 위에서 원추곡선의 관계와 성질을 연구한다.[30] 여기서 무한원점이 소실점과 관련된 것임은 대강 짐작할 수 있을 것이다. 이는 소실점을 무한히 접근하는 직선의 두 끝이 아니라, 하나의 점으로서 수학적으로 다루게 되었음을 뜻한다.

여기서 르네상스와 바로크를 가르는 중요한 차이를 보아야 한다. 세르Michel Serres에 따르면, 르네상스 시대는 무한이라는 것이 하나의 중심을 가질 수 있다고 생각하지 못했다. "우주는 무한하며, 따라서 지구는 중심이 아니다"라고 했던 브루노Giordano Bruno의 말은 이런 맥락에 있는 것이다. 그런데 바로크 시대에 이르면 무한한 공간이 하나의 중심을 가질 수 있다는 생각이 나타난다.[31] 데자르그의 기하학은 그것을 수학적으로 적절히 표현한 셈이다. 무한한 공간 내부에 있으면서, 그 무한한 공간을 통일시키는 하나의 점, 그것이 바로 데자르그가 말하는 무한원점이고, 바로크의 투시법에서의 소실점이다.

그런데 바로크에 이르면, 그 점은 특권적인 주체가 서는 점이 된다. 대

---

30) 김용운·김용국, 『공간의 역사: 유클레이데스에서 토폴로지까지』, 전파과학사, 1973, 152~175쪽; 김용운·김용국, 『수학사 대전』, 286~291쪽 참조.
31) Hubert Damisch, *The Origin of Perspective*, pp. 48~51.

상을 관찰하고 그것에 대해 판단하는 주체의 시점, 혹은 화가라는, 그림 속의 세계를 창조하는 창조자의 시점, 결국엔 왕이라는 특권적 주체의 시점. 이것이 철학적으로는 데카르트가 생각했던 주체와 상응한다는 것은 그다지 생각하기 어렵지 않다. 그것은 세계의 모든 것에 대해서 인식하고 사고하는 중심이다.

한편 브루넬레스키나 알베르티의 소실점과 데카르트의 주체를 대응시키는 것은 르네상스와 바로크의 이 거대한 심성mentalité 차이를 보지 못하고 있는 것이다. 예를 들면 『내리깐 눈』*Downcast Eyes*이라는 책을 쓴 마틴 제이Martin Jay가 그렇다.[32] 그러다 보니 그는 투시법 전체를 데카르트적 주체에 대응시키게 된다. 두 가지 투시법의 차이에 대해 이해하지 못하고 있는 것이다. 그러고는 뵐플린과 뷔시-글룩스만Christine Buci-Glucksmann을 원용해 그와 대립되는 체제로 바로크적 체제를 상정하고 있다. 그러나 그 결과 수많은 '바로크' 도시들——나아가 계몽주의 건축 전체까지도——을 '바로크적 체제'가 아니라 알베르티-데카르트적인 체제에 대응시키며, 바로크적 체제는 이러한 효과를 약화시켰다는 어이없는 주장에 이르게 된다.[33]

결국 근대적 시선의 체제의 모체가 되는 바로크적 시선의 체제에서 투시점은, 인간과 대상 간의 거리를 창출하면서, 동시에 대상 세계를 영유함으로써 그 거리를 제거할 수 있는 중심점이라고 말할 수 있다.[34] 그것은 대상 세계를 정확하게 포착하고 그것을 영유할 수 있는 특권적인 점이다.

---

32) Martin Jay, *Downcast Eyes: The Denigration of Vision in Twentieth-Century French Thought*, University of California Press, 1993.
33) Martin Jay, "Scopic Regimes of Modernity", ed. by Scott Lash & Jonathan Friedman, *Modernity and Identity*, Blackwell, 1992, pp. 190~192.
34) Erwin Panofsky, *Perspective as Symbolic Form*, p. 67.

따라서 대상 세계를 정확하게 포착하기 위해서는 바로 그 점으로 가야 한다. 바로크는 움직이는 시점 각각이 가지는 고유한 의미를 인정하지만, 그것이 주관적인 것에 머물지 않으려면 결국 가장 잘 보이는 어떤 한 점으로 가야 한다는 것이다.

이걸 철학적 용어로 바꿔 말하면, 올바른 주체가 되기 위해서는 아무렇게나 생각하고 판단하고 행동할 게 아니라, 주체가 되기 위한 자리, 이성의 지배를 받는 그 자리, 그래서 대상을 정확하고 과학적으로 포착하고 영유할 수 있는 그 유일한 중심점에 서야 한다는 것이다. 이는 자신이 서 있는 자리에 대해 자기-감시의 시선을 돌려야 한다는 것을, 결국 자기 자신에 대해 또 다른 시선을 작동시켜야 한다는 것을 뜻한다.

이는 푸코가 근대의 감옥과 벤담Jeremy Bentham의 원형감시체제에 대한 연구에서 발견해 낸 권력의 다이어그램diagram이기도 한다. 원형감시장치는 감시당하는 자의 일거수일투족은 정확하게 보이지만, 그것을 감시하는 자는 보이지 않아서, 보이든 보이지 않든 보인다고 가정하고 '알아서 기게' 하는 장치다. 감시자야 누구로든 대체될 수 있는 것이다. 결국 감시자가 있든 없든 자신의 행동을 스스로 감시하는 시선이 작동하게 되는 것이다.[35] 일상화되고 일반화된 자기-감시의 도식. 우리는 그와 동형적인 권력의 도식을 근대적 시선의 체제에서도 발견하게 된다. 이처럼 올바른 주체의 자리, 그 특권적인 주체의 시점에 자신이 알아서 가야 한다는 뜻에서 이를 '주체화'라고 부를 수 있다면, 근대적 시선의 체제는 '주체화하는 체제'라고 말할 수 있을 것이다.

---

35) 미셸 푸코, 『감시와 처벌』, 261~263쪽, 267~269쪽.

6. 투시적 시선-기계

투시적인 시선의 체제는 다른 한편에서는 '기계화'mécanisation된다. 거기에 모델을 제공한 것은 16세기에 발명된 카메라 옵스큐라camera obscura라는 장치였다. 어두운 상자camera obscura에다 조그만 구멍을 뚫어 놓으면 바깥의 상이 어두운 상자 안의 벽에 비친다는 것을 발견하여 그에 따라 만들어진 장치가 바로 카메라 옵스큐라다. 한편 19세기 초에 사람들은 염화은塩化銀을 바른 종이 위에 나뭇잎, 꽃 등의 물체를 얹어 놓고 햇빛을 쪼여 흑백의 대비로 이루어진 상을 얻는, 포토그램과 같은 원리를 갖는 놀이를 즐겼다고 하는데, 1826년 니엡스Nicéphore Niépce는 이를 금속판에 정착시키는 데 성공한다. 최초의 사진이 만들어진 것이다. 화가 다게르Louis Daguerre는 이를 좀더 발전시켜 1839년 '다게레오 타입'이라고 부르는 은판 사진술을 발명한다.[36]

그런데 이 경우 소실점과 투시점은 렌즈의 초점을 통해 정의되고, 렌즈를 통해 기계적으로 대응된다. 그 결과 렌즈에 초점을 맞춘 모델의 시선은 내 시선과 기계적으로 일치하게 된다. 오래 전에 한 친구에게 들은 얘기인데, 그는 자기 방에 총을 멘 산디니스타Sandinista 여성 전사의 커다란 사진을 걸어 놓았다고 한다. 그런데 그 방에서는 어딜가도 그 여성의 시선을 피할 길이 없었다고 하였다. 방의 어느 구석에 가도, 또 언제든 그 사진을 쳐다보기만 하면, 그 여자는 자기를 보고 있더라는 것이다. 이는 시선을 렌즈에 두고 찍은 모든 사진에 공통된 효과다. 그것은 방금 말한 것처

---

36) 지젤 프로인트, 『사진과 사회』, 성완경 옮김, 기린원, 1989, 27~30쪽.[Gisèle Freund, *Photographie et société*, 1974.]

럼 카메라 렌즈를 통해서 대칭적인 두 사람의 시점이 초점으로 '동일화' identification된 결과일 것이다. 또다시 우리는 여기서 소실점과 투시점을 대응시켰던 벨라스케스의 거울을 떠올리게 된다.

또한 렌즈는 그것을 통해 보고 찍은 사람의 시점과 찍힌 사진을 보는 사람의 시점을 기계적으로 대응시킨다. 다시 벨라스케스에 대한 푸코의 서술을 상기해 보자. 그것을 통해서 내 시선은 사진의 초점이 되는 것이고, 그럼으로써 그 장면을 보고 있는 것은 바로 나의 시선이라는 '동일시'가 이루어진다.

결국 이중의 동일시를 형성하는 시선의 놀이가 렌즈를 통해서 행해지는 것이다. 대상을 포착하는 시선의 발원점을 포착된 상像의 초점으로 변환시키는 조작을 통해, 그 특권적 시점 자체가 사진에 내장되는 것이다. 이런 의미에서 카메라는 근대적인 투시적 시선의 체제를 기계화하는 것이라고 할 수 있다. 여기서 주체화하는 체제는 '사진을 보는 것은 나다'라는 동일시로 나타나고, 그런 의미에서 이는 주체화라는 시선의 메커니즘을 기계화시켜 놓은 것이라고 할 수 있는 셈이다.

렌즈의 이러한 작용은 이제 보는 사람의 시선에 대한 통제능력을 렌즈에 대한 통제력을 가진 자, 즉 찍는 사람에게 부여한다. 예를 들어 낮은 데서 앙각仰角으로 대상을 찍으면, 그것은 보는 사람 역시 찍힌 상을 우러르게 만든다. 반대로 위에서 아래로 내려보고 찍으면(부감俯瞰이라고 하다), 그 사진을 보는 사람 역시도 상을 내려다보게 만든다. 이것이 보는 사람에게 어떤 효과를 줄 것인지는 굳이 따로 말하지 않아도 좋을 것이다. 그것은 분명히 찍힌 상과 보는 사람 간의 관계를 만들어 낸다. 초점을 흐린 화면은 어떤 감정에 의해 초점을 잃은 눈을 보는 사람에게 주고, 그것을 통해 상에 나름의 이미지를 부여한다.

물론 카메라 렌즈가 만드는 상은 시각상과 전적으로 동일하지 않으며, 나아가 광각렌즈나 어안렌즈, 혹은 망원렌즈 등은 동일한 대상을 다른 상으로 포착한다는 것을 보여 준다는 점에서, 투시법적인 코드가 눈으로 보는 지각을 과학적으로 재현한다는 관념과 충돌하기도 한다는 점은 사실이지만, 그것이 의식되고 이용된 것은 이미 투시법이 붕괴하기 시작한 이후였다. 오히려 앵그르나 다비드 같은 19세기의 대표적인 '고전주의' 화가들은 대상을 정확하게 재현하기 위하여 사진을 이용했다. 물론 사태는 결코 단순하지 않아서, 가령 그림은 사진의 재현능력을 따라갈 수 없다는 점에서 사진은 인상주의 이후의 화가들로 하여금 재현과는 다른 방식의 그림을 그리도록 촉발했다. 반대로 사진가들 또한 기계에 의한 단순한 재현이 예술일 수 있을까 하는 자의식 속에서 거꾸로 회화적인 변형을 가하기도 했다.

카메라의 렌즈를 통한 동일화의 효과는 영화의 경우 '일단' 더욱더 강하게 작용한다. 카메라가 위에서 아래로 하강하면, 그것을 보는 우리 역시 하강하는 운동에 동일시되고, 카메라가 불안하게 움직이면 우리 역시 불안해진다. 카메라가 대상을 쫓아가면 우리 역시 그것을 추적하고 있다는 동일성을 갖게 되고, 카메라는 멈춘 채 초점 맞춘 대상이 다가오면, 카메라와 함께 멈춘 나를 향해 그것이 다가오는 인상을 만들어 낸다.

영화가 이런 시선의 체제를 이용해 보는 사람의 위치, 대상과의 관계, 감정과 정서 등을 움직일 수 있다는 것은 잘 알고 있을 것이다. 특히 그리피스D. W. Griffith 이래 미국의 영화는 렌즈에 기계화된 이 동일시-주체화 효과를 최대한 이용해 왔다. 동일시를 이용해 화면 속으로 관객을 정신없이 빨아들이고, 그 안에서 아리스토텔레스의 고전적인 플롯에 따라 카타르시스를 맛보게 하는 또 하나의 동일화를 작동시키다. 그리하여 선/악의 고전적인 도덕과 규범에 동일시하는 주체화의 길로 인도한다.

반면 이와는 다른 방식의 이용법도 있을 수 있다. 예를 들어 에이젠 슈테인Sergei Eisenstein이 사용하는 몽타주가 그것이다. 그는 그리피스나, 그 것과 유사한 방식으로 몽타주를 발전시킨 쿨레쇼프Lev Kuleshov나 푸돕킨 Vsevolod Pudovkin과는 반대로, 이른바 '충돌의 몽타주'를 만들어 낸다.[37] 대립 적인 쇼트들의 충돌을 이용해 동일시하는 시선을 분열시키고, 그 분열의 틈새에서 새로운 이미지가 생성될 수 있는 공간을 찾아내려고 한다. 그것 은 기계화되어 작동하는 투시법을 차라리 그 기계를 이용해 교란시키고 해체하려는, 그럼으로써 기계를 통해 기계적으로 동일시되고 주체화되는 저 투시법적인 시선의 체제를 해체하려는 시도처럼 보인다. 마치 입체파 가 상이한 시점을 하나의 형상에 공존시킴으로써 시선 자체를 균열시키 고, 고정되었던 형상 내부에 균열을 만들어 내며, 이를 통해 새로운 이미 지가 형성될 수 있는 공간을 창출하려고 했던 것처럼 말이다. 그리고 이를 위해 피카소나 브라크Georges Braque가 투시법 자체를 의도적으로 해체했 듯이 말이다. 아리스토텔레스적인 동일화의 원리에 반하는 브레히트Bertolt Brecht의 연극과 소격효과Verfremdungseffekt 개념 역시 이 주체화하는 시선의 체제를 넘어서려는 유사한 노력의 하나라는 점도 여기에 덧붙일 수 있지 않을까 생각한다.

---

37) 김용수, 『영화에서의 몽타주 이론』, 열화당, 1996 참조.

3장

공간-기계와 공간적 신체 :
공간-기계의 개념적 요소들

1. 기계와 공간-기계

우리는 이 책에서 시간이나 공간을 '기계'로서, 혹은 '배치'로서 다룰 것이다. 그것은 주관적이고 의식적인 영역에서 작용하는 내적 체험이나 '지향성'의 차원과 달리 사회적이고 '객관적인' 관계로서 시간과 공간의 문제를 연구하기 위한 것이다. 그렇지만 그 개념은 일상적으로 사용되는 단어를 사용한다는 점에서 오히려 개념으로서 명료하게 정의될 필요가 있다. 이제 여기서는 특히 공간과 관련해 그 개념 및 연관된 개념들을 정의하고, 그것을 통해 공간을 연구하는 것이 함축하는 이론적 요소들을 드러내 보려고 한다.

1) 기계란 무엇인가?

"기계machine란 무엇인가?" 이 질문은 맑스가 『자본』 제I권의 '기계와 대공업'을 다루는 장에서 던지고 있는 질문이기도 하다. 여기서 그는 인간이나 자연력이 동력을 담당하는지 인공력이 담당하는지를 통해 기계를 정의하려는 시도를 비판한다. 그는 기계란 "동력기, 전달장치, 작업기라는 요소들이 계열화된 집합체"라고 정의한다.[1] 물론 여기서 문제가 되고 있는 것은 산업혁명 이후 생산의 중심적 요소로 부상한, 우리가 흔히 떠올리는 산업적 기계들이다. 여기서는 일단 그가 상이한 요소들의 계열화로 기계를 정의한다는 점에 주목하자.

한편 분자생물학자 모노Jacques Monod는 생물이란 '자기 자신을 생산하고 재생산하는 화학적 기계'라고 정의한다.[2] 이러한 개념은 생물과 기계, 생명과 기계를 대립시키는 데 익숙한 사람으로선 매우 당혹스런 것이다. 그러나 그가 생물을 분자적인 수준에서 다루고 있다는 것을 이해한다면, 그리고 그 수준에서 생물체의 활동이란 화학적 내지 전기적인 방식으로 작동하는 기계라는 점을 이해하는 것은 그리 어려운 일이 아니다. 이로써 생명 내지 생물과 기계의 대립은 사라지고 기계의 개념은 생물체 안으로 확장해 들어간다. 그렇다면 그 경우 기계란 대체 무엇인가?

이에 대해 들뢰즈와 가타리는 다른 어떤 요소와 결합하여 어떤 질료적 흐름을 절단하고 채취하는 방식으로 작동하는 모든 것을 기계라고 정의한다.[3] 이런 정의에 따르면 그 말에서 흔히 떠올리는 기술적인 기계만이 아니라, 인간이나 동물의 신체나 신체의 일부도 기계요, 경계를 갖는 사회들도 또한 기계다. 예를 들면, 밥을 먹는 입은 수저(혹은 손)와 접속하여 음식의 흐름을 절단하고 채취하는 기계요, 피아노는 소리의 흐름을 절단

---

1) 칼 맑스, 『자본론』(제2개역판) I(하), 김수행 옮김, 비봉출판사, 2001, 501쪽.
2) 자크 모노, 『우연과 필연』, 조현수 옮김, 궁리, 2010, 73~77쪽.[Jacques Monod, *Le Hasard et la nécessité*, Seuil, 1970.]
3) "모든 기계는 자신이 접속하는 기계에 대해서는 흐름의 절단이지만, 연속적인 흐름을 생산하는 다른 기계에 연결되어 있는 한에서만 흐름의 절단을 생산한다."(Gilles Deleuze et Félix Guattari, *L'Anti-Œdipe : Capitalisme et schizophrénie*, Minuit, 1972, p. 44).

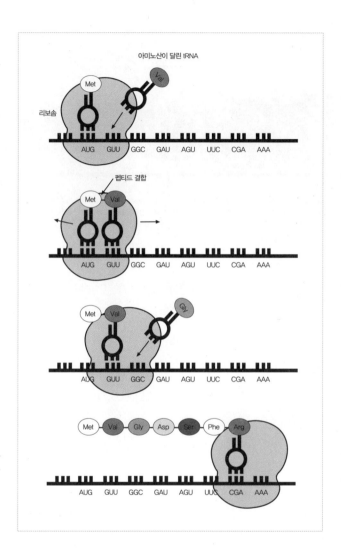

아미노산이 달린 tRNA

〈그림 3–1〉 핵산-기계

세포 내부에서 작동하면서 단백질을 합성하는 핵산-기계의 작동방식. DNA로부터 전사된 mRNA 의 AUG, GUU 등 코돈(3개씩 짝을 지은 뉴클레오티드) 단위의 핵산배열에 따라 tRNA가 아미노산을 달고와 결합한다. 이 배열에 따른 아미노산의 결합체가 단백질이 된다. 물론 mRNA의 핵산배열의 순서가 달라지면 결합하는 아미노산이 달라지고 그 결과 단백질의 형질도 달라진다. 기계적 변환.

〈그림 3-2〉 배 끄는 기계(일리야 레핀Ilya Repin, 「볼가강의 배 끄는 사람들」Barge Haulers on the Volga, 1870~73년)
볼가강의 유명한 '배 끄는 기계'를 그린 것이다. 여기서 기계의 부품들이 대부분 인간이라고 하지만, 바로 그것이 당시 '배 끄는 기계'의 특징이었다.

하고 채취하는 기계며, 자동차는 사람들의 이동의 흐름을 절단하고 채취하는 기계다.

이런 점에서 공간이 기계라는 것은 명확하다. 우리들이 접하는 구체적인 공간들은 사람들의 다양한 활동이나 실천의 흐름을 절단하고 채취하는 기계다. 집은 가족들의 활동의 흐름을 절단하고 채취하는 기계고, 감옥은 수인들의 행동의 흐름을 절단하고 채취하는 기계며, 공장은 노동자의 활동의 흐름을 절단하고 채취하는 기계다. 따라서 기계라는 말은 단순한 메타포가 아니다.[4] 그것은 정확하게 기계적으로 작동하는 것이고, 나름의 물질적인 재료material를 대상으로 갖는다.

4) 전혀 다른 이론적 배경과 맥락을 갖고 있음에도 불구하고 '공간의 사회적 논리'를 추적하던 힐리어는 최근 "공간은 기계다"라고 명시적으로 선언한다(Bill Hillier, *Space is the Machine: A Configurational Theory of Architecture*, Cambridge University Press, 1996, p.371 이하). 여기서 그는 "집이란 그 안에 살기 위한 기계다"라는 르코르뷔지에의 명제를 언급하면서, 그의 경우 기계라는 말은 단순한 은유에 불과하다고 말한다. 그는 자신이 말하는 기계라는 말이 이런 은유가 아니라, 그것을 통과하면 재료의 질이 변하여 새로운 것으로 변형되는 말 그대로 기계라고 명확하게 말한다(*Ibid.*, p. 377). 뒤이어 그는 건축물과 개인들, 형태와 행동 간의 직접적인 관계를 설정하는 기능주의의 사회공학적 입장을 비판하면서, 배치(configuration)라는 개념을 매개로 작동하는 확률적인 기계라고 말한다(*Ibid.*, pp. 378~379, p. 395).

〈그림 3-3〉 지저귀는 기계(파울 클레, 「지저귀는 기계」Twittering Machine, 1922년)
클레의 유명한 그림이다. 리드미컬하게 새들을 움직이는, 저 둥글게 휘어진 굴대를 돌리면 그 리듬에 맞추어 새들이 지저귈 것처럼 보인다.

알다시피 하나의 기계는 주어진 재료를 다른 재료와 '종합'하여 새로운 질을 갖는 생산물로 변형한다. 그리고 이러한 변형의 양상은 기계 자체가 다른 것이 되지 않는 한 반복적이다. 다시 말해 그것은 특정한 생산물이 반복하여 생산되는 반복의 조건을 형성한다. 그러나 기계 자체가 불변적인 고정성을 갖는 것은 아니다. 왜냐하면 하나의 요소가 어떤 기계인가는 접속되는 다른 요소와의 관계에 의해 결정되기 때문이다. 예컨대 입은 수저와 접속되면 '먹는 기계'가 되지만, 귀와 접속되어 소리의 흐름을 절단하고 채취하게 되면 '말하는 기계'가 되며, 다른 신체와 접속되어 성적 에너지의 흐름을 절단하고 채취하면 '섹스하는 기계'가 된다. 책상은 책과 접속하면 '공부하는 기계'가 되지만 몽둥이와 접속하면 '취조하는 기계'가 된다.

2) 공간-기계의 기초 요소들

이런 개념을 통해서 공간적 배치를 구성하는 몇 가지 기본적인 요소들에 대해 검토할 수 있다. 먼저, 벽은 하나의 공간을 두 개의 이질적인 부분 공간으로 구획한다. 이는 자유롭게 흐르는 시선과 동선을 절단하고 채취함으로써 이루어진다. 다수의 벽이 하나의 폐곡선을 따라 연결됨에 따라 그것으로 둘러싸인 공간은 시선과 동선에 대해 절대적으로 봉쇄된다.

　반면 문은 그 벽에 대해 개구부開口部로 만들어진다. 그것은 열리고 닫히는 것임에도 불구하고 본질적으로는 닫혀 있는 벽을 여는 것이며, 두 개의 부분 공간을 연결한다. 문을 여는 것은 닫힌 폐곡선을 여는 것이며, 막힌 시선과 동선을 다시 흐르게 하는 것이다. 하지만 동시에 그것은 다시 닫힘으로써 그것을 재차 절단하고 흐름을 중단시킬 수 있다. 그러나 이는 본질적으로 문의 기능은 아니다. 차라리 그것은 문이 벽으로 되돌아가는 것이기 때문이다. 이것이 문이란 열림에 의해 정의된다고 하는 이유다. 그런데 좀더 섬세하게 말하자면 문은 시선보다는 주로 동선과 연관된 것이다. 다시 말해 문은 나가고 들어오기 위한 것이지 내다보기 위한 것은 아니다.

〈그림 3-4〉 벽-기계

안젤름 키퍼(Anselm Kiefer)의 방-기계인데 그보다는 차라리 벽-기계로 보인다. 키퍼는 기둥-기계와 검게 칠한 벽
들을 통해 벽-기계의 이미지를 좀더 확연하게 표현한다.

한편 자물쇠를 통해 문은 열리지 않게 되고, 그것을 통해 흐르던 동선은 절대적으로 차단된다. 이로써 문은 이제 벽으로 완전히 되돌아간다. 따라서 자물쇠나 잠금장치는 문을 벽으로 절대적으로 되돌리는 기계다. 그런데 문이 그것이 벽으로 되돌아가는 양상에 따라 그것이 절단하고 채취하는 동선의 흐름이 상반되는 방향을 취할 수 있다. 여기서 문은 잠금장치와 계열화되는데, 잠금장치(자물쇠)가 달리는 방향에서 동선이 나갈 수 있으며, 그 반대 방향의 동선은 차단된다. 즉 자물쇠가 문의 내부에 접속하는 것은 밖에서 안으로 들어오려는 동선에 대항해 문을 벽으로 되돌리려는 것이며, 반대로 안에서 밖으로 나가는 동선에 대해서는 자유롭게 개방된다. 역으로 문과 자물쇠를 접속하는 방향을 반대로 한다면 안에서 밖으로 나가려는 동선을 절대적으로 차단할 수 있는 기계가 된다. 전자와 같은 기계는 모든 집이나 사무실에서 발견할 수 있다면, 후자와 같은 기계는 모든 종류의 감방에서 발견할 수 있다. 전자가 내부자를 보호하는 기계라면, 후자는 내부자를 감금하는 기계다.

한편 창문은 빛과 공기의 흐름을 절단하고 채취하기 위한 것이다. 그것은 문과 마찬가지로 벽에 대해 만드는 개구부지만, 문과 달리 드나드는 동선이 아니라, 외부의 빛과 공기를 절단하고 채취하는 기계다. 따라서 그것은 문과 달리, 열리는 것을 본질로 하는 만큼이나 닫히는 것을 본질로 한다. 유리창은 빛과 공기뿐만 아니라 시선의 절단과 채취에 관여한다. 하지만 여전히 동선의 절단과 채취에 관여하지 않는다는 점에서 문과 다르다. 다시 말하면 그것은 넘나들기 위한 것이 아니라 내다보거나 들여다보기 위한 것이다.

창문도 자물쇠나 창살과 접속되기도 하지만, 이는 창문의 본래 기능과는 직접적 관련은 없다. 자물쇠나 창살은 창문이 창문으로서 기능하는

〈그림 3-5〉방-기계와 문-기계(피터 드 호흐Pieter de Hooch, Barock, 「요람 옆에서 보디스를 여미는 엄마」Mother Lacing Her Bodice beside a Cradle, 1659~60년)
호흐의 방-기계인데, 열리고 또 열린 문-기계가 상대적으로 강조되어 있다. 문앞의 소녀와 개는 문-기계가 여닫는 방식으로 절단·채취하는 것이 동선임을 보여 준다. 그러나 그것은 문-기계와 접속된 벽-기계의 닫히는 작용으로 인해 유의미하다. 오른편 위쪽에 창문-기계도 보인다.

데 아무런 방해도 하지 않는다. 그것은 창문이 빛과 공기의 채취, 그리고 시선의 절단과 채취에 관련된 기계임을 입증하는 것이기도 하다. 오히려 그것은 창문이 문으로서 기능하지 못하게 하려는 기계인 셈이고, 따라서 차라리 창문이 창문으로서만 (충분히) 기능하게 하는 기계인 셈이다. 한편 커튼은 시선을 차단한다. 그러나 이는 창문을 벽으로 돌리는 것은 아니다. 오히려 공기와 빛의 흐름은 여전히 채취하면서 시선만을 절단하는 기계다. 이런 점에서 그것은 유리창을 그 이전의 창으로 되돌린다. 오히려 창을 벽으로 되돌리는 기계는 덧창이다. 그것은 시선과 동선의 흐름은 물론 빛과 공기의 흐름마저 차단한다.

이상의 기계들은 건축물로서 방이라는 기계를 구성하는 기본적인 요소들이다. 한편 복도는 문에서 문으로 이어지는 동선을 연결한다. 그러나 이는 동시에 방을 관통하는 동선을 방에서 빼내기 위한 것이기도 하다. 이런 점에서 복도는 각 방의 독립성을 극대화하면서 방 사이를 연결하는 방식으로 방과 방 사이의 동선을 절단하고 채취하는 기계다. 이는 복도가 문으로 작동되는 열림의 기능에 관련된 것일 뿐만 아니라, 동시에 벽으로 작동되는 닫힘의 기능에 관련된 것임을 보여 준다. 그러나 복도 없는 문은 무의미하지만, 복도 없는 벽은 유의미하다는 점에서, 복도의 기능은 본질적으로 문에 가깝다. 이로 인해 방들과 복도가 접속하는 양상은 주어진 공간 전체에서 동선의 분포를 결정한다.

2. 공간-기계와 공간적 배치

1) 기계와 배치

어떤 하나의 기계적 요소는 연관된 다른 요소와 접속함으로써 하나의 기계가 된다. 이런 맥락에서 들뢰즈와 가타리는 기계를 이항적으로 접속하여 작동하는 것으로 정의한다. 그런데 입이 그랬듯이 접속하는 항이 달라지면 전혀 다른 기계가 된다. 다시 말해 접속하는 이웃 항項이 달라지면, 다른 기계가 된다는 것이다. 시계는 실험실에서 실험도구와 접속되면 실험의 지속기간을 측정하는 기술적 기계가 되지만, 공장에서 출근기록기와 접속되면 노동자의 출퇴근시간을 관리하고 통제하는 사회적 기계가 된다.

따라서 우리가 지금 사용하는 기계라는 말은 고정성과 불변성, 항상성을 가정하는 17~18세기의 물리학적 기계 개념과 무관하다.[5] 오히려 기계는 다른 것과의 관계 속에서 결정된다는 점에서 관계론적 본질을 갖는 관계론적 개념이다. 예컨대 어떤 공간적 건축물이 무엇인가는 그것이 어떻게 작동하고 어떻게 이용되는가에 따라 결정되며, 작동의 양상과 용법, 연관된 요소가 달라지면 다른 기계가 된다. 앞서 말했듯이 자물쇠는 문과 접속되는 이웃관계의 차이 하나만으로 보호장치에서 감금장치로 변환된다. 동일하게 벽과 문으로 둘러싸인 방은, 어떤 가구와 접속connexion되는가에 따라, 또 이웃한 다른 공간과의 위상학적 연결connexion관계에 따라 때로는 침실이 되기도 하고, 때로는 살롱이 되기도 하며, 때로는 식당이 되기도 한다.

기계는 이웃관계에 의해 정의되는 만큼, 동일한 이웃관계를 갖는 한에서는 주어진 재료를 다른 것으로 변환시키는 반복의 조건을 형성하지만, 그 이웃관계가 달라지면 아예 다른 기계가 된다는 점에서 차이화하는 변환에 열려 있다. 이런 양상을 들뢰즈와 가타리는 '영토성'과 '탈영토화', '재영토화'라는 개념으로 표현한다. 예를 들어 손은 망치와 접속하여 단조鍛造–기계가 되지만, 이는 손이 망치라는 도구에 영토화되는 것을 뜻한다. 대장장이의 손은 망치라는 도구를 길들이지만, 그것은 또한 그 도구에 길드는 것이기도 하다. 이처럼 자신의 영토를 가지면서 그 영토에 매이는 것을 '영토화'territorialisation라고 한다. 반면 손이 글쓰는 기계가 되려면 펜이라

---

5) 이런 의미에서 들뢰즈와 가타리는 기계론적인(mécanique) 기계 개념과 기계적인(machinique) 기계 개념을 대비한다. 전자는 생명 개념과 대비되는, 언제나 '부동의 동자'라는 초월적이고 외재적인 동력에 의해 운동하기 시작하며, 운동방식이나 본질에서 불변성과 고정성을 갖는다면, 후자는 접속되는 항이 달라짐에 따라 전혀 다른 기계로 변환될 뿐 아니라, 그 변환의 양상 또한 관계의 내재적 변화로 소급된다는 점에서 전혀 다른 개념이다.

〈그림 3-6〉 계열화된 이웃항에 따라 달라지는 손-기계의 다양한 양태들

ⓐ 노동-기계 | 망치나 굴착기 접속하면 손-기계는 노동-기계가 된다.

ⓑ 철로-기계 | 철로를 조정하는 레버와 접속하면 손-기계는 철로-기계가 된다.

ⓒ 연대-기계 | 이웃한 노동자들의 손과 서로 굳게 잡으면 손-기계는 연대-기계가 된다.

ⓓ 투쟁-기계 | 붉은 깃발과 접속하면, 그리고 그 뒤에 이어지는 시위대와 접속되면 투쟁-기계 내지 혁명-기계가
된다.

는 도구와 접속되어야 하는데, 이는 그 도구에 적절히 (재)영토화되어야만 가능한 일이다. 이러기 위해서는 망치라는 도구로부터 탈영토화되어야 한다. 즉 망치를 다루는 방식에서 벗어나지 못하면 펜으로 글씨를 쓰는 것은 불가능하다. 이런 의미에서 어떤 기계가 이웃관계를 달리하면서 다른 기계로 된다는 것은 이전의 관계에서 탈영토화하여 다른 관계로 재영토화하는 과정을 필요로 한다.

그렇다면 이제 우리는 배치라는 개념으로 넘어갈 수 있다. 기계는 이항적으로 접속하여 작동하는 것이라고 했는데, 이러한 기계들은 다른 기계들과 계열화되어 하나의 배치를 이룬다. 다시 말해 복수의 기계적 요소들의 계열화를 통해 정의되는 사물의 상태를 '배치'agencement라고 한다. 공장에서 사용되는 시간표-기계는 시계, 상벌의 규칙, 시간관리인과 계열화되어 자본주의적 시간의 배치를 형성한다. 방과 침대로 이루어지는 침실-기계는 대기실antichambre, 그랑 살롱grand salon, 캬비네cabinet, 갸르드 로브garde-robe, 아파르트망 드 파라드appartemant de parade, 궁정식 매너 등과 계열화되어 궁정식 오텔hôtel이라는 배치를 형성한다. 반면 이 침실-기계는 거실, 프라이버시 등과 계열화되어 근대의 내밀한 주거공간이라는 배치를 형성한다.

침실-기계의 예에서도 보이듯이, 하나의 동일한 기계도 상이한 계열화의 선에 따라 다른 배치 속으로 들어가며, 다른 방식으로 작동하며, 다른 기계로 사용된다. 근대적 주거공간과 달리 17세기 궁정식 오텔에서 침실은 내밀하고 사적인 공간이 아니라 과시적이고 공적인 공간이었다. 그곳은 손님들을 맞이하고 그들에게 주인의 취향과 능력, 부와 신분을 과시하는 공간이었다. 이런 점에서 동일하게 침실이라고 불리지만, 전혀 다른 의미, 전혀 다른 기능을 갖고 있었던 셈이다.[6]

그런데 기계와 비슷하게도 하나의 배치 역시 영토성을 가지며 탈영토화하는 첨점尖點을 포함한다. 예를 들어 17세기 궁정식 오텔에서 침실을 포함해서 모든 방은 과시적인 공간이었다. 그러나 이로 인해 난삽한 것을 치워두는 방이 필요했는데, 캬비네나 갸르드 로브가 이를 위해 이용되었다. 여기서 공적이고 과시적인 공간에서 벗어나는 탈영토화의 첨점이 발견된다. 나아가 모든 공간이 과시적이고 공적이다 보니 그런 생활에서 물러나 쉴 수 있는 공간에 대한 욕망이 생기며, 그런 공간을 만들고자 한다. 18세기 후반에 이르면서 침실이 점차 사적인 공간으로 바뀌어 가는 것은 이러한 이유 때문이었다. 여기서 침실이 기존의 배치에서 탈영토화의 첨점 역할을 하고 있는 것이다.

2) 공간적 배치와 공간-기계

이제 우리는 공간적 배치라는 개념을, 다양한 방들과 복도 등의 공간-기계들과 그 공간을 이용하는 사람들의 행동, 혹은 동선과 시선들의 반복적 계열화로 정의할 수 있다. 그러한 계열화의 양상이 어떻게 다른가에 의해 그것은 집이 되기도 하고, 학교가 되기도 하고, 공장이 되기도 하고 사무실이 되기도 한다. 그리고 이러한 배치를 갖는 공간은 그러한 배치가 상대적 안정성을 가질 때 하나의 기계로서 작동한다. 이로써 확장된 의미에서 공간-기계가 가능하게 된다. 예를 들어 교탁과 책걸상 등으로 만들어지는 교실의 배치는, 안정성을 가질 때 교실-기계가 되며, 교실과 교무실 복도 운동장 등이 계열화되어 만드는 공간적 배치는 그러한 배치를 갖는 공간을 학교-기계로 정의하게 한다. 이런 점에서 우리는 학교-기계, 공장-

---

6) 이에 대해서는 이진경, 『근대적 주거공간의 탄생』, 그린비, 2007, 4~5장 참조.

기계, 집-기계 등에 대해 말할 수 있다.

　그런데 여기서 이러한 계열화가 단순히 공간-기계적 요소들의 병치만이 아니라는 것을 분명해 해둘 필요가 있다. 예를 들면 영화 「여고괴담」의 무대는 학교-기계이지만, 밤이 되면 그것을 사용하는 활동이나 용법이 달라지면서 그것은 일종의 처형-기계가 된다. 생산의 활동이 중단되고 파업과 농성이 벌어졌을 때 공장-기계는 일종의 투쟁-기계로 변환된다. 이 역시 그것을 이용하는 활동이 달라지고, 용법이 달라지기 때문이다. "모두 머리 숙이고 손들어!"라는 게릴라들의 한마디로 대사관-기계는 감옥-기계가 된다. 이런 점에서 부분적인 공간-기계들로 구성되는 공간적 분포와 더불어 그 공간들의 용법이 공간적 배치를 분석하는 데 중요한 것이 된다. 따라서 이렇게 말할 수 있다. "어떤 공간의 의미는 그 용법이다."[7]

　마지막으로 이러한 공간-기계와 인간 내지 인간적 요소의 관계에 대해 말할 필요가 있다. 바슐라르나[8] 노르베르크-슐츠,[9] 이푸 투안Yi-Fu Tuan, 段義孚[10]처럼 현상학적인 입장을 취하여 공간에 대해 연구하는 사람들의 공

---

7) 이러한 정의는 '언어의 의미는 그 용법'이라는 비트겐슈타인의 정의(『철학적 탐구』, 이영철 옮김, 책세상, 2006.[Ludwig Wittgenstein, *Philosophische Untersuchungen*, 1953])를 이용한 것이다. 이는 공간의 문제, 그 의미의 문제를 상징이나 세계관 같은 요소로 환원하는 것이 아니라, 공간적 실천의 문제와 결부시키는 것이다. 이런 점에서 이는 비트겐슈타인적인 의미에서 '화용론'(pragmatic)이라고 하기에 충분하다.

8) 가스통 바슐라르, 『공간의 시학』, 곽광수 옮김, 동문선, 2003.[Gaston Bachelard, *La Poétique de l'espace*, 1957.]

9) 크리스티앙 노르베르크-슐츠, 『실존, 공간, 건축』, 김광현 옮김, 태림문화사, 1994.[Christian Norberg-Schulz, *Existence, Space and Architecture*, 1971.] ; 노르베르크-슐츠, 『서양 건축의 본질적 의미』, 정영수·윤재희 옮김, 세진사, 1984.[C. Norberg-Schulz, *La Signification dans l'architecture occidentale*, 1977.]

10) Yi-Fu Tuan, *Space and Place: The Perspective of Experience*, University of Minnesota Press, 1977. ; Yi-Fu Tuan, *Segmented Worlds and Self: Group Life and Individual Consciousness*, University of Minnesota Press, 1982.

통된 특징은 공간의 의미, 혹은 공간에 의미를 부여하는 근원적 지향성을 찾아내려고 하는 점이다. 그런데 어떤 공간이나 공간적 요소의 의미나 지향성은 언제나 인간이라는 존재를 선험적인 주체로 설정하여 그것과 관련된 어떤 주관적이고 인간적인 '현상'으로 설명된다. 예를 들면 판테온 신전의 거대한 돔은 우주 내지 천구를 상징(의미)한다든지, 로마네스크 성당은 인간이 신을 영접하는 데 필요한 성채였다면, 고딕 성당은 우주의 구조를 체계적 분절로 표현한 우주 질서의 이미지였다든지 하는 설명이 그렇다.[11] 정말 그랬는지는 알 수 없다. 그랬으리라고 생각(투사!)할 뿐이다. 이런 투사는 가령 르네상스 건축물 역시 '우주 질서의 구체화'라고 설명하는 데서도 반복해서 나타난다.[12] 이처럼 공간 개념과 공간의 의미를 인간이 부여하는 것으로 간주한다는 점에서 현상학적 방법은 철저하게 인간학적이다.[13]

이는 공간을 기계로서 정의하며, 공간의 의미를 공간의 용법이라고 정의하는 우리의 입장과 매우 다른 것임은 길게 말할 필요가 없다. 다만 흔히 던져지는 다음과 같은 반문에 대답하는 것으로 족할 것이다. 즉 공간은 인간이 사용하지 않으면 아무런 의미가 없지 않은가? '기계주의적'

---

11) 크리스티앙 노르베르크-슐츠, 『서양 건축의 본질적 의미』, 107, 229, 230~31쪽.
12) 같은 책, 264쪽.
13) 노르베르크-슐츠는 이러한 공간을 실존적 공간으로 추구하는데, 이 경우 인간이란 바로 실존으로서 인간이다. 이런 의미에서 그는 실존적 공간을 심리적이고 개인적인 셰마(도식)로 정의한다(노르베르크-슐츠, 『실존, 공간, 건축』, 81~83쪽). 그러나 이 경우 이 셰마가 개인적이고 심리학적인 한 그가 말하는 실존으로서 인간이란 개인일 뿐인 것이기에, '일반적인' 인간, 보편적인 도식으로 상승해야 한다. 이러한 상승은 대개 어떤 '비약'을 통해 행해지는데, 이 비약을 위해 그가 사용한 것은 '상호작용의 도식'이다. 그러나 상호작용의 양상이 극히 다양할 수 있는 만큼 상호작용의 도식은 단일할 수 없다는 점은 접어두더라도, 상호작용하는 인간이 일반화된 보편적 인간과 결코 동일할 수 없다는 것은 수많은 사람들이 보여 준 바다. 여기에 과학적 단계를 끼워 넣는 것은 보편적 단계로 비약하는 데 도움이 될지 모르지만, 이 경우 실존과 의미는 공간 안에 설 땅을 잃을 것이 분명하다. 이는 후설이나 하이데거의 철학이 실증과학에 대한 비판에서 시작했다는 것을 굳이 떠올리지 않아도 충분히 이해할 수 있는 일이다.

machinistique이라고 부를 수 있는 이런 입장에서는 인간의 문제를 어떻게 다루는가?

예를 들어 기차-기계에서 '인간적' 요소는 전혀 다른 두 가지 종류로 나누어진다. 하나는 기차-기계의 일부분으로 계열화된 기관사와 차장이고, 다른 하나는 기차-기계를 타고 이동하는 승객들이다. 전자는 기차-기계를 이루는 '부품'이고, 후자는 기차-기계에 실려 '가공'되는 재료다. 승객들은 화물과 마찬가지로 공간적인 이동을 위해 요금을 지불해야 하지만, 기관사는 그들 모두를 이동시키기 위해 기관차와 더불어 일하며 임금을 받는다. 따라서 승객들은 기관사보다는 차라리 화물에 더 가깝다.[14]

학교-기계 역시 이와 유사하다. 교사들은 학교-기계의 부품이지만, 학생들은 학교-기계에 투여되는 재료다. 교사들은 학생들을 대상으로 지적 능력, 혹은 규범적 능력을 생산하기 위해 교탁이나 교과서, 시간표, 교실, 몽둥이 등과 더불어 그들을 '가공'한다. 이런 점에서 학교-기계에서 교사는 학생보다는 교탁과 교과서, 시간표 등에 더 가깝다.[15] 따라서 이 상반되는 요소들을 '인간'이라는 하나의 말로 묶어 다루는 것은 그 공간-기계에 대해서도, 그 '인간'들 각각에 대해서도 적절한 이해를 제공해 주지 못한다.

물론 모든 공간-기계가 '인간'이란 요소를 이런 식으로 포함하진 않는다. 예컨대 집-기계는 교사나 기관사처럼 그것 없이는 기계로 작동하지 않는 그런 '인간'적 요소를 포함하지 않는다. 집-기계를 이용하는 사람

---

14) 이는 맑스가 말하는 노동대상과 노동수단의 구별을 참조하면 좋을 것이다. 노동대상은 노동과정을 거치면서 질이 변하는 요소다. 반면 노동수단은 노동과정을 거쳐도 질이 변하지 않는 요소다. 예를 들어 옷을 만드는 공장에서 옷감이나 물감은 노동대상이지만, 재봉틀이나 염색기계는 노동수단이다.
15) 기차-기계에서 기차와 기관사의 차이, 학교-기계에서 교실이나 시간표와 교사의 차이에 대해서는 다음 절에서 다시 말할 것이다.

<그림 3-7> 학교-기계와 교사-기계

(a) 작동 이전 : 아직 교사-기계는 학교-기계의 일부로서 작동하지 않고 있다. 따라서 학생들도 그것에 의해 가공되는 재료가 아니며 그저 아이들일 뿐이다.

(b) 작동 중 : 뒤돌아선 교사-기계가 학교-기계의 일부로서 작동하고 있다. 아이들은 이제 학교-기계에 의해 가공되는 재료로서 정확하게 배열되어 있다.

들은 그 기계를 통과하면서 특정한 생활방식에 따라 살며, 그러한 생활방식에 부합하는 사람들로 변형되는 '재료'에 가깝다. 반면 화학연구소의 실험실-기계에서 사람들은 실험실-기계를 작동시키는 요소로만 존재할 뿐이며, 그 기계를 통해 변형되는 재료로서는 존재하지 않는다.

어느 경우든 막연하게, 혹은 선험적으로 '인간'이라는 추상명사에 부합하는 그런 존재는 없다. 특정한 기계의 일부로서 작동하는 사람들이 있고, 특정한 기계를 이용하는 '재료'로서 사람들이 있을 뿐이다. 또 학교-기계의 작동자와 실험실-기계의 작동자는 기계의 일부로서 작동하는 작동자이지만, 공간-기계에 대해 동일한 관계를 갖는 '인간'이 아니며, 학교-기계를 이용하는 '재료'로서 학생과 집-기계를 이용하는 '재료'로서 가족 역시 동일한 '재료', 동일한 '인간'이 아니다.

따라서 선험적 주체로 '인간'을 가정하고 그것이 부여하는 의미를 찾으려 하는 것은 부적절하다. 그것은 대개 의미를 찾아내려는 사람 자신이 이미 가지고 있는 어떤 상像과 의미를, 대상이 되는 공간에 투사投射하는 것일 뿐이다. 또한 그것은 현재의 자기가 속한 '인간'의 위상을 보편적이고 선험적인 '인간'으로 암암리에 승격시키고 있음을 뜻하는 것이라고 하겠다.

3. 공간과 신체

1) 공간적 신체와 공간 내 신체

르페브르는 공간의 문제를 신체의 문제와 직접적으로 결부시킨다. 즉 공간의 문제가 공간적 실천의 문제인 한, 그것은 공간적 실천을 담지하는 신체와 긴밀하게 결부되어 있다는 것이다. 따라서 그가 보기에 공간의 연구

에서 "신체는 출발점이자 종착점"이다.[16] 확실히 신체·육체가 없다면, 그
것을 사고할 수 없다면 공간의 문제나 공간적 투쟁의 문제는 공허해질 것
이다. 따라서 공간의 문제, 혹은 공간-기계의 문제를 다루는 데서 신체의
문제는 중요하다. 그런데 공간의 문제를 신체의 문제로서 다룬다는 것은
무엇을 뜻하는가? 르페브르는 이렇게 말하고 있다.

> 우리 분석의 시초에 신체가 올 때, 그것은 철학적인 의미에서 주체나 객체
> 가 아니며, 외적 환경과 대립된 내적 환경도 아니고, 중립적 환경도 아니며,
> 공간을 부분적 내지 파편적으로 점유하고 있는 메커니즘도 아니다. 오히려
> 그것은 '공간적 신체'로 나타난다. 그것은 공간의 생산물이자 그것을 생산
> 하는 것으로서 그 공간의 결정요인에 직접적으로 종속된다.[17]

여기서 그가 말하는 '공간적 신체'가 뜻하는 바는 아직 명료하지 않다.
그는 그것이 공간의 생산물이자 공간을 생산하는 것이라고 한다. 예를 들
면 17~18세기 프랑스 궁정 귀족의 오텔은 시빌리테civilité라고 부르는 섬
세하고 정교한 매너의 체계와 분리해서 생각할 수 없다. 즉 궁정적 공간은
그러한 매너와 매너에 길든 신체를 만들어 낸다. 하지만 동시에 그처럼 매
너화된 실천, 매너화된 신체가 없는 궁정적 공간 역시 생각할 수 없다. 이
런 점에서 매너화된 신체는 궁정적 공간의 생산물이자 어떤 공간을 궁정
적 공간으로 생산한다고 말할 수 있을 것이다.

그렇지만 우리가 보기에 이는 불충분하다. 왜냐하면 건축적인 공간과

---

16) Henri Lefebvre, *The Production of Space*, tr. by N. Donaldson-Smith, Blackwell, 1991, p. 194.
[*La Production de l'espace*, Anthropos, 1974.]
17) *Ibid.*, p. 195.

인간의 신체를 분리하여 양자의 관계를 생산하고 생산되는 것으로 설명하는 것에 불과하기 때문이다. 다시 말해 여기서 신체는 '공간 내 신체'지 '공간적 신체'라고 말하기 힘들다. 이 두 가지 신체는 개념적으로 명료하게 구분되어야 한다.

다시 앞서의 예로 돌아가자. 먼저 기차-기계의 일부로서 기관사는 차량이나 엔진과 더불어 기차-기계의 신체를 구성한다. 차장 역시 마찬가지다. 또 학교-기계의 일부로서 교사는 다른 요소들과 더불어 학교-기계의 신체를 구성한다. 이런 점에서 교사는 학교-기계를 이루는 '공간적 신체'에 속한다. 반면 승객은 기차-기계의 신체를 구성하지 않는다. 그것은 기차-기계라는 기계를 이용하고 그것을 통과하면서 변용되는 재료이기 때문이다. 학생들 역시 학교-기계의 신체를 이루지 않는다. 그것은 학교라는 공간-기계가 작동하면서 '가공'하고 변형시키는 재료이기 때문이다. 이런 점에서 학생들, 혹은 학생들의 신체는 학교라는 공간-기계 내에 있는 별도의 신체다. 즉 그것은 '공간 내 신체'다.

이런 점에 비추어 보면, 공장에서 작업하는 노동자의 신체는 공장-기계의 연장이며, 공장-기계의 신체를 구성한다. 그것은 우리가 통상 사용하는 산업적 기계와 더불어 상품을 만들어 낸다. 여기서 노동자의 신체를 공간적 신체라고 한다면, 상품의 신체는 공간 내 신체다. 병원-기계에서 의사나 간호사는 그 기계의 신체를 구성한다. 그것은 다양한 기기나 도구와 더불어 환자의 신체에 변형을 가해 '치료'라는 기능을 수행한다. 여기서 의사나 간호사의 신체는 병원-기계의 공간적 신체를 이루며, 환자는 병원-기계의 공간 내 신체를 이룬다.

그렇지만 공간적 신체의 개념은 뫼비우스의 띠처럼 모호한 경계를 갖는다. 왜냐하면 의사나 간호사는 병원-기계의 공간적 신체를 이루기 위해서 이미 그에 적합한 신체로 가공되고 변형되어야 하기 때문이다. 나아가 그들은 병원-기계의 공간적 신체로 작동하면서, 그것을 통해 그에 적합한 신체로 가공되고 변형된다. 의과대학과 대학병원, 혹은 병원-기계 자체가 바로 이러한 기능을 수행한다. 이런 의미에서 그들의 신체는 공간 내 신체이기도 하다. 노동자나 교사 역시 마찬가지다. 뒤집어 말하면 상품이나 학생들의 신체는 물론 환자나 심지어 시체들의 신체도 그러한 공간적 신체를 만들어 내는 데 작용하는 공간적 신체라고 할 수 있다.

그러나 이것이 구분을 무용하게 하는 것은 아니다. 왜냐하면 이중적이고 뒤섞이기는 하지만, 사실상 공장이라는 기계와 직업훈련소라는 기계가 다르고, 병원이라는 기계와 의과대학(병원)이라는 기계가 구별되기 때문이다. 또한 이미 공간적 신체를 갖고 작동하는 사원과 그러한 공간적 신체로 신체적 가공을 하기 위해 행하는 '인턴 사원'이 다르기 때문이다. 따라서 두 가지 신체를 구분하는 것은 유효하다: 공간적 신체와 공간 내 신체, 기계-신체와 재료-신체.

2) 능동적 기계와 수동적 기계

이와 연관해서 피할 수 없는 문제가 있다. 이처럼 '인간'이라는 요소와 보통 '기계'라고 불리는 요소들을 하나의 공간-기계를 구성하는 신체로 파악한다면, 인간과 기계의 구분은 사라지고 만다. 그렇다면 예컨대 산 노동과 죽은 노동의 구분처럼 결코 동일화할 수 없는 두 요소의 구별 또한 무의미해지는 게 아닌가? 그것은 인간적 요소 내지 산 노동, 혹은 활동적 측면을 무작정 기계로 환원하는 것을 뜻하는 것이 아닌가?

우리는 인간과 기계의 이분법에 동의하지 않지만, 그리하여 앞서 말했듯이 일반화된 기계의 개념을 통해 공간-기계와 공간적 실천, 그리고 신체의 문제를 포착하려 하지만, 그것이 모든 요소를 죽은 기계로 환원하는 18세기 식의 기계론적 유물론으로 돌아감을 뜻하진 않는다. 이를 위해선 생산과 재생산의 개념을 통해 접근하는 것이 적절하리라고 본다.

생산과 재생산은 '종합'synthesis의 두 형식이다. '종합'이란 둘 이상의 요소를 결합하여 다른 질을 갖는 새로운 것으로 변형시키는 작업이다. 이는 칸트처럼 사유과정에 대해 적용할 수도 있고, 맑스처럼 노동과정에 적용할 수도 있으며, 예술적 창작과정에 적용할 수도 있다. 칸트는 분석판단과 종합판단을 구별한다. 분석판단이란 예컨대 "총각은 결혼하지 않는 남자다"처럼, 총각이라는 주어를 분석함으로써 충분히 얻어지는 것이다. 반면 종합판단은 "물체의 낙하속도는 낙하한 시간의 제곱에 비례한다"처럼 주어를 아무리 분석해도 알 수 없는 어떤 것을 추가하여 만들어진 판단이다. 이처럼 종합은 분석과 달리 무언가를 다른 어떤 것과 결합하여 새로운 것이다. 칸트의 경우 이러한 종합활동을 하는 것은 사유 혹은 연구다.

한편 맑스의 경우, 노동과정은 둘 이상의 노동대상들을 노동수단을 이용하여 결합함으로써 새로운 결과물을 만들어 내는 것이다. 옷을 만드는 공장에서는 옷감과 실, 염료 등의 종합이 이루어진다. 여기서 종합활동을 수행하는 것은 노동이다. 건축은 콘트리트나 벽돌, 철근, 유리 등의 다양한 요소들을 결합하여 새로운 결과물을 만드는 종합활동이다. 작곡은 다양한 음들을 결합하여 '곡'이라는 새로운 결과물을 만들어 내는 종합활동이다. 피아니스트는 피아노와 악보를 결합하여 새로운 결과물을 만들어 내는 종합활동이다.

그런데 이러한 종합은 그것이 어떤 양상으로 이루어지는가에 따라 생산적 종합(생산)과 재생산적 종합(재생산)으로 구별된다. 계획된 것, 혹은 프로그램된 것에 새로운 변이의 선을 추가하면서 이루어지는 종합은 생산적 종합이다. 반면 계획된 것, 프로그램된 것을 변이의 선을 추가함 없이 그대로 반복하는 종합은 재생산적 종합이다. 이 경우 반복은 차이 없는 반복을 특징으로 한다. 예를 들어 새로운 건축물을 창안하고 설계하는 것은 생산적 종합이지만, 남의 것을 그대로 모사하는 활동이나 설계된 것을 그대로 집행하는 것은 재생산적 종합이다. 기존의 연주에 나름의 변이와 창안을 추가하여 연주하는 것은 생산적 종합이지만 기존의 연주를 그대로 답습하는 것은 재생산적 종합이다. 생산은 창안의 요소를 통해 정의되며, 재생산은 응고의 요소를 통해 정의된다. 생산적 종합은 능동적 변이능력을 통해 가능하다.

이러한 정의에 기초하여 이제 우리는 기계적 신체 안에 존재하는 두 가지 상이한 성분에 대해 말할 수 있다. 하나는 프로그램된 것을 반복하여 수행할 뿐인 성분이고, 다른 하나는 프로그램되지 않은 것을 추가하면서 작동하는 성분이다. 전자가 흔히들 말하는 '수동적' 재생산을 수행하는 성분이라면, 후자는 '능동적' 생산을 수행하는 성분이다. 전자가 보존하고 유지하는 형태로 작동하는 성분이라면 후자는 변이시키는 형태로 작동하는 성분이다. 전자를 '수동적 기계'라고 한다면, 후자는 '능동적 기계'라고 할 수 있을 것이다.

통상적인 의미에서 '기계'라는 말이나 죽은 노동이 전자에 가깝다면, 통상적인 의미에서 '인간'이라는 말은 후자에 가깝다. 그러나 이러한 대응은 부적절하다. 왜냐하면 소위 '기계'에 속하지만 능동적 생산을 수행하는 것이 있을 수 있고, 소위 '인간'에 속하지만 수동적인 재생산을 수행할 뿐인 것이 있을 수 있기 때문이다. 또 이러한 두 성분은 소위 '인간' 안에 공존하며, 소위 '기계' 안에도 공존할 수 있기 때문이다. 예컨대 보통의 소프트웨어는 종합활동을 수행하지만, 프로그램된 것만 수행하기 때문에 재

〈그림 3-8〉 첼로-기계와 첼리스트-기계: 두 가지 성분
백남준이 TV로 만든 첼로를 첼리스트-기계(샬롯 무어맨)가 연주하고 있다. 백남준은 양자가 모두 기계임을 분명하게 표시하기 위해, 첼로에는 TV를 사용했고, 첼리스트에겐 터미네이터 풍의 선글라스를 씌웠다. 여기서 첼로-기계는 수동적 성분이라면, 첼리스트-기계는 능동적 성분을 이룬다.

생산적 종합에 머문다는 점에서 수동적 기계에 속한다. 그러나 인공지능이나 사이보그라면——물론 미래의 일처럼 들리지만——, 혹은 어떤 이유에서건 프로그램되지 않은 판단을 추가할 수 있는 것이라면 능동적 기계에 속한다. 반면 강제적인 것이든 자의에 의한 것이든 새로운 변이를 만들지 못하는 노동자, 오직 주어진 행동을 반복하고 있을 뿐인 노동자는 공

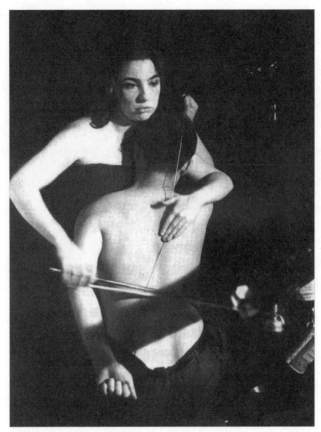

〈그림 3-9〉 인간-첼로, 혹은 수동적 기계

이번에는 백남준 자신이 옷을 벗어제치고 현을 두 손으로 움켜쥔 채 첼로-기계가 되었다. 이 첼로-기계는 인간의 신체로 만들어졌지만 여전히 수동적 성분이다.

장-기계라는 공간적 신체의 수동적 성분에 머물 뿐이다. 정해진 답안만을 요구하며, 정해진 행동만을 반복할 뿐인 교사는 학교라는 공간적 신체를 구성하는 수동적 기계일 뿐이다. 반면 기차-기계를 졸지에 토론-기계나 놀이-기계로 만들어 버리는 차장, 학교에서 벗어나려는 학생들에 대해 새로운 관계를 만들 수 있는 교사는 그 공간적 신체의 능동적 성분이다. 그것은 주어진 공간-기계 안에 있지만 그 공간-기계 자체의 변이를 야기할 수 있는 탈영토화의 첨점이다.

4. 공간의 신체와 욕망

지금까지 우리는 공간과 신체의 관계에 접근하기 위한 몇 가지 개념을 정의했다. 그런데 각각의 공간-기계들은 그 안에서 활동하고 실천하는 사람들의 신체에 대해 어떻게 작용하는가? 즉 그들의 신체를 어떤 방식으로 공간적 신체로 포섭하고, 어떻게 공간 내 신체에 대해 작용하는가? 이를 몇 가지 경우로 나누어 간단히 검토하자.

첫째, 사람들의 신체가 주로 공간 내 신체로서 존재하는 경우. 이런 경우의 예로서 집-기계를 보았는데, 내밀성과 프라이버시를 특징으로 하는 근대적 집-기계는 공간과 신체가 맞물리면서 작동하는 양상에 하나의 주요한 사례를 제공한다. 근대의 집-기계는 이용자가 먹고, 자고, 쉬고 하는 등의 모든 사생활이 이루어지는 사적 공간이며, 그것이 공적인 시선, 혹은 타인의 시선에서 보호되어야 하는 내밀한 공간이다. 이런 점으로 인해 집-기계와 사람들의 행동 간의 관계는 사람들이 사적으로, 그리고 능동적으로 '이용'하는 형식을 취하며, 그런 만큼 '가공'이나 '작동'이라는 말이 가장 부적절하게 들리는 경우다.

그렇지만 집-기계 안에서 행해지는 행동이 사적이고 내밀한 만큼 자유롭다고 생각하면 큰 오산이다. 예를 들면 식탁에 앉아 밥을 먹을 때, 궁정적 매너 정도는 아니지만 특정한 자세와 행동의 도식이 제시되고 그것에 맞추길 요구받는다. 성적인 신체에 관해서도 마찬가지다. 그것과 관련해 지금의 서구적인 생활방식를 형성한 19세기 영국의 빅토리아인들의 경우 내밀성이란 '드러내지 않을 권리'인 동시에 '드러내선 안 되는 의무'기도 했다.[18] 다시 말해 신체는 감추어져야 했으며, 신체를 감추고 가리는 길고 복잡한 옷들이 이용되었고, 부분 공간마다 입는 옷에 구별이 요구되었고, 심지어 침실에서도 신체를 가리는 다양한 속옷들이 발전했다.[19]

가장 은밀하고 내밀한 경우인 침실의 이용에서도 사정은 크게 다르지 않다. 19세기 후반에 의사들이나 위생가들은 내밀성의 공간 속으로 숨은 신체들의 성적 행동에 대해 편집증적인 불안함을 가지고 있었다. 지난 세기에 스위스 의사 티소Samuel-Auguste Tissot가 썼던 글이 거듭 인용되면서 아이들의 자위가 끼치는 악영향에 대해 서술한 '의학적' 문헌들이 급증했고, 부인들의 성욕이 얼마나 병적인 것이며 유해한 것인지를 서술하는 의학 문헌이 무수히 쓰여졌다. 또한 동성애나 수간, 절편음란증 등등 상상할 수 있는 모든 도착적인 성행위를 '정신병'이라고 규정한 정신과 의사들의 책 또한 폭발적으로 출판되었다. 당시 가장 유명한 베스트셀러의 하나였던 크라프트-에빙Richard von Krafft-Ebing의 『성의 정신병리학』Psychopathia sexualis은 이런 책들의 대표적인 사례일 것이다.[20] 정신의학이나 정신분석학의 본격적인 발전이 이러한 사태와 무관하지 않으리라는 것은, 그 발전의 시기나 내용으로 보아 충분히 짐작할 수 있다.

이런 문헌들이 바라고 있던 바는 명확하다. 그것은 빅토리아조의 엄격한 금욕주의가 잘 보여 주듯이, 저 내밀한 공간 안에서 벌어질지도 모

---

18) Lyon Murard et Patrick Zylberman, *Le Petit travailleur infatigable: Villes-usines, habitat et intimités au Xixe siècle*, Recherches, 1976, p. 247.

19) Philippe Ariès and Georges Duby et al., *History of Private Life, Volume IV: From the Fires of Revolution to the Great War*, tr. by Arthur Goldhammer, Belknap Press of Harvard University Press, 1994, p. 487.[*Histoire de la vie privée IV: De la Révolution à la Grande guerre*, Seuil, 1986.]

20) 스티븐 컨, 『육체의 문화사』, 이성동 옮김, 의암출판, 1996, 191쪽.[Stephen Kern, *Anatomy and Destiny: A Cultural History of the Human Body*, Bobbs-Merrill Company, 1975.]

〈그림 3-10〉 섹스-기계(왼쪽 그림)
내밀성의 장막을 두텁게 둘러친 침실, 그 은밀한 장소에서 대체 무슨 짓들을 할까? 이런 호기심('진리의지')은 의사들로 하여금 상상할 수 있는 모든 도착적 욕망을 떠올려 일종의 '정신병'으로 만들게 했다. 이제 의사의 시선은 고해신부를 대신해 내밀성의 욕망을 제어하는 새로운 권력의 시선이 된다. 내밀성의 욕망에서 내밀성의 권력으로.

〈그림 3-11〉 속옷-기계(오른쪽 그림)
란제리나 네글리제 같은 속옷은 원래 내밀한 공간 안에서도 벌거벗고 있어선 안 된다는 19세기 빅토리아 식 도덕이 요구한 의무에서 발생했다. 그러나 그것은 곧 내밀한 공간에 걸맞는 내밀한 형태를 갖추게 되어, 거꾸로 신체적 욕망을 자극하는 '기계'가 된다. 내밀성의 의무가 내밀성의 새로운 욕망을 산출한 것이다.

를 다양한 '변태적' 행위들을 막기 위한 것이었다. 하지만 그것은 내밀하고 사적인 것인 한 직접적 관여를 통해 관리하고 통제하는 것은 불가능했다. 여기서 그들이 사적이고 내밀한 공간 안에서 이루어지는 신체적 행동을 통제하기 위해 채택한 전략은 성과 성욕을 의학의 대상으로 만드는 것이었다. 이를 통해 변태적인 행동을 병으로 간주함으로써, 건강한 신체를 생산하기 위해서는 스스로 그것을 억제하고 통제할 수 있게 하는 것, 그리하여 건강을 염려하는 의학적인 시선으로 배우자나 자신들의 성욕과 신체를 감시하고 통제하는 것이 가능하게 된다.[21] 이로써 내밀한 공간 안에서 행해지는 신체적 행동들에 대해 오히려 강력한 규범과 규칙으로 통제하는 것이 가능해진다. 어린이의 자위를 건강과 교육을 위한 감시대상으로 만든 것도 동일한 맥락에서였다. 이것이 침실이나 집-기계 안에서 '올바른' 신체적 행동의 규칙이 작동하게 하는 근대적 방식이었다.

여기서 주목해야 하는 것은 집이라는 공간-기계와 그 안에서 행해지는 신체적 행동의 양식화된 대응이 '건강한 신체'에 대한 욕망을 통해 이뤄진다는 것이다. 즉 건강에 대한 욕망을 통해 자신의 신체나 배우자의 신체, 아이들의 신체를 감시하고 통제하는 것, 혹은 그런 통제의 시선을 의식해 스스로 알아서 행동하게 하는 것이 가능해진다. 근대적 집-기계와 관련된 공간 내 신체를 '가공'하는 것은 이러한 욕망의 배치로 인해 가능해졌으며, 이로 인해 가공과 통제라는 양상마저 없는 것처럼 보이게 된다.

둘째, 사람들의 신체가 공간적 신체로서 작용하는 경우. 이런 예로는 공장-기계를 든 바 있다. 여기서 흔히 '기계'라고 부르는 요소들은 공장-

---

21) 미셸 푸코, 『성의 역사 1: 앎의 의지』, 이규현 옮김, 나남, 2004, 117~119쪽.[Michel Foucault, *Histoire de la sexualité, I : La volonté de savoir*, Gallimard, 1976.]

〈그림 3-12〉 프라이버시-기계(칸딘스키Wassily Kandinsky, 「점 위에서」, 1928년)
19세기에 탄생한 프라이버시는 가족과 집을 통해 정의되는 권리였다. 그러나 이는 개별화하는 선 위에 있었고, 따라서 가족 안에서도 하나의 개인으로 귀착되는 것이 필연적이었다. 이제는 가족이나 집들마저 하나의 점, 하나의 개체로 귀착되고, 그 개체 위에 서게 된 것이다. 그것은 사회의 주류인 만큼 확고하고 '안정적'인 것으로 보이지만, 사실은 근본적 불안정성을 피할 수 없는 것이다.

기계의 공간적 신체를 이루지만 대부분은 한결같이 수동적 기계들로서 능동적 성분은 희박하다. 이는 로봇이나 자동기계인 경우에조차도 마찬가지다. 이 기계들은 프로그램된 것을 동일한 방식으로 재생산할 뿐이다.

반면 산 노동 내지 노동자의 신체는 공장-기계의 공간적 신체에서 능동성의 성분을 포함하고 있다. 이 능동적 기계가 바로 새로운 결과를 생산하는 생산적 종합의 원천이다. 그러나 자본은 이러한 능동적 요소를 이용해야 하지만, 그것을 방치했을 경우 노동자의 신체를 그들의 의지 아래 종속시킬 수 없다는 점으로 인해, 그것을 극소화한다. 다시 말해 자본의 '실질적 포섭'이라고 부르는 관계를 형성하기 위해, 그들의 신체와 행동을 관리하고 통제하려 한다. 테일러주의는 이러한 행동을 요소적인 추상적 동작들로 분할하여 미시적인 영역에까지 통제력을 확보하고자 한다.

이제 공장에서 노동자들의 개별적인 동작은 그 자체만으론 아무 의미가 없으며, 개별적인 신체 역시 그 자체만으론 아무런 의미가 없다. 그들의 동작은 결합하여 하나의 집합적 노동을 구성하고, 그들의 신체는 서로 결합하여 하나의 집합적 신체를 구성한다. 물론 이러한 집합적 신체의 구성에 '기계'라고 불리는 신체가 포함된다는 점은 두말할 것도 없다. 하지만 그러한 집합적 신체의 활동은 능동성을 빼앗기고 생산적 변이능력을 통제받음에 따라 재생산적인 활동, 수동적 기계로 되고 만다. 브레이버맨 Harry Braverman의 말을 빌리면,[22] '구상'과 '실행'을 분리하여, 노동자의 '실행'은 탈숙련화하고 '구상기능'은 자본가가 독점함에 따라 자본가와 일부 관리들만이 실질적인 능동성을 장악하고 있다.

그럼에도 불구하고 능동성을 빼앗긴 노동자들의 신체를 공장-기계로 포섭하고 지속적으로 작동하게 하는 것은 어떻게 가능한 것일까? 여기서 결정적인 것은 '실업화 압력'과 경쟁이다.[23] 이 두 가지 요소는 노동자 각각을 개별화하며, 실업이라는 끔찍한 상황에 몰리지 않기 위해서 자본가에 복종하고 자본가에 눈에 들고자 하며, 그들의 눈에 부합하는 능력을 갖

22) 해리 브레이버맨, 『노동과 독점자본』, 강남훈·이한주 옮김, 까치, 1987, 105~110쪽.[Harry Braverman, *Labor and Monopoly Capital: The Degradation of Work in the Twentieth Century*, Monthly Review Press, 1974.]
23) 이에 관한 자세한 내용은 이진경, 『맑스주의와 근대성 : 주체생산의 역사이론을 위하여』, 문화과학사, 1997, 208~211쪽 참조.

추려고 하게 된다. 굶주림 내지 죽음과 연결된 실업의 공포가 복종에 자발적 형태를 부여한다. 영어를 잘하고 컴퓨터를 잘하는 것, 혹은 생산성과 효율성·성실성을 갖추는 것, 그것은 자본의 요구이지만, 동시에 명시적 요구가 없는 경우에도 내가 취업하고 내가 성공하기 위해 필요한 내 능력이다. 이런 식으로 자본의 요구는 나의 욕망이 된다.

비록 집-기계에서와는 다른 양상으로지만, 여기서도 자본의 요구를 자신의 욕망으로 간주하고, 자본의 시선으로 자신의 신체를 보는 욕망의 배치가, 노동자의 공간적 신체를 공장-기계로서 형성하고 유지한다. 아니 좀더 정확하게 말하면 자본주의적 욕망의 배치가 공간과 신체의 복합체를, 혹은 공간적 신체를 구성하고 있는 것이다.

셋째, 공간적 신체와 공간 내 신체가 하나의 공간-기계 안에서 분리되어 존재하는 경우. 예를 들면 의사나 간호사와 환자가 구별되는 병원-기계, 교사와 학생이 구별되는 학교-기계, 간수와 죄수가 구별되는 감옥-기계가 그것이다. 여기서도 욕망의 배치를 통해 공간적 신체를 형성하고, 공간 내 신체를 변형시키는 것은 동일하다. 그러나 앞서와 달리 상이한, 대립되는 두 가지 신체가 공존하기 때문에 하나의 단일한 공간-기계로서 작동하는 것이 가능한가라는 의문이 제기된다.

간단하게 말하면, 여기서는 두 가지 신체를 대칭적인 형태로 관련시키는, 그러한 동형성을 갖는 '공통도식'common scheme을 형성함으로써 공간-기계의 통일성을 확보한다. 예를 들어 병원의 경우에는 위생과 건강이 공통된 도식, 공통된 욕망의 자리를 차지함으로써, '건강과 위생을 만들어 내기 위해 활동하는 신체'와 '건강과 위생을 위해 복종해야 하는 신체'라는 대쌍couple으로 의사/간호사의 신체와 환자의 신체를 짝짓는다. 이로써 의사는 환자의 신체를 관리하고 통제하며, 환자는 자신의 시선을 의사의 시선으로 대신하며 그것으로 자신의 신체를 관리하고 통제하는 동일성이 형성된다. 감옥의 경우에는 교정矯正이라는 개념이 감옥-기계의 공간적 신체로서 간수와 그 기계의 공간 내 신체인 죄수를 대칭적인 짝으로 만든다. 교정을 위해 관리하고 통제하는 신체와 그것을 위해 복종하는 신체. 학교의 경우라면, 예컨대 성적으로 대변되는 지적 능력의 생산이 가르치는 신체와 배우는 신체, 훈육하는 신체와 훈육되는 신체 사이에 대칭성과 동형성을 만들어 낸다.

5. 자율주의적 공간-기계를 위하여

공간-기계는 삶을 조직한다. 인간이 자신의 형상에 따라 신을 만들고, 자연을 '만들고', 말을 만들고, 감각을 만들듯이, 공간-기계는 자신의 형상에 따라 공간적 신체를 만들고, 공간적 신체들의 삶을 만든다. 이런 의미에서 공간-기계는 삶의 방식을 조직하는 초험적 형식이요 경험의 지반이다.

예를 들어 병원-기계는 자신의 형상에 따라 깨끗함과 더러움의 감각을 만들어 내고, 그것을 관리하는 위생적 삶의 방식을 만들어 낸다. 깨끗함의 감각은 공장-기계에서 만들어 내는 깨끗함의 감각과 다르며, 학교에서 만들어 내는 그것과도 다르다. 또한 그것은 병원을 넘어서 생활의 감각 전반에 영향을 미친다. 가령 서양의 경우 사람의 몸이나 어떤 공간에 퍼져 있는 냄새에 대한 감각은 19세기를 거치면서 매우 달라졌다.[24] 옆에 있는 사람의 몸에서 나는 냄새를 참을 수 없게 된 것은 19세기 후반의 일

---

24) Alain Corbin, *The Foul and the Fragrant: Odor and the French Social Imagination*, Harvard University Press, 1986.

이었다. 이는 전염병의 원인에 대한 의학의 진전 및 그에 따른 위생 감각의 변화에 따른 것이었다. 그 결과 이전에는 20년을 씻지 않은 사람의 냄새도 견딜 수 있던 사람들의 코가, 이제는 소방호스로 노동자들의 더러운 신체를 강제로라도 씻어 내지 않으면 견딜 수 없게 되었다.

직선과 직각, 혹은 원형圓形에 대한 서양인들의 기하학적 취향과 감각은 아마도 비트루비우스Vitruvius와 그리스-로마 건축의 부활로 특징지어지는 르네상스 이후 건축과 그것을 기하학적으로 기초지운 투시법의 발달 없이는 생각하기 힘들 것이다. 그런 부활이 있기 이전의 도시들, 가령 시에나Siena 같은 중세도시들의 건축물과 도로에서는 직선과 직각을 찾아보기 힘들다. 건축의 고전적 언어를 구성하는[25] 그리스-로마의 5주범柱範이 서양인들의 형태적 미감각에 근본적인 기초를 남겼으리라는 상상 또한 터무니없는 것만은 아니다. 이는 단지 기하학을 익힌 사람들에 해당되는 것만은 아니다. 기하학을 넘어서까지 이런 기하학적 감각을 사람들의 신체에 새기고 확장한 것은 무엇보다도 건축이었을 것이다. 그것은 사람들이 일상적으로 반복해서 접하는 다양한 공간-기계들을 통해 구현되어 있다는 점에서 그렇다.[26] 일본의 철학자 가라타니 고진柄谷行人은 건축이 서양 사람의 미적 감각뿐만 아니라 그들의 진리에 대한 감각에 이르기까지 지대한 영향을 미쳤음을 보여 주고 있다.[27]

25) 존 섬머슨, 『건축의 고전언어』, 윤재희·지연순 옮김, 세진사, 1980.[John Summerson, *The Classical Language of Architecture*, The MIT Press, 1966.]
26) 고딕 성당에 대한 유명한 연구에서 파노프스키는 고딕 성당이 스콜라 철학과 동형성을 갖는다는 것을 보여 주면서, 이러한 성당을 만들었던 이유를 글을 읽을 수 없었던, 따라서 성경이든 신학적 책이든 읽을 수 없었던 대중들에게 교리와 신학적 명제들을 가시화하여 보여 주려 했었다고 말한다(Erwin Panofsky, *Architecture gothique et pensèe scolastique*, tr. by Pierre Bourdieu, Minuit, 1967, p. 112). 나아가 그는 이것이 행동을 규제하는 원리로 작용하는 하나의 정신적 습속을 형성한다고 한다(*Ibid.*, p. 83).
27) 가라타니 고진, 『은유로서의 건축: 언어, 수, 화폐』, 김재희 옮김, 한나래, 1998 참조.[柄谷行人, 『隱喩としての建築』, 講談社, 1983.]

〈그림 3-13〉 근대적 공간-기계

직선과 격자, 육면체 박스, 거대한 창문 내지 유리벽 등은 20세기 건축의 '모더니즘'의 결정적 형태-요소다. 고개 들어 빙 둘러보라. 도로, 건물, 집, 병원, 학교, 공장 등등. 이것은 우리 감각이나 사유를 제약하는 또 다른 공간-기계다.

이는 그저 건축과 미에 관한 것은 아니며, 서양 얘기만도 아니다. 직각이 아닌 건물이나 직각이 아닌 방을 우리는 불편해하고, 사선이 있는 공간, 찌그러진 벽면, 삐뚤어진 액자를 못 견뎌한다. 하지만 이는 그리스-로마나 유클리드 기하학보다는, 직육면체의 반듯한 상자로 만들어졌던 기능주의적 건축물 때문이라고 보는 것이 더 적절할 것이다. 일렬로 늘어선 교실들, 직선으로 줄 세워진 책상들은 하나의 공간적 신체로서 함께 작동하는 교사-기계들의 신체적 감각과 생활방식, 사고방식에 분명히 영향을 미친다. 그래서일까? 아니면 성적순으로 줄을 세우는 삶의 방식이 작용해서일까? 운동이든, 응원이든, 봉사활동이든 학생들이 함께 모여서 행동할 때는 한결같이 줄을 서서 움직이게 한다. 누구나 당연하게 여기는 프라이버시 감각은 나만의 공간, 사적 공간으로서 근대적 집-기계의 산물이다.

〈그림 3-14〉 해체적 공간-기계(프랭크 게리Frank Gehry가 설계한 프라하Prague의 '춤추는 빌딩'Dancing House)
해체주의자들은 직선과 평행성, 육면체 박스에 길든 우리의 감각에 지극히 낯설고 불편한 형태를 제시한다. 무
엇이 곧은 것이고, 삐뚤어진 것인가? 무엇이 받치는 것이고 무엇이 받쳐지는 것인가? 무엇이 내부고 무엇이 외
부인가?

〈그림 3-15〉 코뮨적 공간-기계(파밀리스테르)

19세기의 푸리에주의자 고댕은 사적인 공간과 이처럼 코뮨적인 공간이 하나로 결합된 집합적 주거공간을 만들었다. 그때부터 수많은 사람들이 "주거를 병영화하려는 위험한 발상"이라고 비난했지만, 그것은 사적 소유와 프라이버시를 생산하는 근대적 공간-기계가 코뮨적 요소 앞에서 과장 섞어 질러대는 비명 아닐까?

이런 점에서 공간의 문제, 공간-기계의 문제는 이전에 구성주의자들이 명확하게 선언했듯이[28] 우리의 삶의 문제에 직결되어 있다. 뒤집어 말하면 우리의 삶의 방식을 바꾸고 새로운 종류의 생활방식을 창출하는 것은, 혹은 새로운 종류의 미적 감각이나 기하학적 감각, 새로운 종류의 생활감각을 생산하는 것은, 공간-기계를 변혁하는 것 없이는 생각하기 힘들다. 이런 점에서 사회주의 혁명이 새로운 종류의 공간을 만들어내지 못했다면 그것은 사람들의 삶을, 삶의 방식을 근본적으로 변혁하지 못한 것이며, 따라서 혁명이라는 말에 충분하게 값하지 못했다는 르페브르의 비

---

28) 아나톨 콥, 『소비에트 건축』, 김의용 외 옮김, 발언, 1993.[Anatole Kopp, *Constructivist Architecture in the USSR*, St. Martin's Press, 1986.]

판은 지극히 적절하다.[29]

　여기서 우리는 공간의 문제가 단순히 새로운 선을 갖는 건축물을 만드는 문제도 아니고, 새로운 미적 감각을 과시하는 건물을 설계하는 문제도 아니며, 새로운 도로망을 고안하는 문제도 아니라는 점을 분명히 할 필요가 있다. 그것은 새로운 삶의 방식을 만드는 문제며, 공간-기계를 통해 조직되는 공간적 신체와 공간 내 신체를 변혁하는 문제며, 이를 위해 공간-기계의 새로운 용법과 새로운 형태를 창안하는 문제며, 이로써 새로운 공간-기계로 탈영토화하는 문제이고, 새로운 감각, 새로운 집합적 신체를 형성하는 문제다. 공간-기계 전체를 능동적 성분이 강력하게 작동하는 능동적 기계로 변환시키는 것, 그래서 공간-기계를 구성하는 집합적인 신체들의 능동성이, 혹은 그 기계 안에서 활동하는 살아 있는 신체들의 능동성이 살아 숨쉬게 하는 것. 집합적 신체 스스로 자율적으로 작동하는 자율주의적 공간-기계로 변환시키는 것, 그리하여 공통의 집합적 신체를 통해 타인을 배려하는 것이 가장 자신을 배려하는 것이 되고, 다른 기계를 배려하는 것이 스스로를 위한 것이 되는 새로운 종류의 욕망의 배치를 만들어 내는 것. 새로운 형태의 건물, 새로운 감각의 건물, 새로운 도로망을 창안하는 것이 중요한 문제가 되는 것은 바로 이런 전제 위에서가 아닐까?

---

29) Henri Lefebvre, *The Production of Space*, p.54.

4장

근대적 시간-기계와 공간-기계 :
근대적 시·공간의 탄생

1. 시간 · 공간과 생활양식

영국의 아마추어 사진작가로 영국 코닥사의 창업공신인 조지 데비드슨 George Davidson의 사진 「서커스 말」(그림 4-1)은 드넓은 평원과 그것을 길게 가로지르는, 야트막한 길을 축으로 한가로이 서 있는 서커스 말과 사람들 의 모습을 담고 있다. 말들의 엉덩이 저편으로는 어디든 똑같아 보이는 땅 과, 마찬가지로 그저 같아 보이는 무한의 하늘이 있다. 말들 앞에서 실발 끈을 매는지 주저앉아 있는 마부나, 담처럼 솟아오른 길 위의 사람들도 넓 은 공간과 어울리는 한가로움을 적어도 겉으로는 과시한다. 그들의 시선 은 지금 주목하고 있는 곳에서 벗어나 무한으로 달리는 드넓은 공간 어디 로도 향할 수 있으며, 발길 역시 어디로든 갈 수 있는 것 같다. 아마 이것이 이 사진이 '보여 주는' 한가로움의 이유일 것이다.

반면 〈그림 4-2〉의 「글래스고Glasgow 빈민가」 사진 구도가 평범치 않 은 것은, 아이가 서 있는 지극히 좁고 기다란 담벼락 사이의 길이 단지 X 자 형의 구도라는 말로 환원되기 불가능한 폭을 갖고 있기 때문일 것이다.

〈그림 4-1〉 조지 데비드슨, 「서커스 말」

〈그림 4-2〉 1900년대 초 영국 글래스고의 빈민가

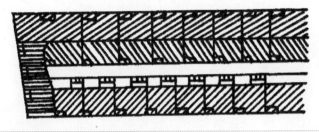

〈그림 4-3〉 맨체스터 등의 노동자 거주지역에 대한 스케치

"더욱이 최근에는 또 다른 건축방법이 도입되었고, 지금은 일반적으로 사용되고 있다. 노동자의 가옥을 하나씩 짓는 것이 아니라 항상 12채씩, 20채씩 한꺼번에 짓는다. 청부인 혼자서 거리를 하나 또는 둘씩 맡아 한 번에 짓는다. 가옥들은 다음과 같이 배열된다. 전면에는 가장 좋은 가옥들이 형성되어 뒷문과 조그만 정원도 가진다. 이런 집들은 가장 높은 집세를 요구한다. 이러한 가옥 뒤로 좁은 골목길이 양쪽 끝에 건설되며, 그 쪽으로 좁은 통로나 복도가 한 편으로 나 있다. 이 골목길을 마주보고 있는 가옥은 가장 낮은 집세를 요구하며, 가장 소홀히 만들어졌다. 이러한 가옥은 두번째 거리와 마주보고 있으면서 첫번째 열의 가옥들보다는 적은 집세를 내지만 두번째 열의 가옥들보다 많은 집세를 내는 세번째 열의 가옥들과 뒷벽을 공유하고 있다. 거리는 그림에 나타난 대로 놓여있다.

이러한 건축방법으로는 첫번째 열의 가옥들은 비교적 환기가 잘 되지만 세번째 열의 가옥들은 이전 방법보다 환기가 훨씬 더 안된다. 한편 중간 열의 가옥들은 뒷골목에 있는 집들만큼이나 환기가 잘 안 되며 뒷거리도 그 집들만큼이나 항상 더럽고 구역질나는 상태로 있다. 청부인들은 이 방법을 더 좋아하는데, 왜냐하면 공간을 절약할 수 있고, 좀더 높은 임금을 받는 노동자들을 속여 첫번째 열과 세번째 열의 가옥에서 좀더 많은 집세를 거두어 들일 수 있기 때문이다. 이런 세 가지의 서로 다른 형태의 건축방법이 맨체스터 전역과 랭카셔와 요크셔 등에 나타난다."(프리드리히 엥겔스, 『영국 노동자계급의 상태』, 91쪽.)

『영국 노동자계급의 상태』에서 그려지는 영국 노동자들의 거주지에 대한 엥겔스의 서술을[1] 연상케 하기에 충분한 이 사진에서, 아이가 발딛고 있는 공간은 〈그림 4-1〉과는 반대로 펼쳐져 있다기보다는 신체에 닿을 듯이 강하게 조여드는 것처럼 보인다. 여기서는 공간의 무한성 대신 협애함이, 넓음에서 나오는 여유와 한가함보다는 마치 맷돌 사이를 걷는 긴장과 척박함이 나타난다. 이는 아이의 표정으로 인해 한층 리얼리티를 획득한다.

어깨가 닿을 듯한 글래스고의 저 공간에서 아이의 시야는 오직 앞을 볼 수밖에 없을 것이며, 그 앞 역시 사진사 뒤에 필연코 있을 담벼락으로

---

1) 프리드리히 엥겔스, 『영국 노동자계급의 상태』, 박준식 외 옮김, 두리, 1988, 89~96쪽.[Friedrich Engels, *Die Lage der arbeitenden Klasse in England*, 1844.]

〈그림 4-4〉 귀스타브 도레(Guastave Doré), 「철교 아래의 런던 빈민가」

인해 가로 막혀 있을 것이다. 아이는 다만 한치 앞의 좁은 공간을 볼 수 있을 뿐이란 점에서, 곁눈을 가린 채 달리는 말보다 한층 짧다. 「서커스 말」에서 공간을 가로지르는 담장 같은 길에는 이미 사람들이 올라가 있으며, 맘만 먹으면 누구든 올라갈 수도 있다. 그것은 공간을 가로지르지만 그것을 폐쇄하지 않으며, 따라서 공간의 광대함과 무한성을 전혀 가로막지 못한다. 반면 「글래스고 빈민가」는 마치 담장을 작은 공간이 가로지른 듯해서, 담장은 넘나들 수 없는 계급의 벽처럼 보인다. 아이는 두 벽 사이의 심연에 갇혀 있는 것이다. 그는 아마 노인이 되어서도 그 담벼락 위로 오르지 못하고 저 가느다란 공간에 갇혀 왕복하고 있을 것이다. 아이의 머리 뒤로 보이는 또 하나의 벽은 이 좁은 길의 길이마저 잘라 버리는 차단막 같다. 왕복의 동선을 끊어 버리는.

〈그림 4-5〉 귀스타브 도레, 「런던 빈민 거주지역의 뒷골목(Dudley 가)」

〈그림 4-4〉는 도레가 1872년경 런던 빈민가의 모습을 스케치한 것이다. 이 그림에서 사람이 다니는 길을 찾아내는 것은 그다지 쉽지 않을 것 같다. 어두운 하늘과 빽빽한 굴뚝이 구획하고 있는 집들의 경계선을 따라 담장이 이어지고, 그 담장의 끝을 잇는 또 다른 담장이 있다. 그 맞은편에 마주선 담장을 보고서야 우리는 간신히 좁디좁은 골목길을 발견할 수 있는데, 이는 앞에서 엥겔스가 묘사한 골목길의 폭이 차라리 여유 있어 보이게 할 정도다. 그 골목길을 따라 배열된 노동자의 집들을 가로질러 시커먼 연기를 내뿜으며 기차가 달리고 있다. 당시 자본주의적 산업의 가장 중요한 상징물 가운데 하나가 기차와 철도였다는 점을 상기한다면, 철도가 빈민 거주지역을 가로지르는 이 그림에서 중의적 응축을 발견할 수 있다. 한편 이 그림을 유심히 보면 그 비좁은 골목길을 사람들이 가득 메우고 있음을 알 수 있는데, 〈그림 4-5〉는 아마도 그 모습을, 매우 확대된 골목길을 통해서 다시 보여 주고 있는 것 같다. 지하로 난 입구마다 빙 둘러 신발들이 가득하고, 그 굴처럼 패인 입구를 아이들이 음울하게 앉아 있다. 골목길은 아이들로 가득 차 있는데, 이는 한편으로는 골목길이 아직은 아이들의 놀이터로 기능하는 공간임을 보여 주는 동시에, 이미 가득 늘어선 신발들이 보여 주듯이 더 이상 들어설 공간이 없는 집 때문임을 보여 준다. 아이들에 가로막혀 엉금대며 골목길을 달리는 마차는 그나마 좁은 이 삶의 공간이 부르주아지의 발길에 언제나 열려 있음을 뜻하는 듯하다. 하지만 동시에 그것은 마차의 급한 걸음이, 가난한 사람들의 삶이 그대로 방치되어 있는 한 끊임없이 가로막힐 수밖에 없음을 보여 주는 듯하기도 하다. 이후 부르주아지는 자신의 급한 걸음을 위해, '깨끗한' 거리를 위해 '더러운' 아이들을 집 안으로 밀어 넣는다.

⦁

　　이 두 사진은 서로 상반되는 두 가지 공간적 배치agencement를 보여 준다. 이 상이한 공간적 배치는, 사실상 너무나도 다를 두 가지 삶의 양상에 대해 충분히 상상하게 해준다. 물론 여기서 트인 공간에 대한 낭만적 찬사를 보내려는 것은 아니다. 하지만 이처럼 상이한 공간적 배치는, 다시 말

〈그림 4-6〉 루이스 하인, 「캐롤라이나 방직공장」

루이스 하인은 사회학자 출신의 사진작가다. 그는 이 사진처럼 산업화로 인해 양산된 공장과 노동자들의 모습을 평생 쫓아다니며 사진으로 남겼다. 그가 특히 관심을 갖고 있던 것은 노동하는 아이들의 모습이었다. 20세기 초에도 어디서나 쉽게 찾아볼 수 있었던 노동하는 아이들의 고통스런 삶이 가슴 아리도록 절실히 표현된 그의 사진들은 아동노동에 대한 금지와 어린이 보호법을 위한 운동을 일으켰고, 그 결과 아동노동을 금지하는 보호법이 만들어지기에 이르렀다. 하지만 그의 사진은 아이들과 노동자의 고통을 비참한 것으로 포착하기보다는 차라리 그것에도 짓눌리지 않는 웃음과 여유를 포착하려 했다는 점에서 훨씬 긍정적이다.

〈그림 4-7〉 프랭크 서트클리프, 「휘트비의 선원들」

해 삶이 이루어지는 장의 이 공간적 양상은, 그 속에서 펼쳐지는 사람들의 삶이 크게 상이할 것이며, 그들의 사고방식과 행동방식 역시 크게 상이할 것이라는 점을 보여 준다. 예컨대 근대의 산업적 발전과 도시화가 야기했던 공간적 배치와 구획——물론 글래스고의 빈민가만을 떠올리는 것으론 극히 일면적이지만——이 사람들의 삶을 변화시키는 데 결정적으로 작용했으리란 것은 쉽게 추측할 수 있는 것이다.

「캐롤라이나 방적공장」에서 일하는 루이스 하인Lewis Hine의 주인공은 수많은 실뭉치에 휘말려 간 듯 초점 잃은 눈과 몸 앞의 기계마냥 무표정하게 굳은 얼굴을 갖고 있다. 하지만 이를 자세히 묘사하지 않는다 해도 누구든 그것을 쉽게 볼 수 있다. 글래스고 빈민가의 담벼락처럼 앞뒤로 길게 뻗은 담과 기계의 선, 그리고 기계 위의 규칙적인 실뭉치의 배열만으로도 여공의 반복적인 동작과 표정 없는 얼굴을 묘사하는 데는 충분하다. 그것은 또한 그 여공의 쳇바퀴 도는 듯한 삶이기도 할 것이다. 반면 프랭크 서트클리프Frank Sutcliffe의 「휘트비 선원들」은, 비록 작업하지 않는 시간이란 점에서 차이가 있지만, 마찬가지로 자본에 고용된 자들의 표정과 자세가 각이하고 손이나 발의 위치가 자유로움에 잇닿아 있다. 저 좁은 기계와 벽 사이라면 도저히 어울리지 않을 것 같은 이 다양하고 분방한 표정과 자세들은, 그들이 기대어 서 있는 가로대 뒤의 공간만큼이나 폭넓다. 이들에게서 방적공장의 여공에서 느껴지는 반복적이고 무표정한 동작을 떠올리는 것은 거의 불가능하다.

이러한 차이를 단지 공간적 배치만으로 모두 설명하려 한다면 잘못이겠지만, 적어도 사회학적 관점에서라면 그것과 공간적 배치 간의 관계에서 상관성을 찾을 수 있다. 공간적 배치는 이미 그 자체가 사회적으로 형성되는 사회적 현상이며, '사회적 변화'가 사람들에게 영향을 미치는 통로며, 사실 좀더 정확하게는 그 변화에 의해 야기되는, 집합적인 삶의 양상 자체의 변화기 때문이다. 나아가 공간에 대한 추상적 관념 역시 사회적 차원에서의 이러한 공간적 배치와 무관할 수 없다. 그렇다면 공간에 대한 관념조차 철학적으로 사유하기 이전에 사회적 차원에서 연구되어야 하는 것이 아닐까?

다른 한편 이러한 점은 시간에 대해서도 마찬가지로 말할 수 있다. 엘리아스Norbert Elias가 인용하는 바에 따르면, 푸에블로 인디언의 크리스마스 춤이 정확하게 언제 시작할지는 아무도 모르며, 그것을 정할 방법이 없다고 한다. 그들은 북이 울리면 모여들어 춤추기 시작하지만, 그것은 적당한 분위기가 무르익었을 때 시작하며, 그게 바로 그들에게 고유한 시작 시간의 관념이란 것이다.[2] 나이에 대한 관념이 사회적으로 상이해서, 어떤 사회에서는 각자가 자신의 나이를 정확하게 모르는 경우가 있음은 종종 지적되는 바이다.[3]

미소한 단위 시간으로 분할될 수 있는 근대의 추상적 시간에 익숙한 사람들과, 자연적인 시간의 흐름에 맞추어 살던 근대 이전의 사람들 혹은 여전히 그러한 소농민들의 경우에 대해 우리는 동일한 양상의 행위를 기대하기 어렵다. 해 뜨면 일어나 밭을 갈고 해 지면 자는 그들로서는, 밤새 일을 (해야) 하는 근대적 노동을 받아들이기 힘들며, 자연의 리듬을 벗어난 반복적인 단순노동을 견디기 힘들다. 또 자연의 변화주기와 연관해서

---

2) Norbert Elias, *Time: An Essay*, tr. by Edmund Jephcott, Blackwell, 1992, pp.137~139.[*Über die Zeit*, Suhrkamp, 1987.]
3) 예컨대 엘리아스는 앞서의 책에서 이를 캘린더와 관련해서 설명한다.(Norbert Elias, *Ibid.*, p.6) 나아가 이런 점에서 사회에 공통된 시간개념이나, 그것을 재는 수단이 사회의 통합수단이 됨을 지적하고 있다(*Ibid.*, p.16). 또한 아리에스는 생애연령 개념이 서구에서도 역사적으로 변화되어 왔음을 지적하고 있다.(Philippe Ariès, *Centuries of Childhood: a Social History of Family Life*, tr. by Robert Baldick, Vintage Books, 1962, p.20 이하[*L'Enfant et la vie familiale sous l'Ancien Régime*, Plon, 1961.])

일을 해야 하는 농업이 지배적인 경우, 작업시간이란 당연히 자연의 운행과 연결될 것이지만, 그럴 필요가 없는 공장에서는 해 뜨면 일어나고 해 지면 잠자는 것은 납득할 수 없는 것이 된다. 전자의 경우 시간은 대략적으로만 잴 수 있으면 충분하지만, 후자의 경우에는 분, 초도 모자라 초 이하 단위로 재고, 테일러가 극한적으로 보여 주었듯이 그것으로써 사람들의 활동을 통제하려 한다.

밀란 쿤데라가 '한가로움'과 '빈둥거림'을 대비시키는 것은 정확히 이런 맥락에 있다. "한 체코 격언은 그들[예전의 한량들, 방랑객들]의 그 고요한 한가로움을 하나의 은유로 이렇게 정의하고 있다. 그들은 신의 창들을 관조하고 있다고. 신의 창들을 관조하는 자는 따분하지 않다. 그는 행복하다. 우리 세계에서 이 한가로움은 빈둥거림으로 변질되었는데, 이는 성격이 전혀 다른 것이다. 빈둥거리는 자는 낙심한 자요, 따분해하며, 자기에게 결여된 움직임을 끊임없이 찾고 있는 사람이다."[4] 동일한 행동의 양상이 이전에는 한가로움으로 간주되고 종종 멋과 미덕으로 간주될 수 있었다면, 시계의 초침 안으로 삶이 끌려 들어간 지금 그것은 결코 멋이나 미덕일 수 없는 빈둥거림이 된 것이다. 이러한 양상의 변화는 분명히 시간의 변화로 요약되는 사회적 삶의 변화와 긴밀한 것이다.

이와 연관해 채플린의 영화 「모던 타임스」가 근대적 시간성에 대한 예리한 묘사와 풍자를 보여 주고 있다. 시계를 타이틀백으로 시작하는 이 영화에서 채플린은 화장실에 드나들 때에나, 경찰에 쫓겨 공장으로 들어올 때에나 시간체크기를 누르는 것을 잊지 않는다. 미쳐서도 잊지 못하고 시간체크기를 누르는 동작을 보여 줌으로써, 근대적 시간성이 이미 무의식

---

4) 밀란 쿤데라, 『느림』, 김병욱 옮김, 민음사, 1995, 8쪽.[Milan Kundera, *La Lenteur*, 1993.]

의 내면 깊숙이 자리 잡고 있음을 보여 주는 셈이다.[5] 시계의 보급과 긴밀히 연관된 근대적 시간성은 테일러주의에서 보이듯이 초 이하의 단위로 세분된 단위로 노동자의 활동을 통제하려는 메커니즘의 축을 이룬다. 그런 점에서 시계를 부수는 채플린의 행동은 근대적 시간성에 대한, 아니 그것을 통해 이뤄지는 근대적 삶의 양상과 통제방식에 대한 비판인 셈이다.

결국 시간은 공간과 마찬가지로 사회적으로 형성되고 변화되는 것이며, 사회적 변화가 사람들의 삶에 스며들고 영향을 미치는 또 하나의 중요한 축이라고 할 것이다. 그런 만큼 시간의 사회적 형성과 변화, 그리고 그에 따른 사람들의 삶의 양식의 변화를 연구하는 것은 분명히 역사유물론의 중요한 연구대상이라고 할 수 있다. 요약하자면 시간과 공간의 개념은 역사적으로 달라질 수 있으며, 정확히는 사람들의 집합적인 삶의 변화를 통해 역사적으로 형성되는 것이란 말도 할 수 있지 않을까?[6] 그렇다면 이러한 시간과 공간, 혹은 한 사회의 사람들이 '대략적으로' 공유하고 있는 시간과 공간 개념은, 그 사회의 구조는 물론, 그 안에서 살아가는 성원들의 사고와 행위, 아니 삶의 양식 전체를 이해하는 데 중요한 조건을 이룬다고 할 수 있을 것이다. 더욱이 그것이 절대적이고 '순수한' 어떤 것이 아니라 사회적이고 역사적으로 형성되는 것이라면, 시간과 공간은 이제 철

---

5) 이에 대해서는 이진경, 「모던 타임스: 자본주의와 유쾌한 분열자」, 『이진경의 필로시네마, 탈주의 철학에 대한 10편의 영화』, 그린비, 2008, 158~162쪽 참조.

6) 앙리 르페브르는 이런 관점에서 수학적, 물리학적인 공간 개념과 구분되는 '사회적 공간' 개념을 제시하며, 그것이 역사적으로 형성된다는 것을 강조한다. 그는 인식론적 차원의 공간과 사회적 차원의 공간을, 철학자들의 공간과 인민의 공간을 구별한다(Henri Lefebvre, *The Production of Space*, tr. by N. Donaldson-Smith, Blackwell, 1991, p. 4). 나아가 그는 "(사회적) 공간은 (사회적) 생산물이다"라는 명제를 통해 공간이 사회-역사적으로 형성되는 것임을 주장하며(*Ibid.*, p. 26), 동시에 그러한 사회적 공간이 사고와 행위는 물론 지배와 통제를 가능하게 해주는 (선험적!) 조건이요 도구라고 말한다(*Ibid.*). 다른 한편 엘리아스 역시 '물리적 시간/사회적 시간'의 구별이 불충분하다는 단서를 달면서도(Norbert Elias, *Time: An Essay*, p. 8), 시간이 일종의 사회적 제도로서 간주되어 연구되어야 한다는 것을 주장한다(*Ibid.*, p.11, p.13 등 참조).

학적 사유의 대상이라기보다는 사회-역사적 연구의 대상으로서 그 의미와 효과가 분명하게 드러날 수 있는 게 아닐까?

이제 우리는 이러한 관점에서 근대적 시간과 공간의 형성을 다룰 것이다. 그것은 근대적 삶의 양상을 규정하고 제한하며, 각각의 개인이 근대의 경계 안에서 살아가게 만드는 지반으로서 근대적 시간과 공간을 다루는 것이다. 하지만 그것은 사실상 다수의 기하학적 배치들로 존재하기 때문에, 여기서 그 전체를 다루는 것은 불충분한 것이 아니라면 불가능할 것이다. 다만 이 글에서는 그러한 배치들 전반을 규정하며 제약하는 분절방식으로서 근대의 시간과 공간을 포괄적이고 '추상적인' 차원에서 검토할 것이다. 이를 위하여 근대과학에서 시간·공간 개념이 어떻게 형성되었는지, 그리고 그것과 불가분하게 결부되어 있다고 보이는 근대의 '사회적 시간·공간'이 어떻게 형성되었는지를 간략하나마 검토할 것이다. 나아가 시간 개념과 공간 개념, 사회적 시간과 사회적 공간 간의 관계를 비교해 보고, 특히 근대의 사회적 시간과 공간의 특질이 갖는 사회학적 의미를 근대적 주체의 삶의 양식Lebensweise, Lebensform이란 관점에서 검토할 것이다.

2. 역사적 선험성으로서 시간과 공간

1) 선험성으로서 시간 · 공간

이성의 능력에 대한 데카르트적인 확신과 경험 및 지각에 대한 신뢰가 흄David Hume에 의해 철저하게 붕괴된 이후, 나아가 지각하고 판단하는 정신이나 주체 역시 의심의 산酸으로 녹아 버린 후, 근대적 사유 전체는 위기에 빠져 버린다. 그러나 이 위기는 사실 근본적인 것은 아니었다. 왜냐하면 그것은 신학을 대체한 과학이 무능함을 드러낸 데서 야기된 것이 아니라, 반대로 근대과학이 이룬 그 거대한 성과를 진리의 이름으로 정당화하고 설명하는 데서 야기된 위험이었기 때문이다. 흄의 회의와 질문에도 불구하고 근대과학의 성과와 그 효과에 대한 확신은 오히려 급속히 확장되어 갔다고 해야 할 것이다.

근대철학사에서 칸트가 갖는 비중과 위치는 이런 역사 속에 자리하고 있다. 그는 흄의 질문이 오히려 안이한 독단론을 넘어서 좀더 근원적인 확실성을 정초해야 한다는 근대적 질문으로 이해하였다. 이로써 그는 갈릴레이와 데카르트의 작업이 하나의 새로운 시대로서 근대의 개막을 알리기에는 충분했지만, 그것의 승리를 선언하기에는 매우 불충분했던 것임을 깨달았던 셈이다.

칸트는 이성주의적 확신이 유효한 분석판단의 영역에서 그는 확실하지만 공허한 진리를 발견했고, 경험주의적 신념이 유효한 경험적 판단의 영역에서는 새로운 지식을 추가해 준다는 점에서 종합적이지만 경험만큼이나 불안정하여 확실성의 기초를 결여한 지식을 발견했다. 이를 넘어서기 위해서 그는 공허하지 않은 지식(종합판단)이면서 동시에 경험의 동요에 좌우되지 않는 확실한 지식이 있을 수 있는가를 질문한다. "선험적 종합판단은 어떻게 가능한가?"[7]

이에 대해 그는 개개인의 경험에 좌우되지 않으며, 오히려 모든 개인으로 하여금 경험하고 판단하는 것을 가능하게 해주는 '선험적'a priori 조건에 대해서 주목한다. 이는 진리의 조건을 사실세계가 아니라 주관 내부에서 찾으려 함을 뜻하는 것이었고, 이것이 바로 칸트 스스로 '코페르니쿠

---

7) 여기서 "어떻게 가능한가?"라고 질문한다는 것은, 그것의 가능성을 문제삼는 것이 아니라 전제된 가능성을 발견해 내는 것이 문제라는 것을 보여 주며, 이런 점에서 언명된 '위기'와 상충적인 낙관이 깔려 있다. 이는 뉴턴을 통해 이미 확고한 자리를 차지한 근대과학의 성과가 제공해 주는 것이다.

스적 전환'이라고 불렀던 새로운 관점이었다. 이러한 선험적 조건으로서 그는 감성의 선험적 직관형식인 시간과 공간, 오성의 선험적 판단형식인 범주를 들고 있다. 여기서 범주에 대한 것은 사실 이미 오래 전에 아리스 토텔레스가 제기한 바 있는 것이어서 그다지 새로울 것이 없는 반면, 시간 과 공간은 매우 독창적이다.

칸트에 따르면 시간과 공간은 경험에 속하는 것이 아니라, 그 경험을 가능케 해주며 경험 이전에 이미 있어야 하는 조건이며 직관형식이다. 예를 들어 클레의 훌륭한 그림을 본다는 시각적인 경험은 언제나 특정한 시간과 공간 안에서 행해진다. 즉 그러한 경험에는 시간과 공간적 조건이 전제된다. 이런 점에서 그것은 경험 이전적이다. 그렇다고 시간을 경험한다거나, 공간을 경험한다거나 하는 것은 그 자체로는 불가능하다. 이런 점에서 시간과 공간은 경험되는 것이라기보다는 경험에 전제되는 조건이다.

이는 분명 뉴턴에 와서 집약된 근대과학의 성과를 철학적으로 영유한 것인 동시에,[8] 과학에서는 객관적 실재였던 시간과 공간을 현상과 더불어 주관 내부로 끌어들였다는 점에서 차이를 갖는다.[9] 즉 그것은 근대과학이 제안한 외재적인 시간·공간을 이제 주관의 내부에까지 끌어들임으로써, 현상은 물론 경험과 판단의 주체를 그 절대적 시간과 공간의 구조 속으로 끌어들인 것을 뜻한다는 것이다. 이런 점에서 이러한 칸트의 시도는 근대에 나타난 다른 시도와 비슷하다. 즉 외부의 신을 인간 개개인의 내부로 끌어들인 루터의 종교개혁이나, 가치의 원천을 인간 내부로 끌어들였다

---

8) 이래서 이는 뒤에 보듯이 거꾸로 근대과학에서 시간과 공간의 특징을 철학적으로 표현하고 있기도 하다.
9) 예를 들면 엘리아스는 뉴턴과 칸트를 객관적 시간, 주관적 시간이란 기준으로 가르고 대비한다. 하지만 이를 과학에서의 객관적 개념과 철학에서의 주관적 개념의 차이로 구분하고 대비하기보다는, 그 것이 갖는 동형성이 더 중요해 보인다.

는 점에서 엥겔스가 "정치경제학의 루터"라고 불렀던[10] 애덤 스미스처럼, 칸트는 외재적인 시간과 공간을 이제 인간의 내부로 끌어들인 것이다.

이러한 변환은 근대적 주체 개개인의 판단과 경험이 이미 근대의 수학적-물리학적 시간과 공간 속에 포섭되었음을 뜻하는 것이다. 나중에 보듯이 이러한 시간과 공간 개념이 근대에 이르러 형성된 것이며 근대적인 성격을 갖는 것이라고 한다면, 칸트의 이러한 입론은 개인의 경험과 판단을 근대적인 한계 안에서 정의해 주고 제한하는 조건이 확고하게 되었음을 뜻하는 것이라고도 하겠다.

이러한 변환을 통해서 칸트는 개인의 경험과 시간·공간과의 관계라는 문제를 제기한 셈이다. 다시 말해 개인들의 경험과 판단을 규정하고 제약하는 '선험적 조건'으로서 시간과 공간을 정립하는 것이며, 그것을 통해 개인을 넘어서는 차원에서 그들이 갖고 있는 공통성――공통된 경험과 공통된 판단――이 가능하게 되는 지점을 보여 주는 것이다. 그러나 여기서 그는 선험적인 것a priori과 경험적인 것의 대비를 절대화함으로써 선험적인 것과 초험적인 것, 비경험적인 것을 동일시한다. 이는 그가 발 딛고 섰던 근대과학이 그랬던 것인 만큼 불가피한 것이기는 했으나, 그로 인해 선험적인 것이 사회적으로 성립하며 역사적으로 가변화될 수 있다는 점을 볼 수 없게 된다. 따라서 칸트에게 시간과 공간은 절대적인 한에서만 선험적이고, 초험적인 한에서만 선험적인 것이다.

그러나 이러한 절대적이고 초험적인 시간과 공간의 개념은 19세기 말에서 20세기 초에 이르면서 근본적인(!) 위기에 처하게 된다. 알다시피

---

10) Friedrich Engels, *Umrisse zu einer Kritik der Nationalökonomie*, 칼 맑스, 『경제학 철학 수고』, 김태경 옮김, 이론과 실천, 1981, 77쪽에서 재인용.

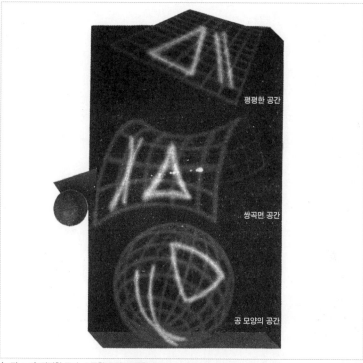

〈그림 4-8〉 평평한 공간, 오목한 공간, 볼록한 공간

가우스(Carl Friedrich Gauss)가 열기를 꺼렸던 판도라의 상자. 하지만 러시아(로바쳅스키(Nikolai Lobachevsky)와 헝가리(보요이(János Bolyai)에서 그것을 연 사람이 있었다. 그들은 한 점을 지나 한 직선에 평행한 평행선이 무수히 많은 공간의 기하학을 각자 독립적으로 창안했다(1820년대). 그보다 좀 뒤(1850년대)에 가우스의 애제자였던 리만은 평행선이 없는 공간의 기하학을 창안함으로써 스승의 비의(秘意)를 대신했다. 기하학의 백가쟁명이 시작된 것일까? 하지만 클라인(Felix Klein)은 독일적인 체계의 정신을 가지고 이 공간들을 새로이 질서짓는다. 그것은 어떤 변환군 아래서 도형의 불변성을 연구하는 것인데(에를랑겐Erlangen 프로그램), 그는 이를 통해 세 가지 기하학을 곡률에 따라 달라지는 유형적 차이로 재배열한다.

19세기 말 이래 자연과학에서 시간과 공간에 대한 인식은 급전을 거듭했다. 데카르트는 물론 칸트조차도 불변의 기초라고 생각했던 유클리드적 공간 개념은 로바체프스키-보요이와 리만의 새로운 기하학으로 인해 그 유일성을 상실했고, 절대공간 개념의 물리학적 잔상이었던 에테르의 존재가 그것을 확증하려던 마이켈슨-몰리 실험으로 인해 역설적으로 부정되었으며, 절대적인 시간 개념은 아인슈타인의 특수상대성이론으로 인해

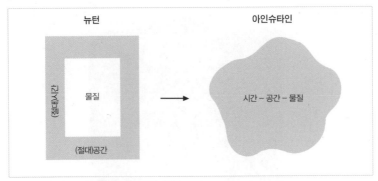

뉴턴

간(대적)

물질

(절대)공간

아인슈타인

시간 – 공간 – 물질

〈그림 4-9〉 뉴턴과 아인슈타인의 시간-공간-물질

뉴턴의 경우 시간과 공간은 절대적인 것이며 또한 각각 독립적인 차원을 이룬다. 그것들은 어떤 물질이 그 안에 위치하고 운동하는 기준적인 좌표 같은 것이었다. 이것이 칸트가 시간과 공간을 선험적 직관형식이라고 말했던 이유다. 하지만 아인슈타인에 이르면 시간과 공간은 서로 결부되어 비선형적으로 상호 변화하는 하나의 계를 이루며, 중력은 가속도와 동일한 힘이다. 그것은 공간의 휨과 관련되는데, 이로써 물질과 시-공간은 새로운 방식의 관계를 맺게 된다.

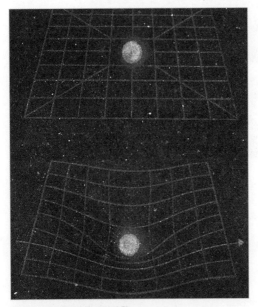

〈그림 4-10〉 질량에 의한 공간의 휨

무거운 질량을 가진 물체는 주변의 공간을 휘게 만든다. 다시 말하면 중력은 이러한 공간의 휨을 야기한다.

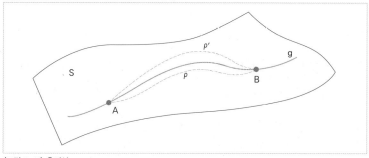

〈그림 4-11〉 측지선

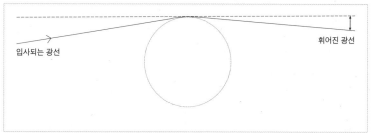

입사되는 광선

휘어진 광선

〈그림 4-12〉 별의 가장자리에서 구부러지는 빛의 경로

측지선은 휘어진 공간에서 두 점 A, B를 잇는 가장 가까운 운동 경로다. 일찍이 아르키메데스는 직선을 이런 식으로 정의한 적이 있었다. 이는 또한 빛이 지나는 경로이기도 하다. 거대한 질량을 갖는 별들의 주변에서 빛은 이 그림처럼 휘어지며 지나간다. 따라서 휘어진 이 빛의 경로를 통해 공간이 휘어져 있다는 것을 보여 줄 수 있다. 에딩턴(Arthur Stanley Eddington)은 1919년 태양의 일식을 이용해, 태양의 가장자리를 지나는 별빛이 중력에 의해 휘어지는 것을 관찰했고, 이로써 일반상대성이론은 확증되었다.

무너졌다. 1915년에 발표된 일반상대성이론은 시간-공간이 별도의 차원이 아니라 하나의 복합적인 계이며, 시간은 더 이상 선험적인 것이 아니라 경험적인 것이고, 공간은 중력장에 의해 구부러져 있다는 것이 널리 공언하기에 이른다.[11]

11) 이런 맥락에서 라카토슈는 이제 칸트주의적인 방식의 시도는 파산했으며, 심지어 어떠한 유의 정당화주의도 이젠 불가능해졌다고 본다.(임레 라카토슈, 「반증과 과학적 연구 프로그램들의 방법론」, 토머스 쿤 외, 『현대 과학철학 논쟁』, 조승옥·김동식 옮김, 민음사, 1987.[Imre Lakatos, "Falsification and the Methodology of Scientific Research Programmes", ed. by Imre Lakatos and Alan Musgrave, *Criticism and the Growth of Knowledge*, Cambridge University Press, 1974.]) 한편 라이헨바흐(Hans Reichenbach)는 『시간과 공간의 철학』(*Philosophie der Raum-Zeit-Lehre*, 이정우 옮김, 서광사, 1986)에서, 카르납(Rudolf Carnap)은 가드너(Martin Gardner)가 편집한 『과학철학 입문』(*Introduction to Philosophy of Science*, 윤용택 옮김, 서광사, 1993)에서 상대성이론에 의해 제기된

이제 자연과학은 공간은 물론 시간조차도 절대적인 것이라기보다는 상대적인 것이며, 초험적인 것이 아니라 경험되는 것이라고 주장하게 된다. 하지만 여기서 경험되는 것이라는 말이 경험적인 사실 일반과 동일한 차원에서 취급됨을 뜻하지는 않는다. 시-공간은 경험을 넘어서 존재하는 것은 아니지만, 개개의 물리적 사실이나 사건이 그 위에서 발생하고 진행되는 지반이며, 빛의 경로를 규정하는 지형이다. 이런 점에서 그것은 절대적인 것, 초험적인 것은 아니지만 여전히 선험적인 것이다. 그리고 바로 이런 점에서 지각이나 경험을 시간·공간이라는 지반 위에서 파악하려는 칸트의 문제제기는 여전히 유효할 수 있을 것이다. 그러나 그것은 시간과 공간 자체도 상대적이며 가변화될 수 있는 것으로 정의되는 한에서 그러하다.

2) 시계와 시간

시간의 흐름은 자연의 흐름이 결정하지만, 그것은 시간을 재는 척도에 의해 상이하게 파악될 수 있다. 그리고 이러한 척도는 사회마다 상이하게 설정될 수 있으며, 사회적 제도에 의해 규정되고 유지된다.

> 그것[시간]은 단순히 개인들의 머리 어디에도 나타나지 않는 단순한 '이데아'가 아니다. 그것 역시 사회적 발전의 상태에 따라 가변화되는 사회적 제도institution다. 자라면서 개인들은 그가 속한 사회에 공통된 시간 신호time signal를 배우며, 그것에 따라 자신의 행동을 통제하는 것을 배운다. …… 따

새로운 시간, 공간 개념을 논리실증주의적인 사고틀에 다시 끼워 넣음으로써 위기에 처한 근대적 시간, 공간 개념을 되살리고, 근대적 사고에 비추어 그것을 다시 해석하고 포섭하려 한다. 그러나 이러한 철학적 시도는 동의할 수 없는 것이지만, 이 글의 관심사는 아니다.

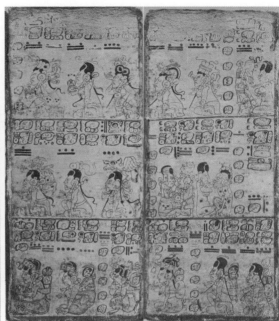

〈그림 4-13〉 중세 귀족의 '시간서'(時間書, livres d'heures) 중 12월, 1244년(왼쪽 그림)

알다시피 동양의 달력은 갑(甲), 을(乙), 병(丙) 등의 10간과 동물적 상징에 결부된 자(子), 축(丑), 인(寅), 묘(卯) 등의 12지가 결합하여 구성 60개의 단위를 주기로 순환한다. 서양의 경우는 천문이 주로 별자리와 결부되어 있다. 위의 그림은 중세 귀족들이 자신의 생활을 나름의 규칙과 강제력을 갖고 운영하기 위해 만든 일종의 달력인데, 이 달력에는 '위험한 날'이나 '운이 없는 날' 등이 포함되어 있다고 한다. 여기에서 우리는 시간 내지 '달력'에서 아직은 별자리와 고대적 천문이 쫓겨나지 않았음을 알 수 있다. 또 12월의 달력에 사냥하는 장면이 그려진 것도 단지 장식적 의미만 갖는 것은 아닐 것이라고 추측할 수 있다.

〈그림 4-14〉 숫자와 신, 시간에 따른 일들이 그려진 마야의 달력(오른쪽 그림)

이 달력에서 붓으로 쓴 것 같은, 선과 점으로 이루어진 것은 숫자를 표시하며, 1에서 19까지가 있다(20은 다른 아이콘으로 표시되어 있다). 검은 머리를 한 그림은 달의 여신으로, 그것은 매번 특유한 자세와 표정, 복장을 하고 있는데, 이는 마야인들에게 특별한 의미를 갖는다고 한다. 그 여신의 머리 위에는 숫자표시와 여러 가지 아이콘이 섞여서 그려져 있는데, 이는 대부분 반복적으로 나타나는 것으로 보아 기호로 사용되는 것 같다. 달의 여신을 중심으로 그려진 각각의 형상은 아마도 당시의 일상사나 제사 등과 관련된 것을 표시하는 것으로 보이며, 숫자는 그것과 결부된 날짜를 표시하는 것으로 보인다. 이는 당시 마야인들의 점성술, 예언, 역사, 천문 등이 복합되어 있는 한 해의 시간표인 셈이다. 이 달력은 13세기 전반에 마야의 제사관(祭祀官)들에 의해 만들어져 사용된 것이며, 16세기 초 에르난 코르테스(Hernan Cortés)가 스페인 왕인 카를 5세에게 보내준 것이라고 한다. 지금은 드레스덴 왕립 도서관에 있기에 드레스덴 코덱스(Dresden Kodex)라고 불린다.

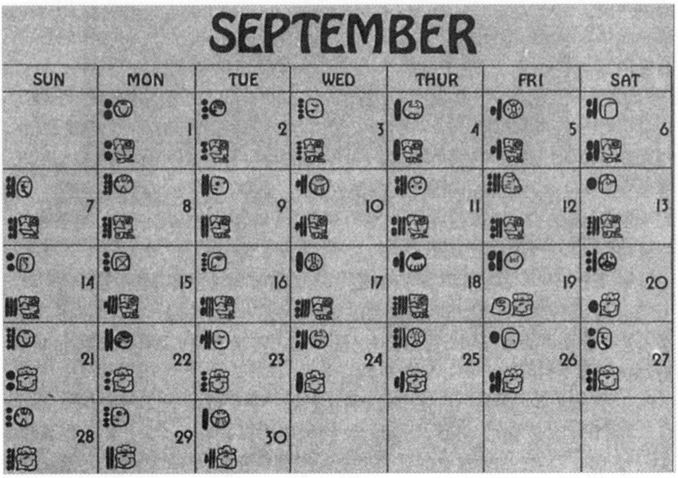

SEPTEMBER

〈그림 4-15〉 1986년 9월의 마야 달력

마야인들은 260일을 주기로 순환하는 1년을 갖고 있었고, 1년은 5일을 단위로 52개의 '주'로 분할되었다. 여기에는 이미 세계를 지배하고 있는 서구의 달력과 마야인 고유의 달력이 결합되어 있다. 외견상으로 이 달력은 서구의 달력에 마야의 달력이 포섭되어 있는 양상을 보여 주지만, 동시에 그것은 서구적 시간의 지배에도 불구하고 여전히 마야의 시간 개념이 살아 있음을 보여 주는 것이기도 하다. 여기에는 두 개의 다른 주기가 표시되어 있다. 위의 것은 13을 주기로 순환하며, 아래 것은 20을 주기로 순환한다. 위의 열에 있는 아이콘은 그날 무슨 일을 하는 것이 좋은가를 표시하며(매일 변한다), 아래 열에 있는 것은 20일 그 달의 수호여신을 표시한다. 예를 들어 1986년 9월 10일은 벤(Ben)월 11일이고, 동시에 카얍(Kayab)월 11일이기도 하다. 카얍월의 수호여신은 치료, 탄생 등의 여신인 이첼이다.

라서 개인이 갖고 있는 시간의 개념은 시간을 표상하고 소통시키는 제도의 발전 상태에 의존하며, 이른 시기부터 그것을 통과하는 개인들의 경험에 의존한다.[12]

실제로 인류학자들의 연구는 사회마다 상이한 시간·공간의 개념을 가지고 있을 수 있음을 잘 보여 준다. 예컨대 말리노프스키는 트로브리안 드 사람들의 시간 계산에 대한 연구를 통해서, 그들은 근대의 선형적인 시계 시간과 달리 특히나 달月이 커다란 영향을 미치는 월력月曆 및 계절력季

12) Norbert Elias, *Time: An Essay*, p.13.

〈그림 4-16〉 미켈란젤로, 시스티나 성당의 천장화 중 「아담의 창조」
이 그림은 천지를 창조하면서 6일째 되는 날의 장면을 미켈란젤로가 포착한 것이다. 시간은 이렇게 시작되었다. 신이 이런 창조를 바보처럼 되풀이 하리라고 생각할 수 없는 한, 시간이 순환한다는 생각을 하는 것은 이제 불가능하게 되었다. 다만 이제는 시작한 것이 끝나는 최후의 심판, 그 종말의 날을 기다리는 것만이 가능할 뿐이다.
반면 고대 그리스인들은 하늘과 별들이 순환한다는 것을 알았고, 따라서 시간 역시 순환하리라고 생각했다. 이런 생각은 다양한 주기로 복합되어 순환한다고 보았던 동양이나 마야의 경우에도 마찬가지였을 것이다. 드보르(Guy Debord)는 이런 순환적 시간이 기본적으로 계절과 기후에 따라 유목을 하는 삶에 기인한다고 본다. 거기서는 삶의 주기와 결부된 순환적 시간이 문제기 때문이다. 반면 직선적 시간은 정착적인 삶과 결부된 것이라고 한다. 하지만 정착민의 경우에도 농사를 짓는 경우 계절과 기후에 따라 순환하는 시간의 개념을 피하기는 어려울 것(아직도 농촌에서는 음력이 중요하게 사용되는 것은 이와 무관하지 않을 것이다)임을 생각한다면 그의 주장은 좀 지나친 도식 같다.

節曆을 갖고 있음을 보여 주며, 시간 계산 자체에 신화와 전설이 매우 깊은 영향을 미치고 있음을 보여 준다.[13]

이러한 사례는 사실 근대 이전의 서구 사회에 대해서도 마찬가지도 말할 수 있을 것이다. 태양력은 태양과 지구의 운동주기를 기준으로 만든 천문적인 시간 개념에 따른 것이다. 한편 7일을 기준으로 한 주週의 개념은 천체의 운동과, 즉 천문적인 시간과는 무관하다.[14] 우리의 경우라면 장

---

13) Bronisław Malinowski, "Time-reckoning in the Trobriands"(1927), ed. by John Hassard, *The Sociology of Time*, St. Martin's Press, 1990, pp.203~218.
   또한 알제리의 카바일(Kabyle) 족에 대한 인류학적 연구에서 부르디외는 그들의 시간 개념이 자연에 대한 의존과 연대의 감정을 강하게 갖고 있으며, 그들의 모든 생활 활동은 시간표로부터 자유롭다는 것을, 나아가 미래의 어떤 시기로 무언가를 연기시키는 경우를 찾아볼 수 없음을 지적하며 서구의 근대적 시간과 대조한다(Pierre Bourdieu, "Time perspectives of the Kabyle"(1963), ed. by John Hassard, *Ibid.*, pp.219~237).
14) 피터 고브니·로저 하이필드, 『시간의 화살』, 이남철 옮김, 범양사, 1994, 52~53쪽.[Peter Coveney and Roger Highfield, *The Arrow of Time: A Voyage through Science to Solve Time's Greatest Mystery*, Fawcett Columbine, 1991.]

이 서는 5일을 기준으로 주된 생활주기가 정해지기에 대략 5일 단위의 주가 설정되었다고 한다면, 고대 그리스인들은 10일을 주기로 하여 일주일을 정했다. 7일 단위의 주는 유대인에게서 연유한다고 하는데, 이것이 서구에서 특히 강하게 자리 잡은 것은 아마도 성경에서 천지창조의 기간이란 '신화'와 무관하지 않을 것이다. 또 아리에스는 중세의 연령 개념이 수와 천문적인 상징과 상응했으며, 그에 따라 개인의 연령주기도 구분되었다고 한다.[15]

근대의 시간이 시계의 발전과 보급을 통해 형성되었다는 것은 널리 알려진 사실이다. 13세기경 발명된 시계는 처음에는 주로 수도원 등에서 쓰이다가, 16세기경 매우 넓게 보급되며, 특히 상업과 교역상 시계가 필요했던 도시에서 중요하게 사용되었다. 18세기에 이르면 시계는 더 이상 사치품도, 귀한 물건도 아니라 조그만 오두막집에서도 발견할 수 있는 '필수품'이 된다. 시계의 보급은 시간에 대한 관념을 크게 변형시킨다. 고대에 시간은 천체의 순환적 운동에서 발견되는 리듬이었고, 따라서 순환적이고 반복적인 시간 개념을 갖고 있었다. 기독교는 이러한 시간 개념을 바꾸어 놓았는데, 최후의 심판이라는 종말을 설정하는 이상 이제 시간은 더이상 순환적일 수 없었고, 분명한 종말을 갖는 만큼 시작도 갖는 선형적 시간으로 바뀌었다. 하지만 그것은 종교적인 시간이기에 시간의 각 부분은 결코 동질적이지 않았다. 시계는 이러한 직선적인 시간을 무한히 등분될 수 있는 것으로 만들었고, 그 결과 각각의 등분된 시간은 원판 사이의 숫자 간 거리로 표시되는 동질적 양이 되었다.[16]

이미 베르그손이나 바슐라르 등이 일찍이 지적했듯이 시간과 공간은

15) Philippe Ariès, *Centuries of childhood: a Social History of Family Life*, pp.20~24.

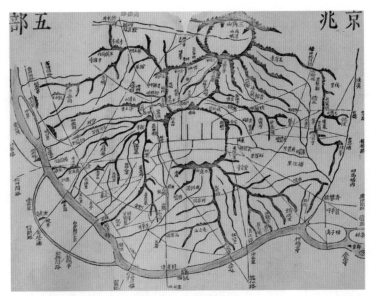

〈그림 4-17〉 김정호의 「대동여지도」(大東輿地圖)의 '경조오부'(京兆五部)

우리에게는 지리학의 선구자로 알려진 김정호가 그린 서울 부근의 지도다. 하지만 이 지도는 풍수지리의 관점에서 그려진 것으로서, 서구의 지도처럼 산이 단지 높이를 표시하는 등고선 대신 지맥(地脈)을 표시하는 선들로 그려져 있다. 가운데 둥글게 되어 있는 것이 한양인데, 그 뒤에 둥글게 표시된 것은 삼각산(북한산)으로, 풍수지리적 용어로 말하면 태조산(太祖山) 혹은 조산(祖山)이고, 그 산에서 마치 용의 비늘과 같은 모습으로 지맥이 뻗어나가고 있다. 그 지맥은 주산(主山)인 인왕산으로 이어지며, 거기서 내청룡(內靑龍, 좌청룡) 내백호(內白虎, 우백호)의 양상으로 지맥이 서울을 둘러싸며 뻗어나간다. 그 줄기는 한양 남쪽에 자리 잡은 안산(案山)으로서 목멱산(木覓山, 지금의 남산)에 이르며, 그 아래에는 한강이 조산(祖山)으로서 한강이 흐르고 있다. 풍수지리에 따르면 이처럼 조산-주산에서 내청룡 내백호로 둘러싸이고, 그 앞에 안산과 조산이 있는 땅은 명당(明堂)이다. 그 명당 자리를 굽이쳐 돌아나가는 물이 있으면 더욱 좋은데, 한양의 중심을 돌아나가는 청계천이 바로 그러하다. 이런 점에서 지도의 한가운데 자리 잡은 한양이란 땅은 무학대사를 감동시킨 명당임이 틀림없다. 이런 풍수사상은 조선시대를 통해서 대중들의 심성과 삶 깊숙이 자리 잡고 있었다. 이처럼 좋은 땅과 나쁜 땅이 이처럼 분명한데, 공간이 동질화된다는 것은 생각할 수 없는 것이다.

원래 동질적인 것이 아니다. 그것은 차라리 이질적인 것이 공존하는 '지속'의 두 형식이다. 기하학이 공간을 '거리공간'으로 동질화하고 양화(量化)한다면, 시계는 그렇게 양화한 공간을 통해 시간을 다시 양화한다.

예컨대 휘어진 자를 사용하여 공간을 측정한다면, 거리나 공간의 개

16) 리처드 모리스, 『시간의 화살: 시간에 대한 과학적 이해』, 김현근 옮김, 소학사, 1990, 16~41 쪽.[Richard Morris, *Time's Arrows: Scientific Attitudes Toward Time*, Simon and Schuster, 1985.]

〈그림 4-18〉 13세기 『성서』의 '시편'에 실린 중세의 세계지도

이 그림은 런던의 대영도서관의 보물 중 하나인 중세의 지도인데, 공간에 대한 중세인들의 심성을 잘 보여 준다. 원으로 표시된 지구는 지구가 둥글다는 생각 때문이라기보다는 하늘을 도는 태양과 달의 궤적 때문인 것 같다. 그 위에는 신과 천사가 있고, 신 바로 아래에 있는 태양 밑에는 두 사람의 얼굴이 그려진 원이 있다. 아이코노그라피(Iconography)에 필요한 훈련이 부족한 관계로 이 그림이 누구를 그린 것인지는 알 수 없지만, 지도상에 표시된 것으로 보아, 그리고 그 위치로 보아 신과 매우 가까운 인물일 것 같다. 그리고 세계의 중심에는 예수가 태어난 예루살렘이 있다. 이 장소가 갖는 유별난 의미가 바로 중심이란 위치로 표시된 것이다.

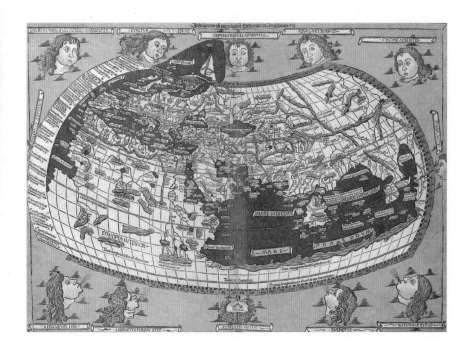

〈그림 4-19〉 프톨레마이오스(Claudius Ptolemaeus) 세계지도(남부 독일의 울름에서 1486년에 인쇄된 프톨레마이오스의 『지리학』에 수록)

앞서 중세의 지도는 지리학보다는 『성서』의 신학에 기초하고 있었고, 따라서 항해나 여행에 전혀 도움이 되지 못했다. 지리학적 관점에 따라 만든 지도가 서구에서 만들어지게 된 것은 프톨레마이오스의 책 덕분이었다. 1395년 피렌체의 지식인과 상공인들 몇몇은 그리스어를 공부할 목적으로 스터디 그룹을 결성한다. 그들은 비잔틴 출신의 문헌학자 크리솔로라스(Chrysoloras)를 교사로 하여 공부했는데, 그들은 그리스어 문헌을 사오기 위해 자코포 단지올로(Jacopo d'Angiolo)와 함께 콘스탄티노플로 다시 돌아간다. 하지만 배가 난파하여 대부분의 책을 분실했는데, 간신히 남겨 온 책 중의 하나가 프톨레마이오스의 『지리학』(Geographia)이었다. 이 책에는 세계지도가 그려져 있었는데, 그것은 지금 전하지 않고, 다만 훌륭하게 모사된 것들이 여러 부 전해진다고 한다. 위의 지도는 새로운 발견과 조사, 지식을 추가하여 새로 그린 것이다. 위도와 경도로 공간을 분할하고 격자의 망을 통해 지도를 그리는 방법은 프톨레마이오스의 『지리학』에 기원을 두고 있는 것인데, 그것은 아마도 공간을 추상화하여 생각할 수 있는 기하학적 사유에 기초하고 있는 것이다. 투시법은 시점과 지표면, 지축의 점들 간의 관계를 수학적으로 분명하게 할 수 있게 해줌으로써 지도제작법의 발전에 커다란 기여를 한다. 그리고 거꾸로 이처럼 격자화된 좌표의 동질적 공간 속에 대지의 형상을 그리는 지도제작법은 추상적 공간에 대한 사유의 발전을 자극했다. 데카르트 공간과 해석기하학을 이런 맥락에서 이해할 수 있을 것이다.

넘이 지금의 것과 달라질 것은 분명하다. 혹은 자의 눈금을 숫자가 커짐에 따라 줄인다면, 공간의 개념은 분명 지금과 다른 것이 될 것이다. 시간 역시 마찬가지다.

동질적이고 등분된 우리의 시간 개념은 시계라는 척도를 기준으로 구성된다. 만약 물체가 낙하하는 거리를 등분하여 시간의 척도로 삼는다면, 시간 개념 역시 크게 달라질 것이다. 다시 말해 시간을 재는 시계와 같은 척도만이 있을 수 있는 것은 아니란 것이다. 이에 대해 논리경험주의의 대표자 라이헨바흐Hans Reichenbach는 다음과 같이 말한다.

자연의 과정은 시간의 흐름을 결정한다. 그러나 시계를 균일성에 대한 정의로 사용하는 것은 인식론적 필연은 아니다. 인식론적 의미에서는 어떤 다른 정의도 그것이 단일하고 무모순적인 자연의 기술로만 나아가게 한다면 동등하게 허용된다. 실제적인 이유에서 우리는 시계에 의한 정의를 선택하는데, 왜냐하면 그것이 자연에 대한 기술을 매우 단순화시켜 주기 때문이다. 이 단순성은 진리와는 관계가 없다. 왜냐하면 그것은 단지 기술적記述的인 단순성이기 때문이다.[17]

3) 투시법과 공간

시간과 마찬가지로 공간 역시 자연적인 것처럼 보이지만, 결코 자연적인 것도 절대적인 것도 아니다. 지구 표면의 모든 공간이 동질적이리라는 생각은 근대에 이르기까지 숱하게 의심받았다. 즉 자신이 발 딛고 서 있는

17) 한스 라이헨바흐, 『시간과 공간의 철학』, 이정우 옮김, 서광사, 1986, 148쪽. 강조는 원저자(이후 특별한 표시가 없는 한, 인용문에서의 강조는 원저자의 것이다).[Hans Reichenbach, *Philosophie der Raum-Zeit-Lehre*, 1928.]

공간의 반대편은 발 디딜 수 없는 곳이며, 모든 것이 다 추락하고 아무것
도 남아 있을 수 없는 것이란 생각이 깨진 것은 알다시피 그리 오래되지
않았다. 한편 새로운 도읍지를 찾아 나선 무학대사에게 서울이 다른 곳과
달리 유별난 의미를 갖는 것은, 유대인에게 가나안 땅이 갖는 유별난 의미
와는 다른 이유에서다. 묘자리를 찾는 지관地官 역시 마찬가지다. 풍수지
리적 사유에 기초한 우리 선대의 민중들에게, 공간은 단지 위치나 거리에
의해 특정화되는 어떤 동질적 공간이 결코 아니다.

　서구의 예를 보면, 가까운 것은 크게 그리고 먼 것은 작게 그리며, 그
사이에 직선적인 일관성을 부여하게 된 것은 르네상스 이후였다. 의사이
면서 지리학자이고 수학자였던 토스카넬리Paolo dal Pozzo Toscanelli와 그의
친구였던 조각가이자 화가인 브루넬레스키Filippo Brunelleschi는 1425년에
투시법perspectiva이 우리가 보는 것과 일치하는 과학적 방법이라는 것을 보
여 주기 위해서 사람들을 모아 놓고 유명한 실험을 해보였다.[18] 그와 같은
해에 마사초는 산타 마리아 노벨라 성당의 벽화를 그리면서 투시법에 의
해 단축되는 원통 볼트barrel vault; 반원통형 둥근 천장를 그림으로써 투시법적 회
화의 출발점을 그었다.[19] 그로부터 10년이 지난 뒤, 알베르티는『회화론』
에서 브루넬레스키가 실험했던 투시법을 수학과 광학을 통해 과학으로
확립했다.[20] 에저튼에 따르면 당시에 발전하고 있던 활판 인쇄술의 영향으

---

18) Samuel Y. Edgerton, Jr., *The Renaissance Rediscovery of Linear Perspective*, Basic Books, 1975.; Hubert Damisch, *The Origin of Perspective*, tr. by John Goodman, The MIT Press, 1995.[*L'origine de la perspective*, Flammarion, 1987.]
19) Sigfried Giedion, Space, *Time and Architecture: The Growth of a New Tradition*(5th edition), Harvard University Press, 1967, pp.32~34; Samuel Y. Edgerton, Jr., *Ibid.*, p.27. 기디온은 브루넬레스키의 경우 그가 르네상스를 열었다는 평가에도 불구하고 여전히 중세적인 양식에 집착하고 있었다고 하면서, 오히려 마사초의 그림을 투시법 내지 르네상스적 공간의 기원으로서 더 높이 평가하고 있다.
20) Samuel Y. Edgerton, Jr., *Ibid.*

〈그림 4-20〉 브루넬레스키의 첫번째 투시법 실험

브루넬레스키는 한 손에는 그림이 그려진 나무판을, 다른 한 손에는 거울을 들고서, 성당과 세례당 사이에 자리를 잡고 섰다. 그 나무판에는 세례당을 그린 그림이 그려져 있었다. 그 그림은 투시법에 따라 그려진 것이었고, 소실점이 있는 자리에는 구멍이 하나 뚫려 있었다. 그는 세례당을 뒤로 하여 돌아서서는 그림이 바깥쪽을 향하게 하여 나무판 뒤에 뚫린 구멍에 눈을 댄다. 그리고 거울을 들어 그림을 비추게 하고는 적당한 거리를 두고서 이리저리 움직인다. 그리고는 어느 자리에 멈추었고, 그 거울에 비친 상을 둘러선 사람들에게 보게 한다. 아마도 그 거울에는 세례당이 비추어 있었을 것이고, 또 그가 그린 세례당 그림이 비추어 있었을 것이다. 그리고 거울에 비친 그림의 끄트머리와 거울에 비친 세례당 주변의 풍경은 이가 맞듯이 선이 맞았을 것이다. 그리고 사람들은 놀라며 환호성을 지른다. 성공이다. 이로서 브루넬레스키는 투시법에 따라 그린 그림이 사물을 정확하게 재현한다는 것을 입증한 것이다.

로, 알베르티의 저작은 급속하게 확산되었고, 그에 따라 투시법이 광범위하게 보급되었다.[21]

이후 투시법은 서구의 회화나 건축은 물론 서구의 사유에서 자연스럽고 당연한 공간 개념을 이루게 된다. 투시법이 사회적 습속에 따른 '상징 형식'symbolische Form이라고 주장했던 파노프스키의 선구적인 연구[22] 이전

---

21) Samuel Y. Edgerton, Jr., *Ibid.*, p.164.
22) Erwin Panofsky, *Perspective as Symbolic Form*, Zone Books, 1991.[*Die Perspektive als "symbolische Form"*, 1927.] 이 책에서 파노프스키는 직선적 투시법이 과학적인 표상 형식이 아니라, 관습적인 표상 형식이라고, 다시 말해 카시러(Ernst Cassirer)의 개념을 빌려 하나의 '상징 형식'이라고 주장한다. 이후 투시법에 관한 이론적 연구에 결정적인 분기점을 마련한 이 연구는 하지만 직선적 투시법을 비직선적 투시법과 대비시키며, 이전에는 그러한 비직선적 투시법이 있었다고

에 투시법적 공간은 과학에 의해 보장되는 지연적이고 절대적인 공간 형식으로 간주되었다. 근대에 이르러 화가들은 마치 의무라도 되는 양 투시법에 따라 그림을 그렸다. 정확하고 과학적인 재현representation, 그것은 서구의 근대회화를 특징짓는 가장 중요한 특징이 되었다.

"그들은 아름다움을 찾아야 할 곳에서도 진리를 찾고 있다"는 보들레르Charles Pierre Baudelaire의 말은 서구 근대회화 전체에 대한 가장 적절한 비판일 것이다. 인상주의는 그러한 과학주의를 극한으로까지 밀고 나아감으로써 회화적 재현에 내재하는 이율배반을 드러냈다. 반 고흐는 투시적 공간 개념이 요구하는 깊이를 제거해 버렸고, 화가의 작업을 재현에서 표현으로 돌려놓았다. 폴 세잔Paul Cézanne은 수학적이고 과

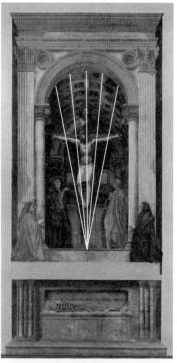

〈그림 4-21〉 마사초, 「삼위일체」
원통볼트의 각 선을 따라 그린 선들이 소실점에서 정확하게 모인다. 원통 볼트는 투시법에 의해 만들어지는 단축의 효과와 공간적 깊이감을 표현하는데 가장 강렬한 소재였음이 분명하다. 조토(Giotto) 등의 약간의 선구적 작업이 있었다고 해도, 처음으로 투시법에 의해 그려진 그림이라고 해도 좋을 이 그림에서 느껴지는 원통 볼트의 입체감과 공간적 깊이감은 당시의 사람들에게 강렬한 충격과 인상을 주었을 것이 틀림없다. 불행히도 마사초는 28세에 죽었지만, 그가 이 그림 하나로 야기한 혁명적 효과는 결코 지울 수 없는 것이 되었다.

주장함으로써 직선적 투시법을 상대화한다. 그러나 이후 많은 논란을 야기한 이 주장은, 즉 비직선적 투시법이 있었다는 주장은 무수히 반박되었고, 실제로 용도 폐기되었다(이에 대해서는 Edgerton, *Ibid.*, pp.153~163 참조). 그럼에도 불구하고 에저튼 말대로 투시법을 관습적인 것으로, 상징 형식으로 본 것은, 아직도 그것이 과학이라는 생각을 못 버린 몇몇 극단적 과학주의자를 제외하고는 타당한 것으로 인정된다.

〈그림 4-23〉 **투시법에 의해 그림을 그리고 있는 장인의 모습, 1531년**
투시법-기계. 격자판을 사이에 두고 격자판에 해당되는 형상을 목판에 대응시켜 옮기는 방식으로 작업하는 장인의
모습에서 우리는 투시법이 하나의 '기계'라는 것을 실감할 수 있다. 이렇게 그려진 그림은, 마찬가지로 격자판 위에
다 그린 근대의 지도와 동일한 공간에 있는 셈이다.

학적인 구성을 통해 투시법 자체가 와해될 수밖에 없다는 것은 보여 주었
다. 피카소Pablo Picasso가 '오해'했던 것은 이러한 투시법의 와해가 과학주
의적 이념 위에서 진행되었다는 것을 보지 않았다는 점이라면, 그 오해가
창조적일 수 있었던 것은 이제 와해된 투시적 공간을 다른 식의 재현의 방
법으로 재건하려 하지 않았다는 점일 것이다. 피카소를 통해서 사물의 형
태는 직선적 투시법의 틀에서 벗어날 수 있었고, 그럼으로써 차라리 전혀

〈그림 4-22〉 두초(Duccio di Buoninsegna), 「최후의 만찬」, 1301~08년

이 그림에서 두초는 투시적인 단축 효과를 의식적으로든 무의식적으로든 어느 정도는 구현하고 있다. 예수의 머리 위에 있는 천장 격자의 선들이 예수의 머리 주변에 대략이나마 모이고 있다. 하지만 보다시피 그 옆의 천장 격자는 한 점으로 모이지 않고 흩어진다. 물론 일정한 단축법을 사용하고는 있지만, 그 단축의 정확한 비율을 알지 못했기 때문에 단축의 효과가 한 점으로 수렴하지 않는 것이다. 이는 앞서 마사초의 그림과 분명히 대비된다. 물론 그들 사이에는 로렌제티(A. Lorenzeti)처럼 직관으로 투시법에 근접한 경우가 있지만, 그의 경우에도 하나의 소실점을 확보하는 데는 이르지 못함에 따라 투시법 발견자의 영광은 얻지 못했다.

다른 종류의 공간을 구성할 수 있었다.[23]

여기서 투시법은 화가나 건축가들에게, 아니 과학을 통해 모든 사람에게 부과되었던 일종의 '제도'요 '규범'이었고, 익숙해졌기에 누구나 당연시하고 살아 왔던 '습속'이요 습관이었다. 이러한 투시법이 근대의 지도

---

23) 파노프스키가 투시법을 상징 형식으로 간주할 수 있었던 것은, 투시적 공간이 해체되어 간 당대의 이러한 역사를 개념화한 것이다. 이런 점에서 어쩌면 그는 투시법이 이미 깨어졌기에 상대화될 수 있었던 이 같은 역사의 덕을 톡톡히 보고 있는 셈이다. 이러한 역사를 당시의 미술사가인 보링어(Wilhelm Worringer)는 『추상과 감정이입』(*Abstraktion und Einfühlung*, 1907)으로 요약한 바 있다. 한편 칸딘스키(Wassily Kandinsky)는 『예술에서 정신적인 것』(*Concerning the Spiritual in Art*, 1912)에서 마티스와 피카소를 통해 이루어진 '색채와 형태의 독립'이라고 파악한다.

〈그림 4-24〉 반 고흐(Vincent van Gogh), 「빈센트의 침실」, 1888년

"새로운 구상을 하나 했는데 대략 다음과 같은 거야.…… 이번에는 단순히 내 침실을 그리기로 했어. 오로지 색채만
으로 모든 것을 그리고, 색을 단순화시켜 방 안의 모든 물건에 장엄한 양식을 부여할 생각이야. 여기서 색채로 휴식
또는 수면을 암시할 수 있을 거야.……오늘 하루 종일 이 그림을 다시 그릴 거야. 하지만 보다시피 이 구도는 너무
단순해. 명암과 그림자는 없애 버리고, 일본 판화처럼 자유롭고 평평하게 색을 칠하려고 해."(동생 테오에게 보낸 편지)
아를에 있는 이 집은 고흐가 고갱 등의 다른 화가와 함께 생활하면서 미래의 그림을 완성하겠다는 꿈을 펼치던 곳
이다. 그림자나 명암이 사라진 이 그림에서, 깊이와 입체감은 밝고 가벼운 색깔의 정열에 의해 증발되어 버렸다. 그
는 사물의 정확한 재현에 아무런 관심이 없었으며, 다만 자신의 감정과 느낌을 표현하는데 필요하다면 언제든지 형
태를 변형시켜 버렸다.

제작술에 직접적 영향을 미쳤다는 것은 잘 알려진 사실이다. 이는 사물들
을 공간적으로 관계 지우는 제도나 습속이 변화됨에 따라 공간을 표상하
는 방식, 아니 공간 자체도 상이한 것으로 변화할 수 있다는 것을 뜻한다.

　자연과학에서는 제도나 습속 대신에 공리를 변화시킴으로써 상이한
공간이 구성된다. 앞서 말했다시피 어떤 한 점을 지나면서 한 직선에 평
행한 직선은 오직 하나만 그을 수 있는 유클리드 공간은 고대 그리스 이
래 근대에 이르기까지 절대적이고 자연적인 공간으로 간주되었다. 그러

〈그림 4-25〉 폴 세잔(Paul Cézanne), 「생트 빅투아르 산」, 1905년

세잔은 고흐와는 어쩌면 반대되는 것을 추구했다고도 할 수 있다. 그의 관심사는 입체감과 색채의 관계였다. 그는 간결하고 정확한 터치를 통해 안정감과 깊이, 견고함을 그려내려고 했다. 이를 위해 그는 전통적인 투시법이나 정확한 소묘가 이러한 작업과 실험에 방해된다면 얼마든지 포기하려고 했다. 고흐의 그림에서 무한한 생성의 운동감이 직접적으로 강렬하게 다가온다면, 세잔의 그림에서는 정지된 면들이 입체로 결합되며 형태가 된다.

위의 「생트 빅투아르 산」은 세잔의 연작 가운데 최종적인 것인데, 형상을 원통이나 면체 등의 단순한 형태들로 환원하고 있다. 여기서 하늘과 산, 들판과 산은 투시법적 일관성을 유지하지 못하고 있다. 이런 이유에서 이 그림은 그것이 입체파에 미친 영향이나 투시법의 붕괴에 미친 영향으로 유명하게 된다.

〈그림 4-26〉 피카소, 「아비뇽의 아가씨들」, 1907년

칸딘스키의 말을 빌리자면, 피카소와 브라크(Georges Braque)는 투시법에 기초한 대상의 정확한 재현이라는 서구 근대회화의 가장 근본적인 규범을 깨고 형상을 구성하는 단순한 형태들을 미술의 기본 요소로 독립시켰다. 이는 색채를 독자적인 기본 요소로 독립시켰던 마티스와 더불어 현대회화의 가장 중요한 발생지로 작용한다.

입체파의 문을 연 것으로 흔히 평가되는 「아비뇽의 아가씨들」에서 우리는 이러한 입체파의 특징을 모두 찾아볼 수 있다. 형상은 단순화되고 단순한 기하학적 형태로 환원되려 하며, 시점의 통일성을 전제하는 투시법은 깨져 버렸다. 예를 들어 오른쪽 아래에 앉아 있는 여자는 등을 보이고 앉아 있지만 얼굴은 우리를 바라보고 있으며, 그 여자의 얼굴 말고도 정면을 보는 여자들의 얼굴에 옆에서 본 코를 그려둠으로써 시점의 통일성을 해체했다. 그리고 오른쪽에 있는 두 여자의 얼굴은 당시 화가들이 열심히 수집하던 아프리카 조각을 옮겨 놓은 모습이다. 아프리카 조각이 피카소에게 미친 영향은, 일본 판화가 고흐에게 미친 영향보다 결코 작지 않다.

나 이러한 공간 개념은 19세기에 이르면, 있을 수 있는 여러 공간 중의 하나로 실추하게 된다. 평행선 공리를 다른 것으로 대체함으로써, 다시 말해 상이한 공리를 취함으로써 수학적 공간은 상이한 것으로 가변화되는 것이다.

4) 역사적 선험성

이상의 사실에서 우리가 분명하게 추론할 수 있는 것은, 공간이나 시간은 절대적인 것이 아니라 사회-역사적으로 상이할 수 있는 상대적인 것이며 (이는 물리학적 상대성과 다른 차원의 의미지만), 그런 한에서 역사적인 성격을 갖는다는 점이다.[24] 그것은 사회의 제도적 요인이나 신화, 혹은 천체의 운행 등과 긴밀히 연관된 것이며, 이런 점에서 그것은 특정한 사회-역사적 조건의 산물이라고 할 수 있다. 이런 맥락에서 르페브르는 공간에 관한 자신의 저서를 "(사회적) 공간은 (사회적) 생산물이다"라는 명제 위에 기초짓고 있다.[25]

요컨대 과학적 인식의 장에서나 사회적 인식의 장에서 칸트의 생각과 달리 시간·공간이 절대적인 것과 선험적인 것이 아님이 분명해진 셈이다. 그러나 이것이 경험과 시간·공간에 대한 칸트적 관계설정이 전혀 무용한 것이 됨을 뜻하진 않는다. 왜냐하면 시간이나 공간이 그 절대적 성격이나 선험적 성격을 갖지 않는 경우에도, 그것은 사람들이 그 안에서 사고

---

24) 물론 여기서 말하는 시간, 공간 개념은 사회적인 차원에서의 그것이며, 자연과학에서 말하는 것과 상이하지만, 사실은 자연과학에서 말하는 시간, 공간 개념은 이러한 사회적 시간, 공간 개념 가운데 특정한, 서구의 근대에 특권화된 하나의 개념일 뿐이다. 하지만 이런 관점이 근대의 사회적 시간, 공간과, 과학이나 철학 상의 개념을 무조건 동일시함을 뜻하지는 않는다. 그것은 이후 검토할 주제 가운데 하나다.

25) Henri Lefebvre, *The Production of Space*, tr. by N. Donaldson-Smith, Blackwell, 1991, p.194. [*La Production de l'espace*, Anthropos, 1974.]

〈그림 4-27〉 랭스(Reims) 성당 서쪽 파사드   〈그림 4-28〉 랭스 성당의 네이브(nave)

『노트르담의 꼽추』로 유명한 파리 성당이나 아미앵 성당, 랭스 성당 등 전성기 고딕 양식에 따른 모든 성당은, 보링어가 '수직성의 엑스터시'라고 말했던 강력한 수직주의를 특징으로 한다(파리 성당의 높이는 63m, 랭스 성당의 높이는 82m나 된다). 수직주의는 단지 높이나 비례만은 아니다. 틈만 나면 삐죽 나온 소첨탑들, 늑골(flying butress)에 전해지는 압력을 막기 위해 부벽 꼭지마다 세워 놓은 피나클, 대개는 라틴 십자의 교차부에 위치한 첨탑 등은 모두 아주 예리한 각도의 수직적 삼각형을 그린다. 창문이나 천정을 가득 채운 아치조차 뾰족한 첨점을 가진 첨두 아치로 이루어져 있다. 성당의 내부도 마찬가지여서, 문 안에 들어서자마자 빽빽한 수직선의 숲이 벽을 대신해서 눈을 메우고, 그 수직선들은 가지처럼 뻗어나간 리브를 타고 올라 첨두 아치를 이룬 교차 볼트의 머릿돌처럼 모인다. 이와 균형을 이루는 긴장을 만들기 위해 배치한 트리포리움의 수평선은 차라리 수직주의를 위한 보조물처럼 보일 뿐이다. 성당 내부의 이 모든 수직선은 첨두 아치의 정점들을 매개로 결국 가장 높은 곳에 있는 하나의 첨점으로 귀착된다. 외재성, 초월자로서 첨점. 그곳은 아마도 모든 것이 발원한, 그리고 그리 가려지만 결코 도달할 수 없는 신의 자리일 것이다.

〈그림 4-29〉 로렌제티(Ambrogio Lorenzetti), 「호수 위의 성」(Castle on the Lake), 1338~39년경
중세의 도시를 그린 이 그림은 고딕 성당과는 다른 양상으로지만 역시 수직주의가 강하다는 점에서는 공통성을 갖는다. 이러한 수직적인 지도나 그림을 통해 우리는 고딕적인 수직주의가 당시 화가들의 상상이나 표상을 사로잡고 있었다고 추측할 수 있다. 물론 다음의 도판에서 보듯이, 탑상주택의 형태로 수직적인 건물들이 많았다는 점도 고려해야 하지만, 이러한 수직주의는 단순히 탑(塔)형 주택 때문만은 아니다. 멈포드 말대로 로렌제티는 수직성을 강조하기 위해 건물의 숫자를 줄이고 지평면을 단축시켰다. 이처럼 수직성이 강조된 도시의 그림은 쉽게 찾아볼 수 있다.

하고 판단하며 경험하고 살아가는 공통의 지반이기 때문이다. 다시 말해 모든 경험적 현상에는 시간과 공간과 같은 선험적 조건이 전제되듯이, 사회적으로 행해지는 모든 경험적 사실이나 현상은 사회적 차원의 시간과 공간이란 범주가 선험적으로 전제된다는 것이다. 자연의 흐름에 따라 시간성을 규정하는 월력과 계절력에 의거해 사고하고 행동하는 트로브리안드 족이라면, 해질녘에 출근하는 자본주의 사회의 노동자의 삶을 결코 이해할 수 없을 것이며, 힘들어도 동작을 멈출 수 없는 라인 앞의 여공처럼 살아갈 수 없을 것이다.

시간이나 공간의 개념은 앞서 엘리아스의 인용문에서 언급되었듯이 분명 사회적으로 습득되고 강제된다. 그리고 그 안에서만 개인의 행위는

〈그림 4-30〉 탑형 주택이 솟아 있는 산 지미냐노(San Gimignano)의 풍경

11~12세기경 이탈리아 도시들은 탑의 도시라고 할 만큼 탑형 주택(casa torre)들이 많았다. 도시에서 대상공인 중심의 상류계급이 생겨나는데, 부흥의 기운을 감지하여 도시로 봉건 귀족들이 몰려들면서 신흥 상공계급과 봉건귀족 간의 투쟁이 벌어지는데, 바로 이 때문에 적의 공격에 대한 방어를 목적으로 이러한 탑형 주택을 세웠다고 한다. 하지만 이러한 수직적 형태의 주택이나 수직적 양상의 도시에서 발견되는 수직주의 역시 고딕적 수직주의와 일정한 동형성을 갖는다는 점을 단지 이러한 사회적 요인만으로 환원할 수 있을까?

사회적으로 받아들여지고, 다른 개인을 움직이게 할 수 있다. 따라서 시간과 공간은 개개의 행동이나 판단, 경험에 앞서며, 그것을 규정하고 제한하는 선험적 조건이라고 할 수 있다. 그것은 경험되는 것이고, 학습이나 강제를 통해 획득되는 것이지만, 다른 모든 경험을 틀 짓고 다른 모든 행위가 그 위에서 펼쳐지는 기초다. 이런 점에서 시간과 공간을 선험적인 것의 차원으로 설정하여, 현상과 경험의 기초로 삼았던 칸트의 '선험론'은, 시간과 공간이 사회-역사적으로 가변화되는 것임에도 불구하고 여전히 유효하다. 아니 오히려 그것은 사회-역사적으로 가변화되는 것이기 때문에 사회-역사적으로 이루어지는 사회적 행위나 사고에 중요한 지반이며, 선험적 조건으로서 간주될 수 있다.

사회적 혹은 문화적 현상들을 다루는 데서 시간적 '구조'와 공간적 '구조'가 갖는 위상과 의미에 대해 컨Stephen Kern은 다음과 같이 말한다.

"모든 사람은 모든 곳에서 그리고 모든 시대에 상이한 시간 공간적 경험을 가지며, 비록 무의식적인 것이라고 할지라도 그에 대한 관념을 갖고 있다. [이런 점에서] 계급구조, 생산양식, 외교의 유형, 전쟁 수행을 위한 수단 등이 역사적으로 변화하는 시간 공간적 경험의 항들로 나타나는 방식에 대해 해석하는 것은 충분히 가능한 일이다. 즉 계급적 갈등은 사회적 거리의 기능으로 간주될 수 있으며, 어셈블리 라인은 테일러리즘 및 시간관리 연구와 연관되어 있으며, 1914년 7월의 외교 위기는 역사적으로 특정한 시간성을 갖고 있고, 제1차 세계대전은 입체파적 은유로 해석될 수 있다."[26]

어쩌면 이러한 사회적 차원의 시간·공간 범주가 갖는 포괄성으로 인해 다양한 유형, 다양한 영역의 사회적 현상들은 그 각각의 고유성에도 불구하고, 역사적으로 한정되는 나름의 '일관성'consistance을 가질 수 있다. 나아가 거기서 벗어나는 이른바 '예외적' 현상은 그러한 일관성과의 관계 속에서 어떤 '변이'variation로 파악할 수 있다. 좀더 구체적으로 말하자면, 계급구조나 가족 형태, 교육방식이나 이데올로기, 건축구조나 사회적 조직방식 등은 모두 일정한 사회적 지각방식Wahrnehmungsweise을 통과하며, 그 과정에서 지각방식의 일반적 조건으로서 사회적 시간 공간의 형태가 그 구조나 현상들에 새겨진다.

---

26) Stephen Kern, *The Culture of Time and Space, 1880~1918*, Harvard University Press, 1983, p.4.

이런 점에서 사회적 차원의 시간·공간은 다수의 사회 내지 각이한 시대의 어떤 사회에서 나타나는, 혹은 어떤 사회의 상이한 영역들에서 나타나는 현상이나 사실들을 일반화하거나, 그러한 현상과 사실들을 비교 검토하여 각각이 갖는 특수성을 포착하는 하나의 준거가 될 수 있다.[27]

이런 맥락에서 엘리아스는 "사회구조란 필수적일 뿐 아니라 회피할수 없는 시간적 정의의 망"이며, "성격구조란 매우 날카롭고 훈육된 시간감각"이고, 그 양자 간의 관계를 파악하는 것이 긴요한 과제라고 말한다.[28] 또한 르페브르 역시 공간은 역사적으로, 특히 생산양식과 연관된 사회적산물로서, 공간마다 가지고 있는 나름의 공간적 코드가 공간적 실천을 규정한다는 점을 분명히 하면서,[29] 신체는 이러한 공간적 실천을 통해 사회적으로 형성되는 것이라는 점에서 '사회적 신체'요 '공간적 신체'라고 말한다.[30]

한편 이러한 방법론적인 연구가 철학적이고 논리적인 차원을 넘어서사회학적인 차원에서 진행되기 위해서는, 시간·공간의 범주를 사회적 차원으로 범주로 정의하는 것만으로는 불충분하다. 그것이 사회적 내용을 갖는 것이 되려면, 특정한 시대의 사회에서 시간·공간이 사회적으로 형성되고 '선험적' 요인으로서 작동하는 양상을 보지 않으면 안 된다. 이런이유에서 여기서는 근대의 서구사회에 대한 고찰을 통해 근대적인 시간·

---

27) 사회의 구조를 연구한다는 것은 적어도 한 사회의, 혹은 다수의 사회의 여러 영역들에서 나타나는 현상이나 사실들 사이에서 일종의 반복되는 공통성 내지 동형성을 찾고, 그 동형성을 야기하는 조건을 추적하는 것이다. 이를 위해서는 당연히 그 다양한 현상들을 비교 검토하여, 그것들을 일반화할 수 있는 포괄적인 준거 영역이 있어야 한다. 더불어 사회의 변동을 연구한다는 것은 적어도 둘 이상의 시점에서 대상이 되는 사회 내지 사회적 현상들을 비교하며 그 차이를, 그리고 그 차이를 통해 정의되는 각 시기의 동형성을 추출하려는 것이기에, 마찬가지로 비교가능한 일반적 준거를 요청한다.
28) Norbert Elias, *Time: An Essay*, pp.6~7.
29) Henri Lefebvre, *The Production of Space*, p.16.
30) *Ibid.*, pp.194~196.

공간적 메커니즘의 형성과 작동방식을 연구하려고 한다. 이는 최근 다양하게 논의되고 있는 근대성Modernity이란 주제와도 연관된 것이다. 다시 말해 근대적인 시간·공간의 구조를 개념적으로 분석함으로써, 이른바 근대성의 구조 내지 근대성의 작동 메커니즘을 역사적으로 포착할 수 있을 것이다.

이처럼 역사적으로 형성되는, 행위와 사고의 선험적 조건으로서 시간과 공간을 우리는 푸코의 개념을 빌려 '역사적 선험성'a priori historique이라고 할 수 있겠다.[31] 그것은 그 안에 존재하는 삶을 정의하고 제한하며, 규정하고 통제한다는 점에서 삶의 형식을 이루는 지반이며, 결국은 사회마다 그 성원들을 각각의 질서와 규칙에 따라 생산해 내는 메커니즘인 셈이다.

3. 분석의 두 가지 차원

"지식 또한 주체가 그 안에서 자리를 점하며 그가 담론에서 다루는 대상에 관해 말하는 공간"이라는 푸코의 말(『지식의 고고학』)을 언급하면서 르페브르는 그가 지시하는 것이 대체 어떤 공간인지 불명료하다는 점을 비판한다. 즉 "그는 이론적(인식론적) 영역과 실천적 영역 사이의 갭을, 정신적인 것과 사회적인 것의 갭을, [개념적인 것을 다루는] 철학자들의 공간과 물질적인 것을 다루는 인민의 공간 사이의 갭을 어떻게 메울 것인지" 설명하지 않고 있다는 것이다.[32] 이들 간의 논점이 얼마나 정확한 것이든 간에, 인식론적 차원에서의 공간과 사회적 차원에서의 공간을 동일시할 수

---

31) Michel Foucault, *L'Archéologie du savoir*, Gallimard, 1969, p.166 이하 참조.[미셸 푸코, 『지식의 고고학』, 이정우 옮김, 민음사, 2000.]
32) Henri Lefebvre, *Ibid.*, p.4.

194 근대적 시·공간의 탄생

없으리란 가정은 적어도 직관적으로는 설득력이 있는 것 같다. 예컨대 휜 공간에 대해서, 혹은 차원의 공간에 대해서 이론적으로는 얼마든지 다룰 수 있고 그 안에서의 운동에 대해서도 설명할 수 있지만, 이것이 사회적인 차원에서 사람들의 삶에 **직접적으로** 영향을 미친다고 하기는 곤란하다.

하지만 근대과학이 발견한 시간과 공간의 구조와, '인민'이 살고 있는 사회적 시간과 공간의 구조를 동일한 것으로 간주하는 것이 적어도 이론 적 상식이며 관습이다. 적어도 근대사회에 이르러 시간과 공간은 사회적 인 차원에서도 마찬가지로 추상적이고 동질적인 것으로 간주되었다. 그 리하여 대개는 이론적이고 철학적인 시간, 수학적이고 물리학적인 공간 과 사회적인 수준의 시간, 사람들의 삶의 공간은 달리 구분되지 않았다.[33]

예를 들어 「글래스고의 빈민가」와 데비드슨의 「서커스 말」에서 보이 는 공간의 차이는 분명 사람들의 삶과 행동이 그 위에서 진행되는 상이한 사회적 공간이다. 그러나 그것이 서로 다른 공간인가라는 점에는 반론의 여지가 많다. 왜냐하면 양자의 차이는 공간상의 구체적인 지형적 배치가 다르다는 데 기인하는 것이지 공간 그 자체의 차이를 뜻하는 것은 아니라 는 것이다. 이는 충분히 타당한 반론이다. 그러한 차이를 공간상의 차이라 고 말한다면, 우리는 개개의 집과 도로에서도 다른 '공간'을 발견할 것이 기 때문이다. 그러나 그렇다고 모든 공간적 배치의 차원을 제거한다면, 그 러한 상이한 배치를 통해 사람들의 삶과 행위에 작용하는 사회적 차원의

---

33) 좀 다른 맥락에서 엘리아스는 '물리적 시간'과 '사회적 시간'을 구분하는 것에 대해 반대한다. 그 구 분은 객관적인 시간과 주관적인 시간을 나누는 잘못된 이분법의 산물이라는 것이다(Norbert Elias, *Time: An Essay*, p.8). 이러한 비판은 나름대로 타당할 수 있지만, 물리적 시간을 객관적 시간에 대 응시키고 사회적 시간을 주관적인 것에 대응시킨다면 이 또한 잘못이다. 사회적 시간이 주관적인 차 원을 넘어서 있다는 것은, 그것을 내면화하지 않은 경우에도 그것은 우리에게 강제된다는 점에서 분 명하다. 뒤르켐 식으로 표현하자면, 그것은 분명 '사회적 사실'이며 충분히 '실증적인' 것이다. 더불 어 말하자면, 객관적인 것과 주관적인 것의 근대적 이분법을 넘어서야 한다는 것은 올바른 지적이지 만, 그것이 물리적 시간과 사회적 시간의 구분 자체를 무효화하거나 불가능하게 하지는 않는다.

공간을 볼 수 없음에 틀림없다. 그것은 공간이나 시간을 단지 수학적 상상의 세계에 가두거나 개념으로 환원하는 것이 될 것이다.

따라서 우리는 두 가지 차원의 구별을 도입할 필요가 있다. 첫째, **직접적인 작용 대상에 따른 것으로, 지형적인 배치와 분절 기계가 그것이다.**[34] 지형적인 배치로서 시간과 공간은 그 안에 포함된 선분이나 도형의 양상, 혹은 사람들의 사고와 행위에 직접적으로 작용한다. 가령 「글래스고 빈민가」와 「서커스 말」에서 보이는 공간적 배치의 직접적인 차이나, 공장에서의 공간적 배치와 학교에서의 공간적 배치의 차이, 영화의 반추가능한 시간적 배치와 음악의 반추불가능한 시간적 배치의 차이 등은 지형적인 배치의 수준에서 차이라고 하겠다.

반면 분절기계로서 시간과 공간은 그 위에서 지형적인 배치가 이루어지는 지반이고, 구체적인 지형적인 배치에 대해 작용한다. 그것이 구체적인 도형이나 사람들의 행위나 사고에 개입하는 것은 언제나 지형적인 배치를 통해서다. 분절기계는 선분이나 도형, 혹은 사고와 행위의 분절방식을 생산함으로써 선분성이나 도형의 성질을, 혹은 삶의 양식을 규정한다. 예를 들면 유클리드 공간에서 직선이나 삼각형은 상이한 지형적 배치이지만, 동일한 분절의 양식을 갖는다. 여기서는 2차원 공간과 3차원 공간

---

34) 여기서 '기계'(machine)라 함은 흐름을 절단하고 채취하는 방식으로 작동하는, 그리하여 특정한 목적과 기능을 수행하는 모든 것을 지칭한다. "기계란 인간의 통제하에 운동을 전달하고 과제를 수행하기 위해 각각 특정한 기능과 작동을 갖고 있는 고정적 요소들의 결합이라고 간주할 수 있다. 그렇다면 인간 기계야말로 진정한 기계다. 사회 기계는 그것이 부동(不動)의 동자(動者, immobile motor)로서 나타나고 다양한 개입을 행하는 한 은유와는 아무런 관계가 없는 문자 그대로 하나의 기계다."(Gilles Deleuze and Félix Guattari, *Anti-Oedipus: Capitalism and Schizophrenia*, tr. by Robert Hurley et. al., University of Minnesota Press, 1983, p.141. [*L'Anti-Œdipe: Capitalisme et schizophrénie*, Minuit, 1972.] 이러한 기계의 개념은 유기체적 생물 개념과 기계론적 기계 개념의 대립을 넘어서려는 것으로, 생명체의 자기 생산과 유지가 기계처럼 일관되고 통합된 기능적 단위를 이룬다는 점에서 "생물은 자기 자신을 만들고 재생하는 화학적 기계"라고 정의했던 생물학자 자크 모노의 영향을 받은 것이다(이에 대해서는 김필호, 「질 들뢰즈와 펠릭스 가타리의 욕망이론에 대한 연구」, 서울대 석사학위 논문, 1996년, 29~30쪽, 43~46쪽 참조).

이란 차이도 고유한 선분성과 분절의 양상을 다르게 하지 않는다. 반면 리만 공간에서 직선(사실은 측시선)이나 삼각형은 그 형태상의 유사성에도 불구하고 유클리드 공간에서의 그것과 전혀 다른 성질을 갖는다. 그것은 분절기계의 차이 때문이다.

또 근대의 공장과 학교에서 시간의 지형적 배치는 동일하지 않지만, 그것은 동질적이며 분할가능한 시간이라는 분절의 양상은 동일하다. 나아가 선분화된 시간에 대해 가능한 행위와 불가능한 행위를 대응시키는 방식으로 시간-기계를 작동시킨다는 점에서도 마찬가지로 동일하다. 학교와 공장에서도 마찬가지다. 공장의 라인과 학교의 강의실은 상이한 지형적 배치를 갖지만, 내부와 외부 사이를 이질화하는 공간적 분할과 특정한 자리에 어떤 요구되는 행위의 집합을 대응시킨다는 점에서 그 분절의 양식은 동일하다고 할 수 있다. 반추가능한 영화에서의 시간과 반추불가능한 음악에서의 시간 역시, 동질적이고 분할가능한 추상적 시간이란 분절양식이 동일한 한에서 동일한 시간성의 분절기계를 갖는다고 할 수 있다. 언어에 대해서도 우리는 마찬가지로 말할 수 있다.[35]

둘째, 작용방식에 따라 **개념적 배치**와 **기계적 배치**를 구분할 필요가 있다.[36] 이는 아마도 인식론적인 시간·공간과 사회적 시간·공간을 나누고

---

35) 물론 이러한 구분이 절대적인 구분선을 갖는 것은 아니며, 관계 속에서 지형적 배치가 또 다른 분절기계로서 작용하는 경우를 발견하는 것은 그리 어려운 일이 아닐 것이다.

36) 들뢰즈와 가타리는 이와 유사하게 언표행위의 집합적 배치(agencement collectif de l'énonciation)와 '기계적 배치'(agencement machinique)를 구분한다(*Mille plateaux*, Minuit, 1980, pp.112~113). 이에 비해 우리는 언표행위의 배치 대신 개념적 배치라는 말을 사용하는 것인데, 의미 상 큰 차이가 없지만, 다른 말을 사용하는 것은 언어적 실천으로서 언표행위를 강조하는 '언표행위의 배치'라는 말에 비해 개념적 배치는 언표들의 집합과 그 집합 내적인 규칙(Michel Foucault, *L'Archéologie du savoir*, p.103 이하 참조)을 상대적으로 강조한다는 점이다. 들뢰즈·가타리가 말하는 화용론적 구성의 중요성을 배제한다기보다는 시간과 공간이 일종의 선험성으로 작용하는 개념적 배치란 점 때문에 이러한 변형이 불가피했다.

싶은 유혹의 원천을 담고 있는 것인데,[37] 후자가 신체적인 방식으로 작용한다면, 전자는 비신체적인 방식으로 작용한다.[38] 예를 들어 갈릴레이와 뉴턴에 의해 도입된 시간과 테일러에 의해 도입된 시간은 모두 시계에 의해 정의되는 시계적 시간이다. 그러나 전자는 개념적으로 작용하며, 신체적 변화 없이도 작동한다. 갈릴레이가 즐겨했다는 사고 실험이 그렇다. 그는 공을 떨어뜨려 보지 않아도, 물체를 굴려 보지 않아도 그것의 운동에 대해 충분히 예측하고 설명할 수 있었다.

반면 테일러의 시간은 노동자의 신체적 행위와 동작이 없다면 전혀 무의미한 시간이다. 그것은 노동자의 동작 하나하나를 통제하고 그것에 작용하며, 나아가 노동자의 신체 자체를 변화시킨다. 앞서의 예에서 「글래스고 빈민가」의 배치는 기계적인 배치로, 그 거주자의 신체와 삶에 직접적인 영향을 미치지만, 음악이나 영화에서 시간적 배치는 직접적인 신체적 변화를 야기하진 않는다. 학교나 공장에서의 지형적인 배치는 물론, 그것들의 분절기계 역시 신체적으로 작용한다는 점에서 기계적 배치다.

기계적 배치와 개념적 배치의 이런 차이로 인해 갈릴레이가 개념적 배치로서 시간을 도입했을 때, 그에 반대한 사람은 세계관의 변화를 두려

---

37) 이와 유사한 맥락에서 엘리아데는 (근대적인) 공간의 개념과 공간의 경험을 구분한다. "우리는 균질적이고 중성적인 기하학적 공간의 개념과 세속적인 공간의 경험—거룩한 공간의 경험에 정면으로 대립되는—을 구별할 필요가 있다."(미르치아 엘리아데, 『성과 속』, 이은봉 옮김, 한길사, 1998, 76쪽 [Mircea Eliade, *Le Sacré et le profane*, Gallimard, 1956.] 이러한 구분은 시간에 대해서도 마찬가지로 필요한 것이다. 물론 그가 '경험'이라고 한 말은 우리가 '선험성'이라고 정의한 것과 대개념은 아니다.

38) 이하에서 사용하는 '신체'(corps)란 말은 흔히 '물질'이라고 불리던 실체론적 개념이 아니라 관계론적인 개념이다. 기계와 신체에 대해서는 신체적 변환에 대한 들뢰즈·가타리의 예가 적절하게 설명해 준다. 페루 주재 일본 대사관에 들어간 페루 게릴라들이 "꼼짝 마! 모두 고개 숙이고 엎드려!"라고 말함으로써 대사관-기계라는 신체는 감옥-기계로 변환된다. 이는 실체론적 관점에서는 어떠한 '물질적' 변화도 없었지만, 대사관-기계가 감옥-기계로 변환된 것은 분명하다. 즉 동일한 '물질적' 장치도 이런 식으로 전혀 다른 신체, 전혀 다른 기계로 변환될 수 있다는 것이다. 물론 이 경우 총을 들고 외치는 인질범의 언표행위(énonciation)는 신체적 변환(transformation corporelle)이 아니지만, 신체적 변환에 개입한 것이다.(이러한 신체 및 변환의 개념에 관해서는 Gilles Deleuze, *Logique du sens*, Minuit, 1969, pp.13~15.; Gilles Deleuze et Félix Guattari, *Mille plateaux*, Minuit, 1980, p.103.)

위했던, 그러나 그로 인해 어떠한 직접적인 신체적 변화를 겪지는 않을 성
식자였지만, 테일러가 그러한 시간을 도입하려 했을 때 그것은 노동자들
의 강력한 반발과 저항을 야기했다. 또한 아이러니하게도 그것은 오직 그
것의 신체적-기능적 효율성을 이유로, 전혀 상이한 세계관을 가진 사회
주의 사회에, 세계관상의 별다른 반발 없이 쉽게 도입되기도 했다.[39]

여기서 개념적 배치와 기계적 배치는 서로 다른 것이어서, 개념적 배
치는 기계적 배치의 변환에 관여하지만 기계적 배치와 혼동되지는 않는
다. 기계적 배치 역시 마찬가지다. 시계의 발전과 보급이 과학혁명의 기초
로서 추상적 시간 개념의 성립에 관여했지만, 그리하여 시간의 개념 자체
에 시계의 흔적이 강하게 새겨져 '시계적 시간'이란 말도 가능하게 하지
만, 그렇다고 t로 표시되는 시간의 개념이 시계와 혼동되진 않는다. 반대
로 과학에서 시간 개념의 도입이 사람들의 신체적 행위를 변환시키는 시
간-기계의 확산과 정교화를 가능하게 했지만, 갈릴레이의 시간-개념과
테일러의 시간-기계를 혼동해선 안 된다.

한편 분절기계는 지형적 배치와 분리되어선 존재하지 않는다. 오히려
분절기계는 지형적 배치를 통해 존재하며, 지형적 배치는 분절기계를 통

---

39) 레닌은 소비에트 혁명 직후에 테일러주의를 생산과정에 적극 도입할 것을 주장한다. 그에 따르면 테
일러주의는 마치 생산 그 자체에만 관련된 기계와 같은 것이어서, 그것을 자본주의적인 방식으로 사
용하면 착취의 수단이 되지만, 그것을 소비에트 식으로 사용하면 프롤레타리아에 유익하리라고 생
각한 것이다. 이는 아마도 신경제정책(NEF)과 마찬가지로 근대화가 아직 중요한 과제로 남아 있던
러시아로서는 불가피한 것이었는지도 모른다. 하지만 동시에 이것은 소비에트 테일러주의의 불행
한 역사가 시작되는 지점이기도 했다. 이후 러시아의 테일러였던 가스체프(Aleksei Gastev)는 이러
한 과정을 소비에트 생산의 토대에 깊숙이 장착시킨다. 물론 이와 달리 대중운동의 형식으로 농민
출신의 생산자들을 새로운 공장 규율에 길들이기 위한 조직도 있었지만, 성공하지 못했다. 이에 대
해서는 Robert Linhart, *Lénine, les paysans, Taylor : essai d'analyse matérialiste historique
de la naissance du système productif soviétique*, Seuil, 1976.; 해리 브레이버맨, 『노동과 독점
자본』, 강남훈 옮김, 까치, 1987, 18~29쪽.[Harry Braverman, *Labour and Monopoly Capital*,
Monthly Review Press, 1974.]; Charles Bettelheim, *Class Struggle in the Russia: 1923~1930*,
MRP, 1976.; 헬무트 슈나이더 외, 『노동의 역사』, 한정숙 옮김, 한길사, 1982 참조.

해서 구성되고 작동한다. 이런 이유로 인해 우리가 이하에서 근대의 분절기계로서 시간-기계와 공간-기계에 접근하려 하는 경우, 지형적 배치를 통과하는 것이 불가피하다. 여기서 지형적 배치가 분절기계의 파악을 전제한다는 식의 순환은 그다지 문제가 안 된다. 왜냐하면 지형적 배치를 통해 분절기계를 파악하는 것도, 반대로 분절기계를 통해 지형적 배치를 파악하는 것도 모두 가능하기 때문이다.[40]

4. 근대과학의 시간·공간 개념

1) 근대과학의 이념과 절대시간

"자연은 간단한 것에 만족하며, 모든 불필요한 원인들의 과시를 좋아하지 않는다."[41] 지동설의 창시자인 코페르니쿠스의 이 말대로, 자연과학자들은 간단한 것을 추구한다.[42] 지구를 중심으로 우주를 설명하는데 프톨레마이오스의 체계는 77개의 원을 필요로 했다. 코페르니쿠스가 지구의 공전을 가정하고 태양을 중심으로 움직이는 우주를 상정했던 것은 이 많은 원의 수를 줄여 좀더 간단하게 하기 위해서였다. 그 결과 그의 새로운 입론은 원의 수를 반 이상 줄여 33개면 충분하게 되었다. 케플러는, 다른 사람들과 마찬가지로 코페르니쿠스 이론의 간명함에 매혹당해, 스승 티코 브라헤의 관찰자료를 통해 그것을 입증하려고 했다. 그러나 자료와 이론은

---

40) 여기서 후자, 즉 분절기계를 통해 근대의 중요한 사회적 장에서 다양한 지형적 배치를 파악하는 작업은 이후의 과제로 미룬다.
41) 모리스 클라인, 『지식의 추구와 수학』, 김경화·이혜숙 옮김, 이화여대출판부, 1994, 90쪽에서 재인용 [Morris Kline, *Mathematics and the Search for Knowledge*, Oxford University Press, 1985].
42) 예컨대 힐베르트(David Hilbert)는 수학적 공리계를 형식화하려는 자신의 메타수학적 기획을 '완전성, 무모순성, 독립성'이라는 원리 위에 세우는데, 여기서 독립성은 어떠한 공리도 다른 공리로부터 독립이어야 한다는 것으로, 공리 간의 중복을 제거함으로써 간명하게 만드는 것이지만, 사실 이것이 '진리'라는 기준과는 무관하다. 차라리 그것은 간결함이라는 미적 기준을 뜻하는 것이었다.

잘 맞지 않았고, 이에 대해 궤도의 형태와 운동속도에 관한 몇 개의 중요한 수정을 거쳐 케플러는 단 3개의 법칙으로 요약되는 우주의 운행법칙을 제시하였다.

이들[코페르니쿠스와 케플러]은 각각 수학적 단순화와 형언할 수 없이 조화롭고 미적으로 뛰어난 이론을 얻었다. …… 그들이 좀더 간단한 수학적 이론을 선호한 것은 철저하게 근대적인 과학적 태도다. …… 수학자와 천문학자들은 특히 케플러의 연구 이후에 새 이론의 간단함에 감명을 받았다. 또한 항해와 역법에 관한 계산에서 훨씬 더 편리해졌으므로 새 이론이 진리임을 확신하지 않던 많은 지리학자와 천문학자들이 그럼에도 불구하고 그것을 사용하기 시작했다.[43]

중세 교회의 세계관과 정면충돌하는 이론이 살아남을 수 있었던 것은, 뿐만 아니라 점차 다수의 학자들의 지지를 얻어 갈 수 있었던 것은 바로 이 때문이었다. 이에 대해 모리스 클라인은 말한다. "처음에 수학자들만이 새 이론을 지지하였다는 것은 놀라운 일이 아니다."[44] "수학적으로 편리한 것이 분명하지 않았다면, 교회의 반대에도 불구하고 이 이론이 살아남게 되었을지는 의문이다."[45] 보다시피 간명함은 계산에 편리한 것이며, 미적으로 아름다운 것이다. 그러나 그것이 진리는 아니다. 그럼에도 불구하고 간명함이 갖는 아름다움과 편리함은 근대과학의 싹이 발아하는 데 결정적 역할을 하였다.

43) 모리스 클라인, 『지식의 추구와 수학』, 102, 104쪽.
44) 같은 책, 105쪽.
45) 같은 책, 109쪽.

 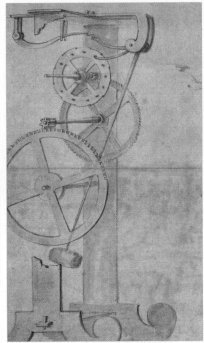

〈그림 4-31〉소송(蘇頌)이 만든 중국의 시계탑, 1090년경(크리스티안슨John Christiansen이 재구성, 왼쪽 그림)

파리 성당이나 아미앵 성당, 랭스 성당 등 전성기 고딕 양식에 따른 모든 성당은, 보링어가 '수직성의 엑스터시'라고 말했던 강력한 수직주의를 특징으로 한다(랭스 성당의 높이는 82m나 된다). 수직주의는 단지 높이나 비례만은 아니다. 틈만 나면 삐죽 나온 소첨탑들, 늑골(flying butress)에 전해지는 압력을 막기 위해 부벽 꼭지마다 세워놓은 피나클, 대개는 라틴 십자의 교차부에 위치한 첨탑 등은 모두 아주 예리한 각도의 수직적 삼각형을 그린다. 창문이나 천장을 가득 채운 아치조차 뾰족한 첨점을 가진 첨두 아치로 이루어져 있다. 성당의 내부도 마찬가지여서, 문 안에 들어서자마자 빽빽한 수직선의 숲이 벽을 대신해서 눈을 메우고, 그 수직선들은 가지처럼 뻗어나간 리브를 타고 올라 첨두 아치를 이룬 교차 볼트의 머릿돌에 모인다. 이와 균형을 이루는 긴장을 만들기 위해 배치한 트리포리움의 수평선은 차라리 수직주의를 위한 보조물처럼 보일 뿐이다. 성당 내부의 이 모든 수직선은 첨두 아치의 정점들을 매개로 결국 가장 높은 곳에 있는 하나의 첨점으로 귀착된다. 외재성, 초월자로서 첨점. 그곳은 아마도 모든 것이 발원한, 그리고 그리 가려지만 결코 도달할 수 없는 신의 자리일 것이다.

〈그림 4-32〉갈릴레이가 고안한 것으로 알려진 추시계(빈센초 비비아니의 드로잉), 1659년경(오른쪽 그림)

소송의 시계탑이나 갈릴레이의 시계와 공통된 것은 물의 흐름이 갖는 힘이나 추의 물리적인 운동을 규칙적으로 분절된 일련의 톱니바퀴에 의해 시간을 표시하도록 변환시킨다는 것이다. 시간이란 눈에 안 보이는 흐름으로 존재하는 것인데, 시계는 바로 이런 흐름을 가시화하는 장치인 셈이다. 하지만 비가시적인 것을 가시화하기 위해서는 일정한 매개가 필요한데, 시계는 이런 점에서 시간을 규칙적인 톱니바퀴가 표시하는 거리로 환원한다. 그것이 표시하는 단위에 중국의 시계처럼 동물이나 천문을 대응시키는가 아닌가는 이 경우 본질적인 차이를 만들지 않는다. 그것은 모두 시간의 연속적 흐름을 일정한 단위로 분절하는 것이다.

그러나 케플러의 업적에도 불구하고, 그리고 케플러가 근대과학의 중요한 일부임을 인정하면서도, 근대과학혁명의 결설섬에 갈릴레이를 (그리고 종종 더불어 데카르트를) 세우는 것은 지극히 일반화된 판단이다. 그것은 단지 간명함으로 환원되지 않는, 근대과학의 본질을 이루는 요소들을 그(들)이 제기했기 때문이다. 그 중 가장 중요하고 두드러진 것은, 흔히 알고 있듯이 실험과학의 창안이 아니라,[46] **자연의 수학화**였다. 후설은 갈릴레이 물리학의 동기를 자연적 성질이나 법칙을 수학적으로 파악하는 것에 두었다고 하며,[47] 이런 뜻에서 갈릴레이 물리학의 근본 사상은 "수학적 우주로서 자연" 개념에 있다고 본다.[48] 자연의 수학화를 위해서 가장 중요한 수단은 기하학이었다. "이러한 방법론은 ……경험적으로 직관된 세계의 본질적으로 주관적인 파악이 갖는 상대성을 극복한다."[49] "과학은 자연을 수학적으로 해석한다는 믿음에서 탄생했다"[50]는 랜달의 말이나, 과학적인 모든 것은 수학적으로 표현될 수 있어야 한다며 정신분석학에 수학적 기호를 적극 도입했던 라캉의 작업도 이런 맥락에서 이해할 수 있다.

그러나 갈릴레이의 혁명적 전환은 다른 중요한 방법적 요소를 포함한다. 우선 그는 대상이 되는 현상 가운데 가장 중요한 것만을 추출하여 파

---

46) 갈릴레이가 실험과학의 정신을 대변한다는 것은 극히 잘못된 믿음이란 점은 누차 지적된 바 있다. 코이레(Alexandre Koyré)의 선구적인 연구는 근대과학과 갈릴레이, 갈릴레이와 경험과학이라는 등식을 깨고, 갈릴레이로 대변되는 근대과학혁명의 요체가 자연의 수학화였음을 밝힌 바 있다(ア レクサンドル・コイレ, 『ガリレオ 研究』, 菅谷暁訳, 法政大學出版局, 1988.[Alexandre Koyré, Études galiléennes, 1939]). 또한 파이어아벤트는 유명한 '피사의 사탑의 실험'이 행해지지 않았을 뿐만 아니라 당시로선 행해질 수 없었던 허구임을 지적한다(폴 파이어아벤트, 『방법에의 도전』, 정병훈 옮김, 한겨레, 1987.[Paul Feyerabend, Against Method, Verso, 1988.]).
47) 에드문트 후설, 『유럽학문의 위기와 선험적 현상학』, 이종훈 옮김, 한길사, 1997, 88쪽.[Edmund Husserl, Die Krisis der europäischen Wissenschaften und die transzendentale Phänomenologie, 1936.]
48) 같은 책, 54쪽.
49) 같은 책, 55쪽.
50) J. Randall, The Making of the Modern Mind, 모리스 클라인, 『지식의 추구와 수학』, 130쪽에서 재인용.

악하는, 근대적 사고 전반을 특징짓는 분석적인 방법을 과학에 도입했으며,[51] "왜?"라는 질문 대신 변수 간의 정량적인 관계만을 다룬다. 가령 낙하하는 물체가 왜 낙하하는가는 그에게는 중요하지 않았으며, 다만 낙하하는 물체에서 시간과 거리의 양적인 관계만이 중요했다.

하지만 좀더 근본적인 것은, 비록 아직 부분적인 것이긴 하지만 수량화된 시간 $d = \frac{1}{2}gt^2$ 를 도입했다는 점이다. 예를 들어 낙하하는 물체가 어떤 시간에 낙하한 거리는 의 공식으로 요약된다. 물체가 떨어진 거리 d는 시간 t의 함수로 되어있음을 주목할 필요가 있다. 여기서 **공간적 속성인 거리는[52] t의 함수로 표시된다.** 물론 공식은 d와 t간의 관계를 표시하고 있지만, 움직인 거리를 척도로 시간을 산정하지 않는 한——이 경우 시간은 움직인 거리에 의해 등분되지 않기 때문에 시계적 시간과 달라진다——거리가 시간의 종속변수화하는 것은 불가피하다.[53] 한편 t가 시계에 의해 측정되는 시계적 시간임은 물론이다. 즉 **시간은 대수적인 수로 환원될 수 있는 동질인 양으로 파악된다.** 사물의 운동법칙은 이제 시간의 함수를 통해 계산할 수 있는 것이 된다. 이런 점에서 **시계적 시간은 물리적 자연의 수학화를 실질적으로 가능하게 해주는 결정적인 변수**였던 셈이다. 시계적 시간은 근대과학의 중심부에 이미 자리 잡고 있었던 것이다.

한편 감각적 지각이나 경험에서 확실성을 발견하지 못했던 데카르트는 진리의 모델을 수학에서 발견하며, 수학을 통해 사유의 모델을 구성하

---

51) 모리스 클라인, 같은 책, 132~133쪽. 카시러(Ernst Cassirer)는 이러한 분석적 사고를 근대적 사고 전반을 포괄하는 특징으로 간주한다. (에른스트 카시러, 『계몽주의 철학』, 박완규 옮김, 민음사, 1995, 1장 참조[Ernst Cassirer, *Die Philosophie der Aufklärung*, Verlag von J.C.B. Mohr, 1932.])
52) n차원 유클리드 공간(E^n, d)은 일반화된 '거리공간'의 부분집합이다.(김용운·김용국, 『토폴로지 입문』, 우성문화사, 1988.)
53) 갈릴레이가 시간의 과학적 정의나 엄밀한 계측, 진자를 이용한 시계동작의 제어 등에 깊은 관심을 가진 것(Peter Coveney and Roger Highfield, *The Arrow of Time: A Voyage through Science to Solve Time's Greatest Mystery*, p.61)은 당연한 것이었다.

는 한편 자연을 수학화하려던 갈릴레이의 이념을 정당화했다. 나아가 그는 해석기하학을 창안함으로써[54] "기하학을 산술화"하며,[55] 이로써 자연을 수학화하려는 갈릴레이의 이념을 전면적으로 확장한다. 그는 길이, 면적, 체적 등을 구분하지 않고 모두 다 대수적인 수와 대응시킬 수 있다고 생각했다. 예컨대 두 변이 각각 a와 b인 사각형의 면적을 나타내는 식 $a \cdot b$와, 두 수 a, b를 곱한 값은 같다는 것이다. 기하학적 성질을 대수적 연산을 통해 변환시켜도 그 성질은 그 연산에 대해 닫혀 있으므로, 기하학적 연산과 대수학적 연산 사이에 일대일 대응이 존재한다는 것이고, 따라서 기하학의 연구에 대수학의 방법이 그대로 사용될 수 있다는 것이다. 더불어 페르마는 위치를 좌표로 표시하고 곡선을 대수적인 방정식으로 표시하는 방법을 제시함으로써 기하학은 이제 완전히 대수학적 영역으로 환원된다.

후설은 기하학의 산술화가 갖는 효과에 대해서 그것은 "어떤 방식으로든 거의 자동적으로 의미의 공동화空洞化로 이끈다"고 말한다. "현실적인 시간·공간적 관념들은……이른바 순수한 수의 형태로, 대수학적 형상으로 변화된다. 사람들은 대수학의 계산에서 기하학적 의미를 자동적으로 뒷전으로 밀어내며, 더구나 완전히 탈락시킨다."[56] 다시 말해 기하학의 산술화는 기하학적 성질을 대수적인 수라는 어떤 하나의 공통된 요소로 환원함으로써 다양한 경우에 대한 계산가능성을 더없이 증진시켰지만, 그것은 직관적인 의미를 상실한다는 대가를 치러야만 가능했던 것이다.

'계산가능성'은 이제 수학화를 통해 성립한 근대과학의 가장 중요한 특

---

54) 마치 기하학의 산술화가 당시의 '시대정신'이라도 됨을 보여 주기라도 하는 양, 데카르트와 직접적인 연관 없이 거의 동시에 페르마 역시 해석기하학을 창안했다. 이는 운동을 산술화할 수 있는 계산법으로서 미적분이 뉴턴과 라이프니츠에 의해 동시에 창안된 것처럼 상징적 징후로 보인다.
55) 에드문트 후설, 『유럽학문의 위기와 선험적 현상학』, 72쪽.
56) 같은 책, 73쪽.

징이요 목표가 된다. 또한 그것은 근대의 유럽사상 전반을 지배한 사상적 원점을 형성한다. 계몽주의 철학에 대한 유명한 연구에서 카시러는 다음과 같이 말한다.

이러한 형태의 추론적diskursiv 인식은 데카르트에 의해 수학적 인식의 기본 형식으로 확립되었다. 그에 의하면 모든 수학적 계산은 결국 기지의 양과 미지의 양 사이의 비례적 관계를 결정하는 일이다. 그리고 이 비례적 관계는 기지의 것과 미지의 것을 하나의 공통된 것으로 환원할 때 엄밀하게 결정될 수 있다. 기지의 것과 미지의 것 양자 모두는 양으로 환원되어야 하고 양으로서의 이 양자는 모두 수로 환원되어야 한다. …… 18세기의 사상은 이 기본적 방법을 고수하고 이를 점차 광범하게 확대 적용하고자 한다. 이런 확대로 인하여 순수 수학적이던 '계산'의 개념이 변질된다. 계산은 이제 단순히 수나 양에만 적용될 뿐만 아니라 성질들이 영역에까지 파급된다. …… 이제 '계산'의 개념과 과학의 개념은 외연이 동일하게 된다. 다양한 것들을 기본적인 관계로 환원시킬 수 있을 때는 언제나 '계산'이 가능하다.[57]

그런데 해석기하는 공간의 성질에 대한 중요한 변환을 포함하고 있다. 위치나 형태, 거리나 체적 모두가 대수적인 수로 환원됨으로써, 이제 공간은 그 물리적인 특성이나 종교적인 의미 등 모든 특성과 무관한 대수적인 좌표로 환원된다. 그것은 수만큼이나 동질적이고 대수적으로 계산

---

57) 에른스트 카시러, 『계몽주의 철학』, 41~42쪽. 수학사가인 모리스 클라인은 다음과 같이 말한다. "17세기에 데카르트와 갈릴레이는 과학활동의 바로 그 본질을 개혁하고 재구성하였다. 그들은 과학이 사용해야 할 개념을 선택하고 과학활동의 목표를 다시 정의하고 과학의 바로 그 방법론을 바꾸었다. 그들의 재구성은 과학에 전에 없는 힘을 주었을 뿐만 아니라 과학을 영구적으로 수학에 묶어 놓았다. 사실상 그들의 계획은 이론과학을 실질적으로 수학으로 환원시키는 것이었다."(『지식의 추구와 수학』, 112쪽.)

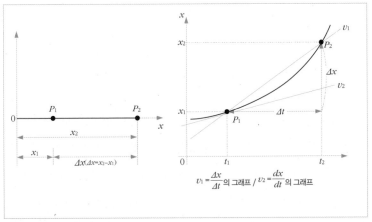

〈그림 4-33〉 평균 속도와 순간 속도

Δx는 점 P_1에서 P_2까지 이동한 거리(x_2-x_1)고, Δt는 그 이동에 걸린 시간(t_2-t_1)이다. v_1은 이동하는 데 걸린 시간(길이)과 이동한 거리의 비인데, 이는 삼각형의 빗변을 이루는 직선 P_1P_2의 기울기를 표시한다. 여기서 시간은 길이(t_2-t_1)라는 공간적 양으로 다루어지고 있으며, 속도는 각 시점에서의 속도가 아니라 평균속도다. 반면 v_2는 t_1이라는 시점에서의 순간 속도를 표시한다. 이 경우 분모인 시간은 어떤 길이가 아니며, 반대로 길이의 속성을 무한히 0에 가깝게 해감$(t\to 0)$으로써 구해진다. 이는 임의의 시점 t에서의 순간 속도를 계산할 수 있게 해 준다.

되며 일정한 단위에 의해 분할가능한 추상적 공간이 된다. 형태와 성질이 사라진 이런 공간은 '텅빈 공간', 그리하여 무언가가 그 중 한 점을 차지할 자리(데카르트의 '연장' 개념)로 표상되며, **관계와 변화를 파악하는 기준으로서 절대적인 성격을 갖게 된다.** 절대공간이라는 이러한 관념은 이후 뉴턴과 칸트는 물론 맥스웰을 비롯한 대부분의 근대과학자, 철학자에게 초월적 전제로 작용한다. 맥스웰의 에테르는 그러한 초월적 전제의 잔영이다.

뉴턴에게 가장 결정적인 모티브는 모든 운동을 하나의 단일한 원리로 파악하는 것이었고, 이런 점에서 케플러가 발견한 천체의 운동법칙과 갈릴레이가 발견한 낙하법칙이나 지상의 운동법칙을 모두 일원적인 법칙의 틀 안에서 설명하는 것이었다. 이를 위해 그는 운동을 **시간에 대한 변화율**로 보며, 운동과 연관된 다른 개념, 예컨대 운동량이나 힘 등을 그러한 변화율로서 파악하려고 한다. 운동량(p)은 질량과 속도의 곱으로 정의되며($p=mv$), 힘(F)은 질량과 가속도의 곱으로 파악된다(제2법칙; $F=ma$). 여기서 속도(v)는 시간에 대한 거리의 변화율이며, 가속도(a)는 시간에 대한 속도의 변화율로 정의된다.

그러나 시간에 대한 거리의 변화율이나 속도의 변화율을 어떻게 수학적으로 정의할 수 있는가 하는 것이 여기서 결정적인 문제가 된다. 속도를 $\frac{거리}{시간}(\frac{\Delta x}{\Delta t})$라고 정의할 때 분모인 시간은 일정한 시간 '간격'으로서, 거리적 속성으로 표현된 시간이다. 다시 말해 이는 공간적인 속성의 비며, 따라서 시간에 대한 변화율을 표시하지 못한다. 이를 위해서는 간격이 아닌 순간 시간이 분모에 쓰여질 수 있어야 했지만, 당시로선 이를 수학화할 도구가 없었다. 이를 위해 뉴턴은 새로운 수학적 개념으로서 미(적)분 개념을 창안하는데(『프린키피아』의 1부), 그것은 평균속도의 분모인 Δt의 크기를 무한히 작게 해갈 때(dt) 평균속도의 변화를 계산하는 것이었다. 이로써 어떤 특정한 시간에 거리변화율이라는, 순간속도의 값을 구할 수 있었고 ($v=\frac{dx}{dt}$), 이는 좀더 근본적으로 본다면 속도를 어떤 시간적 간격(거리!)가 아니라 말 그대로 시간의 함수로 표현할 수 있었다. 운동량 역시 속도의 함수인 한 시간의 함수로 환원될 수 있다. 나아가 이러한 관점을 가속도에 적용할 때, 그것이 상수인 경우조차 시간의 함수로 표현할 수 있게 되며 ($a=\frac{dv}{dt}=\frac{d^2v}{dt^2}$), 이로써 **운동 전체가 시간의 함수로 표현될 수 있는** 기초가 마련된다. 이런 의미에서 갈릴레이가 추상적 시간 t를 자연의 현상 속에 끌어들였다면, 뉴턴은 모든 운동을 시간으로 환원할 수 있는 기초를 마련한 것이라고 하겠다.

이는 물리적 세계에 시간의 개념을 전면적으로 끌어들인 것이라고, 아니 물리적 세계를 시간 속으로 전면적으로 끌어들인 것이라고 할 수 있

〈그림 4-34〉 윌리엄 블레이크(William Blake), 「뉴턴」, 1795년

제목이 없다면 이 그림은 마치 르네상스 이후 회화에서 흔히 그러하듯이 신이 컴퍼스를 들고 제도하고 있는 모습으로 오해했을 것이다. 하지만 제목은 '뉴턴'이다. 하지만 얼굴로 뉴턴임을 알아볼 사람도 없고 보면, 신으로 오해하는 것이 그저 오해만은 아니라고 하겠다. 게다가 이 그림을 그린 블레이크 자신은 자세와 각도는 다르지만 역시 컴퍼스를 들고 세상을 재며 창조하는 신의 모습을 그림으로 그린 적이 있다.

일찍이 서구인들은 바로 그처럼 간결하게 요약될 수 있는 수학적 질서야말로 신이 우주를 창조했다는 증거라고 생각했다. 그래서 많은 과학자나 철학자들이 수학적 우주를 찬양한 것만큼, 많은 예술가들은 수학적인 신의 모습을 그렸다. 예를 들면 뒤러의 판화 「멜랑콜리아 2」는 컴퍼스를 들고 있는 날개 달린 천사의 모습을 전면에 그리고 있다.

물론 블레이크 자신은 컴퍼스를 들고 모든 것을 계산하는, 그럼으로써 모든 것을 계산하는 이성의 틀 안에 집어넣는 근대적 정신에 대한 비판과 풍자를 위해서 이런 그림을 그렸다. 이성의 이름으로 모든 것을 질서지우는 이성주의에 비판적인 이런 태도는 보통 낭만주의라고 불려 왔다. 이 그림은 블레이크가 자신의 시집에 삽화들로 그려 넣은 것 가운데 하나다. 하지만 아이러니한 것은 그런 내용의 시가 없다면, 낭만주의자가 그린 비판적 그림이 이성적 세계에 대한 찬사로 오해될 수 가능성을 막을 요소가 거의 없다는 점이다.

다. 절대화되고 추상화된 시간은 이렇게 하여 물리적 현상 전체의 토대에 자리 잡게 되며, 시간은 실질적으로 우주와 세계의 일원적인 통일성을 확보하는 독립변수가 된다.

다른 한편 데카르트의 추상화되고 동질화된 해석적analytical 공간은 이러한 일원적 일반화의 또 다른 기초를 마련해 주었다. 뉴턴은 이제 데카르트적 공간 위에서 갈릴레이가 파악한 지상의 운동법칙과 케플러가 파악한 천체의 운동법칙을, 중력의 개념을 중심으로 일원적으로 통일한다. 즉 행성의 궤도는 순수한 곡선운동으로 환원되고, 중력은 원운동을 야기하는 구심가속도가 된다. 그리고 $F=ma$에서 a를 행성운동의 구심가속도로 치환하면, 만유인력의 법칙이라고 불리는 공식이 얻어진다($F = G\frac{Mm}{r^2}$). 이러한 이유에서 자신이 거인들의 어깨 위에 서 있다는 뉴턴의 말은 단순한 겸손의 표현만은 아니다. 적어도 갈릴레이와 케플러, 그리고 데카르트가 그것을 가능하게 한 '거인'이었음엔 틀림없다.

따라서 뉴턴이 완성한 근대적 우주관의 중심에는 절대적이고 동질적인 시간 t가 기준으로서 자리 잡고 있는 것이다. 이런 점에서 본다면 우주의 질서란 추상적 시간 t, 사실은 시계적 시간 t에 의해 파악되는 질서인 셈이다. 따라서 우주가 시계적인 **우주**로 간주될 수 있었다는 것은 그리 놀라운 일이 아니다.

우주가 시계와 같다는 사실을 알기 때문에 나는 더욱더 우주를 우러러본다. 그렇게 찬탄할 만한 자연현상이 그렇게 간단한 것에 근거해 있다는 사실, 이 사실이야말로 정말 놀라운 것이 아닌가?[58]

---

58) Bernard de Fontenelle, *Entretiens sur la pluralité des mondes*, 1686(에른스트 카시러, 『계몽주의 철학』, 75쪽에서 재인용).

결국 자연을 수학화함으로써 계산가능성을 찾으려 했던, 근대과학을 특징짓는 갈릴레이의 이념은 한편으로는 공간을 대수적인 공간으로 변형시키고, 그 위에서 시간을 모든 운동의 절대적인 기준으로 삼음으로써 완성된다. 이런 점에서 "수학은……경험적-직관적 형태들의 다양성과 더불어 규정되지 않은, 생활세계의 보편적 형식인 시간과 공간으로부터 가장 먼저 본래적인 의미에서 **객관적** 세계를 만들었다."[59]

2) 근대과학에서 시간·공간의 개념

근대과학혁명의 산물이자 그것을 가능하게 했던 조건이기도 한 시간과 공간의 개념(적 배치)에 대해 간략하게 비교하면서 요약하자. 우선 데카르트에게서 분명하게 볼 수 있듯이 어떠한 부분공간도 전체공간과 동질적이며, 차이는 오직 양적일 뿐이다. 이로부터 쉽게 추론되는 것이지만, 공간은 어떠한 크기로도 분할될 수 있는 것으로 간주되었다. 이러한 개념적 가정으로 인해 데카르트는 공간을 대수적인 수로 환원하고 기하학이나 공간에 관한 특징을 산술화할 수 있었다. 이런 점에서 근대과학을 기초짓고 있는 공간은 '수학적 공간'이요 '추상적 공간'이라고 하겠다.

이는 시간에 대해서도 마찬가지다. 갈릴레이나 뉴턴이 가정하고 있는 시간은 하나의 동질적이고 분할가능한, 시계적 시간이라는 척도였다. 그것은 단지 양으로, 혹은 대수적인 수로 마찬가지로 환원될 수 있는 것으로 간주되었고, 그렇기 때문에 근대적 시간 개념은 시간에서도 직관적 성질을 제거해 버렸다. 어떠한 부분시간도 다른 부분시간과 다를 바 없으며,

---

59) 에드문트 후설, 『유럽학문의 위기와 선험적 현상학』, 58쪽.

합쳐지고 곱해질 수 있는 것으로 간주되었다.[60]

심지어 음의 부호가 붙은 시간을 생각하는데도 아무런 장애를 느끼지 않았다. 이는 공간 역시 마찬가지지만, 그러나 공간과 시간은 여기서 크게 달라진다. 공간은 일방성을 갖지 않으며(혹은 무한한 방향성을 가지며) 공간상의 이동은 뒤로 가는 이동이 얼마든지 가능하기 때문에 공간의 속성에 관련해 음의 부호는 충분히 있을 수 있는 것이다. 반면 시간은 물리적으로 일방적인 방향성을 가지며 공간처럼 이동가능성이 없다. 이 점에서 시간의 대수화는 공간의 대수화에 비해서 또 하나의 중요한 포기를 대가로 치러야 했다. 즉 시간의 대수화는 시간에 내재하는 근본적 속성인 일방성과 이동불가능성을 제거하여, 공간과 다를 바 없이 음의 시간도, 시간상의 이동도 얼마든지 가능한 것으로 만들었다. 이제 시간과 공간은 서로 대칭적인 것이 된다. 가역적 시간의 환상이 나타나는 것은 바로 이런 근대적

---

60) 이러한 시간 개념은 시간의 **누적은 발전**이라고 하는 '진화'의 개념에 이어진다. 예를 들면 다윈은 자연도태의 시간적 누적과 축적을 통해 진화가 이루어졌다고 함으로써, 진화의 개념과 수학적인 시간 개념 간의 연관성을 생물학적 이론으로 발전시켰다. 이런 관점은 라마르크의 진화 개념에서도 마찬가지다. 진화론이 19세기 과학의 꽃이 될 수 있었던 것은 바로 이런 새로운 종합과 전환이 근대적 지반 위에서 이루어졌기 때문은 아닐까? 물론 생물학적 목적 개념을 역사적-시간적 목적 개념으로 전환시킴으로써 성립한 헤겔적 진화론에 대해서는 또 다른 평가가 필요하지만.
한편 이런 관점에서 우리는 진화론적 시간 개념을 기독교적, 목적론적 시간개념으로 환원하는 것에 대해 신중하게 검토할 필요가 있다. 왜냐하면 동질적 수학적 시간의 전제 위에 성립한 진화론은 기독교적 시간이 아니라 근대적 시간성을 전제한다. "묵시록적 예언이 시간을 종말에 고착함으로써 시간을 파괴하는 반면, 예측은 그 조각가 이루어지는 틀로서 시간을 생산한다"(Reinhart Koselleck, *Futures Past: On the Semantics of Historical Time*, tr. by Keith Tribe, MIT Press, 1985, p.14.[*Vergangene Zukunft: Zur Semantik geschichtlicher Zeiten*, Suhrkamp, 1979.])는 코젤렉의 말은 이런 관점에서 올바른 것이다. 또한 목적론과 관련된 종말론에서도 중요한 변화가 발견된다. 그에 따르면 보댕(Jean Bodin)은 종교적 종말론을 '계산'의 문제로의 변환했다. "종말의 예감이 약화됨에 따라 신성로마제국은 종말론적 기능을 상실했다. 그리고 베스트팔렌 조약(1648년) 이후 평화의 유지문제가 유럽 국가 체계가 최대 현안이 되었다. 여기서 보댕은 역사가로서 그의 주권 개념만큼이나 혁신적인 역할을 수행했다. 그는 성서와 인간사, 자연사를 분리하여 세계 종말의 문제를 **천문학적**이고 **수학적인 계산의 문제로 변환**시켰다. 세계의 종말은 우주 안에서 자료화되었고, 종말론은 특수하게 고안된 자연사(natural history)가 되었다."(*Ibid.*, p.10. 강조는 인용자) 이는 교회의 예언에 대한 정치의 승리였다(*Ibid.*, p.11). 그러나 코젤렉은 이러한 논의 뒤에—아주 분명한 것은 아니지만—근대적 예측과 종교적 예언 각각이 야기하는 유사한 정치적 효과를 들어서 이 구분을 다시 무화시키는데, 이는 납득하기 힘든 것이다.

시간 개념의 수학적 특징 때문이다.[61]

또한 뉴턴이 완성한 근대적 우주관은 앞서 보았듯이 시간을 모든 운동과 변화의 기준으로 도입함으로써 가능했던 것이었다. 따라서 뉴턴에게 시간은 정의되지 않은 원시적인 양으로 남아 있으며,[62] 시간이 모든 것을 설명할 뿐, 어떠한 것도 시간에 대해 설명하거나 서술하지 않는다. 이런 점에서 시간은 절대적 시간이며, 정의되지 않고 단지 요청된 것이다.

반면 데카르트에게 공간은 기하학적 속성이나 배치들이 그 위에서 이루어지는 기준이요 좌표계였다. 이런 점에서 그것은 절대공간이었다. 그러나 사실 (갈릴레이 및) 뉴턴의 이론은 그러한 (움직이지 않으며 다른 모든 부분공간에 대해 기준으로 작용하는) 절대공간 개념을 허용하지 않는다. 왜냐하면 물리학은 모든 물리적 관성계에 대해 동일하게 적용될 수 있는 법칙을 추구하는데, 그러기 위해서는 운동하는 좌표계 간의 관계가 상대적이어야 하기 때문이다. 다시 말해 물리적 운동의 서술은 갈릴레이 변환에 대해 불변이어야 하며, 이러기 위해서는 모든 관성계(부분공간)가 서로에 대해 상대적이어야만 하기 때문이다.[63]

---

61) "우리는……자연과학에서는 시간이 공간보다 더 근본적임을 보여 주려 한다. 공간의 위상적 및 거리적(metric) 관계는 시간적 관찰로 완전히 환원될 수 있다. 우리는 결국 시간 질서가 인과적 전달의 원형이라는 것을 알게 되고 그에 따라 시간질서는 인과적 연결의 기본틀이라는 것을 발견하게 될 것이다."(한스 라이헨바흐, 『시간과 공간의 철학』, 이정우 옮김, 서광사, 1986, 143쪽.[Hans Reichenbach, *Philosophie der Raum-Zeit-Lehre*, 1928.]) 이러한 생각은 뉴턴의 이론에서 시간이 갖는 근본성을 상기한다면, 아니 갈릴레이에게서 거리가 시간의 함수로 표시되었다는 점을 상기한다면 충분히 가능한 것이다. 그러나 로렌츠변환이나 특수상대성이론에서 공간이 시간에 의해 표시되고 시간이 공간에 의해 표시되는 것을 염두에 둔다면, 이는 역시 아직도 뉴턴적 공리 안에서 시간과 공간의 이론을 해석하려는 근대적 시도로 보인다. 아마도 공간의 가역성과 이동가능성에 대해 시간의 비가역성과 이동불가능성이 갖는 특성이 라이헨바흐에게는 시간의 우위성으로 보였던 것 같다. 인간이 통제할 수 있는 것에 비해 그렇지 않은 것이 더욱 근본적으로 보이는 것은, 인간이 중심에 서 있는, 그리고 세계는 그 통제대상으로 간주하는 서구의 근대사상에 공통된 특징이다.

62) Peter Coveney and Roger Highfield, *The Arrow of Time: A Voyage through Science to Solve Time's Greatest Mystery*, p.85.

63) 이에 대한 간단한 설명은 Peter Coveney and Roger Highfield, *Ibid.*, pp.76~87.; 안세희, 『물리학의 현대적 이해』, 청문각, 1995 참조.

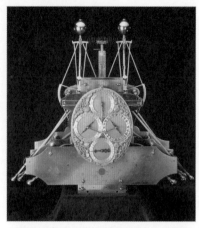

〈그림 4-35〉해리슨의 첫번째 해양 시계, 1735년 완성
물리적 자연의 수학화를 가능하게 해준 시계는 역설적이게
도 시간을 공간으로 환원한다. 즉 흐름으로서의 시간을 둥
근 원판의 일정하게 분할된 길이로 환원한다. 사실 바로 이
럼으로써 시간은 거리와 같은 공간적인 다른 변수와 더불어
계산할 수 있는 것이 된 것이다. 시계에 기초한 이른바 통속
적 시간관념이나 자연과학에서 시간의 개념이 직선적이고
(거리)양적인 것은 이런 점에 기인한다. 하지만 앞서 보았듯
이 시간이 시간으로서 계산되려면 시계적인 시간에서 공간
적 속성을 '무한히 축소함으로써만' 가능한 것이었다($t→0$).
해리슨의 기품있는 이 해양시계는 밑의 원판이 날짜를, 중간
의 오른쪽 원판이 시간을, 왼쪽 원판이 분을, 꼭대기의 원판
이 초를 가리킨다. 마치 보이지 않는 시간을 그렇게 하나하
나 거리적 속성으로 표시하여 계산해 둠으로써 시계판 위에
잡아 두기라도 하려는 듯이.

그러나 뉴턴 자신은 물론 이후 고전물리학의 거의 모든 사람들이 절대공간을 가정하고 있었다. 이 역시 공간을 수학적인 좌표계로 보며, 기준계로 설정하던 근대적 관념의 산물인데, 이로 인해 중요한 난점이 나타난다. 즉 전자기 현상을 설명하는 맥스웰 방정식이 갈릴레이 변환에 대해 불변이 아니라는 점이 밝혀지면 난관에 봉착하게 된다. 이는 사실 전자파의 속도가 광속과 같기 때문에, 다시 말해 전자기 현상에서는 속도가 빛과 동일하기 때문에 나타나는 것이다. 이는 사실 절대적인 시간 개념에 문제가 있음을 뜻하는 것이었다. 그러나 맥스웰 자신을 포함해서 대부분의 근대과학자는 절대시간의 개념을 포기하기보다는 모든 관성계에 대해 절대적 기준으로 작용하는 절대공간을 물리적으로 가정하는 방식으로 해결하려 했다. 우주공간을 점하고 있는 절대적 기준계로 에테르를 도입하는 것은, 이런 점에서 절대시간 개념의 위기에 대해 그것을 포기하기는커녕 절대적 공간을 물리적으로 도입함으로써 해결하려는 근대적 공준으로 되돌아가는 것이었다.

여기서 확인할 수 있는 것은 시간과 공간이 물리학적으로 결코 대칭

적이 아니며, 서로 상이한 특성을 갖고 있는 반면, 근대과학에서는 이를 끊임없이 **동형화시키고 대칭적으로 것으로 만들려는 경향**이 상존한다는 점이다. 여기에 결정적인 것은 모든 것을 수학화하려는 근대과학의 중심적 이념과 방법이다. 그 결과 수학적이고 동질적인 절대시간과 절대공간 개념은 대칭적인 형태로 근대과학 전체를 통해 끊임없이 반복해서 되살아난다. 물리학적으로 용인되지 못하는 절대시간과 절대공간의 반복적 재생을 통해, 혹은 시간과 공간의 절대적 동형화를 통해 확인할 수 있는 것은 절대공간과 절대시간, 아니 수학적 시간과 공간은 그 자체 순수한 자연이 아니라 근대의 과학을 통해서 형성되고 유지되어 온, 그리고 대개는 강화되어 온 일종의 분절기계라는 점이다.[64] 어떤 이론적 사유도 결코 벗어나기 힘든, 그리고 오히려 사고나 활동의 지형적 배치를 특정한 분절 안에서 이루어지게 하는 분절기계.

근대과학의 이념으로서 자연의 수학화는 한마디로 말해 **모든 자연현상을 계산가능한 것으로 변환시키는 것**을 지향하고 있었다. 이런 의미에서 수학적이고 동질적인 절대시간과 절대공간의 개념은, 시간과 공간이 가지고 있는 중요한 차이에도 불구하고 자연현상을 계산가능한 것으로 변환하는 데 가장 기본이 되는 전제였다. 베이컨이나 데카르트가 말했던 것처럼 과학이 인간으로 하여금 자연을 지배하고 통제할 수 있게 해주리라는 믿음은, 이러한 '계산가능성'에 대한 추구/믿음과 불가분한 것이었을 것이다.

---

64) 칸트의 사고가 근대적 이념으로서 계몽주의의 완성이라는 말은, 단지 실천이성의 윤리학적 수준에서 뿐만 아니라 순수이성의 인식론적 수준에서도 강한 의미로 해석되어야 하는 것은 바로 이러한 이유 때문이다.

5. 근대사회의 시간-기계와 공간-기계

1) 근대적 시간-기계의 형성

① 시간적 분절기계: 선분화

스리프트Nigel Thrift가 인용하는 바에 따르면, 15세기경 영국의 휴 올드햄 Hugh Oldham 주교는 식사조절을 위해 매우 절제된 생활을 하여, 예컨대 11 시에 점심식사를 하고 5시에는 정확하게 저녁식사를 해야 했다고 한다. 이를 위해 그는 시계를 관리하고 식사시간을 알려 주는 사람을 고용했는 데, 당연하게도 그의 업무상 사정으로 인해 그 시간은 엄격하게 지켜지지 못했다. 그런데 이 경우 시계 관리인은 주교가 점심식사나 저녁식사를 하는 것에 맞추어 11시와 5시라고 알려야 했다. 그 이유를 묻는 질문에 대해서 그는 그것이 주인이 식사를 하러 갈 때 그를 기쁘게 해주기 때문이라고 대답했다고 한다.[65]

지금이라면 이 이야기는 주교의 허영심을 보여 주는 희극으로 간주될 뿐이다. 그러나 그것이 희극으로 보이는 것은 기계적이고 등간적인 시계의 시간과, 주교의 삶의 리듬이 갖는 시간성의 불일치에서 연유하는 것이다. 사실 시계적인 시간관념, 그리하여 그 기계적인 움직임에 삶의 리듬을 일치시켜야 한다는 관념은 그 당시로선 매우 낯선 것이었다. 오히려 다양한 삶의 형태만큼이나 다양한 시간의 리듬이 있었다. 교회나 수도원에서는 신이 세상을 만든 주기를 중심으로 살았지만, 농민들은 일의 특성상 자연의 리듬에 맞추어야 했기에 열두 달과 4계절이 교착된 캘린더에 따라

---

65) Nigel Thrift, "The Making of a Capitalist Time Consciousness", ed. by John Hassard, *The Sociology of Time*, St. Martin's Press, 1990, p.106.

살았다. 이런 이유로 중세적 시기에는 주週라는 단위가 농민들 사이에선 결코 공통의 단위가 아니었다.[66]

시골 지역에서 일, 주, 연年 등의 교직은 척도적이라기보다는 리드믹했다고 한다. 오히려 시간을 계산하는 것은 섬처럼 고립된 지역에 불과했다. 스리프트는 나름대로 정확하게 시간을 지키려 했던 '섬'은 수도원과 도시였다고 한다.[67] 수도원은 기도시간 등에 따른 생활의 통제 때문에, 도시는 교역에 따른 필요 때문이었다. 그런데 이중에서도 좀더 정확한 시계를 필요로 했던 것은 도시였고, 15세기의 어떤 작가는 이미 "도시에서 사람은 시계로 통치된다"는 말을 했다고 한다. 이런 점에서 스리프트는 15세기의 "중세 도시에서는 이미 '상인의 시간'이 '교회의 시간'에 대해 승리하기 시작했다"고 한다.[68]

그러나 상인의 시간은 교역이 국지적인 한 그 영향력 역시 국지적일 수 밖에 없었다. 그것은 사람들의 삶에는 별다른 영향을 미치지 못하는 섬이었음에 분명하다. 이 시기는 물론 17~18세기에 이르기까지, "강제는 자연 그 자체의 것에 따른 것이었다. …… 새벽에 시작해서 저녁에 끝나는 노동은 농업 공동체에서는 '자연적인' 것이었고, 이는 특히 수확철에 더 그랬다."[69] 고용에 의해 일하던 초창기에도 노동은 부과된 과업을 각자가 알아서 완수하는 방식으로 진행되었다. 이를 톰슨은 과업–지향task-orientation이라고 부르는데,[70] 이는 자연적인 리듬과 상대적으로 부합하는 것이었다. 거기에는 "시간화된 노동보다 훨씬 더 인간적인 감각"이 있었

---

66) *Ibid.*, p.107.
67) *Ibid.*, p.108.
68) Nigel Thrift, "The Making of a Capitalist Time Consciousness", p.109.
69) E. P. Thompson, "Time, Work-Discipline and Industrial Capitalism", *Customs in Common*, Merlin Press, 1991, p.357.
70) *Ibid.*, p.358.

고, "'노동'과 '생활'의 분리는 상대적으로 약했으며," "시계에 의해 시간화된 노동에 익숙한 사람이라면 시간에 대한 낭비적이고 절박함이 결여된 태도를 발견"하게 될 태도를 가지고 있었다.[71]

"자신의 노동생활을 자신이 조절할 수 있는 곳에서 사람들의 생활은 한바탕 일하고 한바탕 노는 것의 반복이었다."[72] 이러한 상황에서는 화폐적 유인책도 그다지 쓸모가 없었다. 왜냐하면 사람들은 일을 해서 돈을 벌면 그것이 다 떨어질 때까진, 종종 반복적인 작업에 대한 반감으로 '구토'에 시달리기도 하게 하는 노동보다는 노는 것에 더 관심을 가졌기 때문이다. 하루나 주중의 노동시간은 극히 불규칙했고, 관습적인 축제와 철야제에 집착했으며, 많은 사람들이 성 월요일Saint Monday을 엄수했고, 심지어 음주와 유희는 다음날을 '성 화요일'로 만들었다고 한다.[73] 그 결과 "월요일이나 화요일에는 수직기手織機를 돌리는 직공은 '시간은 많아, 시간은 많아' 하며 천천히 노래를 부르지만, 목요일이나 금요일이 되면 '너무 늦었어, 너무 늦었어'라는 노래로 바뀐다. 아침에 한 시간 더 누워 있고 싶다는 유혹이 저녁에 촛불을 켜놓고 일하게 한다."[74]

그러나 18세기 말이 되면서 자본가들은 삶의 방식 자체의 변환을 직접적으로 요구하게 된다. 이는 자본의 발전과 함께 임노동자의 고용이 확대되는 한편, 노동인구는 점차 과잉이 되어 갔다는 역사적 조건과 무관하지 않은데, 사실 고용이 일반화되면서 시간은 애덤 스미스의 말대로 '기회비용'이요 가치임이 분명해졌기 때문일 것이다. 즉 임금이란 일정한 시

---

71) E. P. Thompson, "Time, Work-Discipline and Industrial Capitalism", *Customs in Common*, p.358.
72) *Ibid.*, p.372.
73) 성 월요일의 관습이 어떻게 변화했는지에 관해서는 Douglas Reid, "The Decline of Saint Monday: 1766~1876", *Past and Present*, no.71 (May), 1976 참조.
74) E. P. Thompson, *Ibid.*, p.373.

간 동안 일을 시킬 수 있는 권리를 사는 것이라면, 그것을 조금의 낭비도 없이 최대한 가동하는 것이 관건인 것이다. 이제는 **노동 행위 그 자체가** 아니라 노동시간이 가치로서 정의된다. 그것은 노동 행위가 갖는 다양한 성질을 오직 시계 바늘로 계산되는 **추상적이고 동질적인 양**으로 환원시킨다.[75] 나아가 지나가는 시간은 돌이킬 수 없으며, 그만큼 낭비한 것이 된다. 왜냐하면 시간은 거꾸로 흐르지 않기 때문이다. 이런 점에서 "시간은 금"이라는 생각은 **시간의 일방성**(비가역성)과 긴밀히 관련된 것이다. 즉 자본가에게는 과학자들과 달리 음의 부호가 붙은 시간을 상상할 수 없으며, 그것은 단지 '지나간 것'일 뿐이다. 이제는 노동의 시간적 강제가 중요하게 된다. 톰슨은 1790년경 과업노동taken-work에 대한 마틴 경의 비판을 인용하고 있다.

사람들이 동의하듯이 과업노동은 노동자를 감시하는 수고를 덜기 위해 도입된다. 그 결과 일은 제대로 되지 않고 노동자들은 자기가 '벽에 기댄 채 빈둥대며' 시간을 보낼 수 있다고 맥주집에 앉아 우쭐대며, 그 결과 많지 않은 임금 앞에서 불만을 가지게 된다.[76]

이제 시간은 빈둥거림을 제거하고 노동을 강제하는 형식으로서 작용하게 된다. 웨지우드J. Wedgwood는 노동자가 속도를 조절할 수 없는 새로

---

75) 예전에 언급한 적이 있듯이, 이처럼 시간과 화폐는 결합되어 근대적 주체의 삶 전반을 생산해 내고 통제하는 일종의 '존재형식'을 이룬다(박태호, 「근대적 주체와 합리성」, 『경제와 사회』, 1994년 겨울). 맑스가 말하는 '추상적 노동'의 개념(칼 맑스, 『자본론』, 1권 1장)이 중요해지는 것은 이런 맥락에서인데, 그것은 들뢰즈·가타리의 개념을 빌려 표현하면 구체적 유용노동을 끊임없이 탈영토화하고 재영토화하며, 탈코드화하고 재코드화하는 일종의 '추상기계'(machine abstraire)다(Gilles Deleuze et Félix Guattari, *Mille plateaux*, p.176 이하, pp.180~181, pp.636~641). 이에 대해서는 '자본주의와 근대성'에 관한 좀더 포괄적인 연구를 필요로 하는데, 이 역시 차후의 과제로 미루어 두자.
76) E. P. Thompson, *Ibid.*, p.380에서 재인용.

운 기계의 도입 없이도 시간을 축으로 한 새로운 규율을 도입함으로써 커다란 성공을 거두었다. 그는 사무원에게 다음과 같이 지시했다.

제 시간에 맞춰 규칙적으로 나타나는 사람에게는 그러한 사실을 알고 있음을 보여 주어 격려해 준다. 그리고 계속 그들을 칭찬하여 다른 노동자와 구별한다. …… 지정된 시간보다 늦게 오는 사람들은, 계속되는 비난에도 불구하고 제 시간에 오지 않는다면 늦은 만큼 임금을 주지 말아야 한다.[77]

결국 그는 지금은 어디서나 일반화된, 그리고 채플린이 화장실 앞에 배치함으로써 풍자했던 출근시간 기록기recording of clocking-in를 도입했다. 시간적 통제를 벌금과 처벌에 의해 강제하려던 웨지우드의 이러한 발상은 이후 극한적으로 만개한다. 19세기 중반의 영국 노동자들의 상태에 대한 서술에서 엥겔스는 다음과 같은 예를 들고 있다.

다음과 같은 공장규칙은 아주 일반적이다. ① 작업 시작 10분 후 정문을 폐쇄한다. 그 후에 온 사람은 아침식사 시간까지 들어갈 수 없다. 이 시간 동안 작업을 하지 않은 사람은 누구나 직기당 3펜스의 벌금을 물어야 한다. ② 기계가 작동 중인 동안 자리를 비우는 직공은 한 직기 당 한시간에 3펜스의 벌금을 물어야 한다. 작업시간 중 감독자의 허가 없이 작업실을 떠나는 사람은 3펜스의 벌금을 물어야 한다. …… 또 다른 공장규칙을 보면 3분을 늦게 온 노동자는 15분에 해당하는 임금을 벌금으로 물어야 하고 20분을 늦게 온 노동자는 하루 일당의 1/4를 벌금으로 물어야 한다. 아침식사

77) E. P. Thompson, *Customs in Common*, p.385에서 재인용.

시간까지 공장에 오지 않는 노동자는 월요일의 경우 1실링, 다른 날에는 6 펜스의 벌금을 물어야 한다.[78]

이러한 시간적 강제는 단지 개별적인 공장주에 의해서 개개인의 노동자에게 가해졌을 뿐만 아니라, 사회적인 수준에서도 제도화된다. 예컨대 14세기 중엽부터 17세기 말까지 지속되었던 노동법은 노동일의 최대한이 아니라 최소한을 법제화함으로써, 노동일을 연장하려 했으며, 이는 시간적 강제에 포섭되지 않는 사람들에 대한 '보편적이고' 제도적인 강제장치였다.[79]

이는 고용된 시간은 노동자 '자신의 시간'이 아니라 '고용주의 시간'임을 신체적으로 강제함을 뜻하는 것이었고, 그 결과 일과 생활의 시간적 분리가 '기계화'됨을 뜻하는 것이었다.[80] 그런데 이는 단순히 규율을 강제하고 생활을 통제하기 위한 것만은 아니었다. 다른 한편에서 그것은 분업의 발전에 따라 작업장에서 노동을 공시화共時化, synchronization해야 한다는, 생산 내적인 필요 또한 포함하고 있었다.[81] 시간-기계는 분할된 작업과 행위를 결합하는 기준이 되었다. 물론 이 역시 분할된 노동 간의 불일치로 인해 야기되는 시간의 낭비를 극소화하려는 부르주아적 욕구에 의한 것이

---

78) 프리드리히 엥겔스, 『영국 노동자 계급의 상태』, 219~220쪽.
79) 칼 맑스, 『자본론』 I권(상), 김수행 옮김, 비봉, 2005(제2개역판), 308쪽 이하.[Karl Marx, *Das Kapital*, Bd. 1, 1867.]
80) 이를 각각 '공적 시간'과 '사적 시간'에 대응시키는 것은 잘못이다. 예컨대 제루버블(Eviatar Zerubavel)은 개인과 역할의 구분을 '사적 자아'와 '공적 자아'로 나누고, 이에 '사적 영역'과 '공적 영역'을, 그리고 '사적 시간'과 공적 시간'을 대응시킨다("Private-time and Public-time ", ed. by John Hassard, *The Sociology of Time*, p.168 이하). 한편 이와 대조적으로 스리프트는 작업시간과 개인시간에서 시계시간의 준거화에 대해 언급하면서, 그에 따라 두 가지 시간이 분할되면서도 사실은 동질화된다는 점을 지적하고 있다.(Nigel Thrift, "The Making of a Capitalist Time Consciousness", ed. by John Hassard, *The Sociology of Time*, p.114.) 이에 대해서는 다음 소절에서 다시 언급할 것이다.
81) E. P. Thompson, *Customs in Common*, p.370.

	동작의 종류	소요시간(분)
개폐동작	서류철서랍 열고 닫기, 선택없음	0.04
	홀더 표지를 열거나 닫음	0.04
	책상서랍, 측면서랍 열기	0.014
	가운데 서랍 열기	0.026
	측면 서랍 닫기	0.015
	가운데 서랍 닫기	0.027
의자에서의 행동	의자에서 일어서기	0.033
	의자에 앉기	0.033
	회전의자에서 몸 돌리기	0.009
	옆의 책상 또는 서류철까지 의자로 이동하기	0.050
필기 동작	숫자 1자당	0.01
	활자체문자 1자당	0.01
	보통 필기체 1자당	0.015

〈그림 4-36〉 사무직 노동의 작업에 대한 시간적 표준

이는 미국 사무 시스템 및 절차 협회에서 편찬한 『사무작업시간 표준에 대한 안내서: 미국의 대기업이 사용하는 표준자료집성』에서 브레이버맨이 뽑은 것이다. 이 편람을 위해 자신들의 사무표준시간 자료를 제공한 조직은 제네럴 일렉트릭 회사, 스탠포드 대학, 제네럴 타이어 앤드 러버 회사, 커어-맥기 석유산업회사, 오웬즈 일리노이즈, 시카고의 해리스 신탁 저축은행, 사무 시스템 및 절차 협회 시키고 지부 등이었다고 한다(해리 브레이버맨, 『노동과 독점자본』, 274쪽). 이전에 출근 시간과 작업시간, 점심시간, 퇴근시간 등에 대해 강제되던 시간적 통제는 육체 노동은 물론 사무직 노동에서도 이처럼 미세한 단위 동작들로 분할되고 천 분의 일 분 단위로까지 계산된 표준 작업시간이 과학의 이름으로 제시되기에 이른다. 우리의 경우도 대부분 마찬가지로 갖고 있는 이러한 표준 작업시간은 이제 전 세계 노동자들의 손과 발, 머리의 활동을 채취하는 기계임이 너무도 분명하다. 시간-기계!

었으나, 이는 대개 결합노동을 위한, 아니 생산 자체를 위한 효율성의 이름으로 정당화되었고, 그 결과 (지금도) 분업과 결합노동이 행해지는 한 불가피한 것으로 간주된다.[82]

이러한 변화는 시계적 시간이 이전의 노동리듬을 대신해 새로운 작업리듬으로 전환됨을 뜻하는 것이다. 이제 시간은 **노동과 관련된 행위의 일반적 척도**가 된다. 이러한 척도는 선택가능한 행위의 외연을 규정하며, 그것

82) 여기서 근대적 시간관은 결합노동이나 분업의 결과라기보다는 반대로 그것을 기초하고 있는 '선험적 전제'가 되고 있는 것이다.

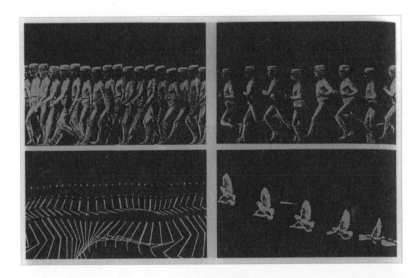

〈그림 4-37〉 에티엔 쥘 마레, 동작 사진, 1880
년경(위의 사진)
〈그림 4-38〉 마르셀 뒤샹, 「계단을 내려가는 나
부(裸婦)」, 1912년(오른쪽 그림)

프랑스의 생리학자 에티엔 마레(Étienne-Jules
Marey)는 개구리 근육의 진동, 갈매기의 비상뿐
만 아니라 사람의 보행 중 동작 등 유기체의 운동
에 몰두해서 연구했던 사람이다. 위 사진은 모델
에게 검은 옷을 입히고 팔, 몸, 다리 등에 빛이 나
는 금속조작을 붙이고 움직이게 하여 사진을 찍
은 것이다. 이러한 연구는 미세한 시간적 단위에
동작을 대응시키는 역의 과정을, 일정한 표준적
기준 아래 진행시킬 수 있는 '과학적' 토대를 제공
했다.

한편 이러한 동작과 운동에 관심을 가졌던 것은
단지 생리학자나 테일러 같은 관리-공학자만은
아니었다. 20세기 초반의 화가들은 이제 대상의
정지된 상(像)이 아니라 대상의 운동 자체를, 혹은
움직이는 시점에 따른 대상의 양상을 포착하려고
했다. 미래파는 강렬한 선언문을 통해 운동을 포
착하려는 자신들의 시도를 표명했으며, 구성주의
자였던 모호이너지(László Moholy-Nagy)는 운동
하는 시각(vision in motion)에 의한 대상의 포착을
시도하며, 모호이너지의 시도는 바우하우스를 통
해 유럽으로 확장된다. 다다이스트로 흔히 분류
되는, 하지만 어디에도 머물지 않았던 마르셀 뒤
샹은 계단을 내려가는 나부의 움직임을 대담하고
파격적인 그림으로 표현했다. 하지만 이 그림이
〈4-37〉의 마레의 사진과 보여 주는 유사성은 당
시에는 그다지 잘 이해되지 않았던 그 '파격'을 이
해할 수 있게 해준다.

을 벗어났을 때 가해지는 벌금이나 처벌 등은 일반적 척도로서 시계적 시간이 단지 측정하는 기준일 뿐만 아니라 신체적 강제를 수반하여 기능할 수 있게 해주는 주변장치다. 그것은 시계적 시간이 **사람들의 활동을 특정한 방식으로 절단하고 채취하는 기계**임을 보여 준다. 바로 이런 맥락에서 이제 우리는 시간을 '시간-기계'라고 정의해야 하는 이유를 설명할 수 있다.[83]

그러나 작업장에서 시간-기계의 작동은 한걸음 더 나아간다. 사실 시간-기계가 단지 출근시간이나 노동시간을 엄수하게 하는 것만으론 지나치게 소극적인 것이다. 노동의 공시화에 요구되는, 그리하여 작업의 결합과 연결에 따른 시간의 낭비를 줄이고 사람들의 활동을 일관되고 규칙적이게 만들어야 한다는 점이 자본가에게는 중요했으며, 사실 가장 중요한 난관은 이것이었다. 즉 자신의 의지와 리듬에 따라 일하던 농민이나 소생산자들의 활동이란 불규칙적이고 자의적인 것이었기 때문이다. 여기서 우리는 맑스가 '실질적 포섭'을 '형식적 포섭'과 구별해야 했던 결정적인 이유를 볼 수 있다. 유어Andrew Ure 박사 말대로 시간-기계를 작동시키는 데서 가장 중요한 문제는 "무엇보다 사람들의 일관성 없는 작업습관을 폐기하고 그들 자신을 복잡한 불변적 규칙성에 일치시키도록 훈련시키는 데 있었다."[84] 시간표, 혹은 작업시간표라고 불리는 기계가 중요해지는 것은 바로 이런 맥락에서다. 시간표와 시간관리인 등은 감시원이나 벌금 등과 더불어 이미 1700년대에 나타난다고 하는데, 이것이 18세기 말이 되면서 방적공업에 본격적으로 도입된다.[85]

---

83) 이는 사실 근대적-시계적 시간에만 해당되는 것은 아니다. 자연적 흐름에 따른 시간 역시, 다른 방식으로지만, 사람들의 활동을 절단하고 채취하는 기계임에 틀림없다.

84) Andrew Ure, *The Philosophy of Manufactures*, 1835.(칼 맑스, 『자본론』 I권(하), 569쪽에서 재인용.)

85) E. P. Thompson, *Ibid.*, pp.387~389. 시계가 더 이상 사치품이 아니라 필수품이 되는 것은, 한편으로는 시계제작의 발전과 더불어 이러한 사회적 필요의 변화에 따른 것이었다. 1790년대 이래 시계 보급은 빠르게 확산되어 1800년대가 되면 그 숫자는 크게 증가했으며, 18세기 중반에 글을 썼던 도

그러나 19세기 초반까지만 해도 시간표는 매우 간단한 수준이었고 활동의 외연석 제한 수준을 크게 넘지는 않았었다. 그러나 19세기 후반에 들어오면서 시간표는 매우 정교하고 자세한 것이 되기 시작했으며,[86] 알다시피 19세기 말이 되면 시간표는 시간에 따라 미세한 동작 하나하나까지를 통제하려는 이른바 '동작관리', '시간관리'가 나타난다. 이로써 테일러주의는 시간-기계가 절단, 채취하는 활동의 폭을 미세한 부분동작에까지 확장시켰고, 그 결과 시간-기계는 시계적 시간처럼 미시적 시간으로까지 얼마든지 분할가능한 분절기계가 되었다. 이런 점에서 테일러주의는 근대적 시간-기계의 완성이라고 말할 수 있을 것이다.

근대적 시간의 추상적 직선은 이처럼 어떤 주어진 단위에 대해 무수한 선분들로 분절된다. **시간의 선분화.** 하지만 시간의 선분성이 단지 시간을 동질적인 단위에 의해 분할할 수 있다는 것을 뜻하는 것만은 아니다. 거기서 중요한 것은 차라리 시간표와 시간관리라는 기계에서 보이듯이 **특정한 활동이나 동작을 선분화된 시간에 대응시킨다**는 사실이다. 절단과 채취의 마디로서 선분적 시간.

이러한 선분적 대응체계로서 시간표는 사실 그 이전 시기에 학교에서 이미 기계로서 작동하고 있었다. 이미 16세기 초에 프랑스의 "스탕동Standonc에서는 아침부터 저녁까지 하루 전체에 대해 허용된 습관에 따

로시 조지(Dorothy Goerge) 박사에 따르면 장인들뿐만 아니라 노동자들도 대개 은시계를 갖고 있었다(E. P. Thompson, *Ibid.*, p.366). 이로 인해 1791~98년 사이에 시계에 과세하는 문제를 둘러싸고 논쟁이 있었다. 문제는 시계가 사치품인가 필수품인가 하는 것이었는데, 장관들은 그것이 사치품이라고 주장했지만, 시계에 사치세를 부과하는 것은 바보짓이 되었다. 왜냐하면 1790년대 이후에는 심지어 오두막집조차도 20실링이 안 되는 나무시계를 갖고 있었으며, 금시계를 소유한 사람은 금껍데기를 녹여 쓰는 대신 껍데기를 은이나 금속으로 대체했기 때문이다(E. P. Thompson, *Ibid.*, pp.366~368).

86) Nigel Thrift, "The Making of a Capitalist Time Consciousness", ed. by John Hassard, *The Sociology of Time*, p.113.

時　間－作　業　經　路　表			
部　所　名	職　　　名	從業員名	直接監督者
圖表目的	承　認　者	作成日字	提　出　者

凡例 No.	凡　　例	時　間	凡例 No.	活動의 明細 (必要한 境遇에만)	
1		7:45 8:00 8:15			
2		8:30 8:45 9:00			
3		9:15 9:30 9:45			
4		10:00 10:15 10:30			
5		10:45 11:00 11:15			
9		3:00 3:15			
10		3:30 3:45 4:00			
11		4:15 4:30 4:45			
12		5:00			
13				1 2 3 4 5 6 7 8 9 10 11 12	

〈그림 4-39〉 선분화된 시간-기계

이제는 어떤 작업에 대한 정의가 없이도, 시간은 이처럼 선분적인 단위로 분할되고, 일정하게 배열된다. 그 옆에 비어 있는 칸은 작업마다 상이한 활동이나 동작을 대응시키는 기능을 한다. 이 비어 있는 칸은 바로 선분화된 시간-기계의 '일반성'을 보여 준다. 이 '일반적인' 빈 칸들은 각각의 작업마다 요구되는 항들로 채워져 표준적인 시간표-기계의 형식으로 노동자들에게 주어진다.

라 정확하게 규정된 시간표를 배부했다.……이것이 보여 주는 정확함은……두드러진 것이었고, 당시로선 혁명적인 것이기조차 했다. 그것은 시간에 대한 새로운 관심을 도입하는 것이었고, 학생들을 하루 전체를 포괄하며 그의 주동성을 감소시키는 책무의 그물망에 걸려들게 하는 것이었다."[87] 비슷한 시간표가 같은 시기에 생트-바르브Sainte-Barbe에서도 강제되었으며, 구舊체제하에서의 콜레주Collège는 혁명기에 이르기까지 대략적으로 동일한 체계를 유지했다.[88]

강력한 규율로 인해 성공을 거두었던 제수이트Jesuit 학교와 경쟁하기 위해서 파리 대학Université de Paris은 그 안의 전 학교에 명령과 훈육의 원리를 도입하려고 했는데, 중요한 전환점을 제공한 것은 1598년의 개혁이었다. 그것은 학습 및 훈육의 규칙code과 시간표를 중심으로 하여, 학습의 명령, 중간시험, 휴식시간, 교내외에서의 학생 감시, 출석체크, 교장의 권위와 커리큘럼을 조직한 것이었다. 이 개혁 안에서 제시된 공식은 이후 구체제 전반에 걸쳐 200년 가까이 모든 대학에서 지속된다. 이 개혁은 틀림없이 성공적이었는데, (적어도 1680년 이후에는 확고했던,) 하숙학생들[89]에 대해 엄격한 시간표에 입각한 훈육의 규칙이 바로 그 성공요인이었다.[90]

이는 학생들을 적어도 학습기간 동안에는 새로이 출현하는 사회의 새로운 생활양식에 복속시키기 위한 것이었다. 여기서 아리에스는 선생과 학생 사이에 위계적인 관계가 나타나고 강화된다고 하면서, 이를 절대주의 성립과 연관짓는다. 이는 학생들에 대해 복종의 정신을 발전시키고 훈육의 규율들에 반半군대적인 효율성을 제공하기 위한 것이었다고 한다.[91]

요컨대 학교의 성격이 근대화됨에 따라 발전한 시간표는, 하루 전체에 대해 시간을 선분화하여, 그 각각에 학생들에게 요구되는 책무와 규율적 행동을 대응시킨 통제기계였다. 이러한 시간표-기계는 이후 근대 공

---

87) Philippe Ariès, *Centuries of Childhood: a Social History of Family Life*, p.170.
88) *Ibid.*, p.171.
89) 이는 이후에 나타나는 기숙학교 학생들과 구별하기 위해서 일부러 사용된 말이다. 이에 대해서는 Ariès, *Ibid.*, p.269 이하를 참조.
90) *Ibid.*, p.172.
91) *Ibid.*, p.171.

업의 발전과 더불어 더욱 필수적인 것이 되었다. 왜냐하면 자본가들이 학교에 대해 요구했던 것은, 그리고 당시의 도덕주의자들과 계몽적 교육가들이 공유했던 것은 학교가 근면, 절약, 질서, 통제를 가르치는 곳이어야 한다는 생각이었다. 톰슨에 따르면 "1772년 포웰은 교육이 [공장에서 요구되는] '근면한 습관'을 훈련시키는 것이라고 여겼다. 어린이들은 6~7세에 이르면 이미 '노동과 피로에 자연스럽게 적응하고 나아가 습관화해야 한다.' 윌리엄 터너 목사는 1786년 뉴캐슬에서 쓴 글에서 레이크스의 학교를 '질서와 규칙의 표본'으로 추천했다. 그리고 글로스터의 아마 및 대마 공장에 대해 언급하면서, 이 학교의 영향으로 특별한 변화가 이루어졌음을 확언하였다. '그들은……유순하고 순종적으로 바뀌었고, 다투거나 나쁜 짓을 하는 것이 덜해졌다.'……일단 교문을 들어서면 아이들은 엄격한 시간규율을 지켜야 하는 새로운 세계에 있게 되었다. 요크 지방의 감리교 주일학교에서는 교사들도 시간을 어기면 벌금을 물어야 했다."[92] 이런 점에서 선분성을 갖는 일반적 척도로서, 사람들의 행동을 특정한 방식으로 강제하여 절단하고 채취하는 근대적 시간-기계의 특징은 시간표-기계에서, 좀더 나아가서는 테일러적인 '시간관리'-기계에 분명하게 구현되어 있는 셈이다.

② 시간-기계의 '일반성'
시간-기계는 사람들의 활동을 포섭하고 강제할 뿐만 아니라, 포섭된 사람들의 신체를 통해 내면에 침투한다. 그것은 특정하게 코드화된 행동이라는 양상으로, 혹은 습관Habitus, habitude, habituation이라는 양상으로 신체에

---

92) E. P. Thompson, *Customs in Common*, pp.387~388.

새겨지는 일종의 생체권력bio-pouvoir인데,[93] 그 결과 그것은 자신의 신체에 대한 내적인 통제형식으로 일반화된다.[94] 이런 점에서 시간은 다시 칸트 말대로 선험적 주관의 내적 형식인 셈이다. 「모던 타임스」에서 채플린이 나사 조이는 유명한 장면에서처럼 때로는 자신의 의사와 전혀 무관하게 신체를 움직일 수도 있다는 점에서, 그 내적 형식은 무의식에 자리 잡은 타자성을 뜻하는 것이기는 하지만.

이제 내적 형식으로서 시간-기계는 작업시간 이외의 생활을 분절하고 통제하게 된다. "노동자는 장터에서 할 일 없이 돌아다니거나 장을 보는 데 시간을 낭비해서는 안 된다. 클레이튼은 불평한다. 결혼식이나 장례식이 열리는 '교회나 길거리는 많은 관객들로 가득 차 있다. 그들은 비참하게 굶주리는 상황에서도 구경거리를 찾기 위해 하루 중 가장 좋은 시간을 거리낌 없이 낭비한다.' 차茶 테이블은 '시간과 돈을 부끄러움 없이 삼키고 있다.'……'아침에 침대에서 늑장을 부리며 시간을 허비하는 것'은 물론이다. '아침 일찍 일어나야 한다는 사실은 곧 제시간에 잠자리에 들어야 한다는 것을 의미한다. 이로써 빈민들은 밤새 흥청망청 시간을 보낼 수 없게 된다.' 일찍 일어나는 것은 '그들의 가정에 엄격한 통제를 도입하며,

---

93) 이 지점이 바로 들뢰즈·가타리와 푸코, 부르디외가, 나아가 아리에스 및 엘리아스가 만나는 지점일 것이다. 이들은 이데올로기 등과 같은 표상체계가 아니라, 표상으로 환원되지 않는 신체적 무의식에 주목한다(표상체계의 패러다임에 대한 푸코의 (자기)비판에 대해서는 이진경, 「푸코의 담론이론: 표상으로부터의 탈주」, 『철학의 외부』, 그린비, 2006 참조). 또한 이런 점에서 표상과 무관하게, 혹은 그에 반해서 작동하는 신체를 통해 이러한 신체적 무의식을 비판한 채플린(「모던 타임스」) 역시 이들이 만나는 지점을 관통한다.

94) 엘리아스는 이를 '자기 통제' 내지 '자기 규제'라고 부르지만(Norbert Elias, *Time: An Essay*, pp.21~27), 이 경우 '자기'(self)라는 말은 통제와 규제의 대상이지 주체가 아니라는 점을 분명히 하는 한에서만 타당할 것이다. 그러나 엘리아스는 이 말의 문법적인 양의성을 개념적인 수준에서 모두 허용하고 있는 것 같다. 그러나 사실 그 규제와 통제가 개인화되고, 내부적으로 작동한다고 하더라도, 규제하고 통제하는 힘이 외부에서 온 것임을 분명히 하는 것은 중요하다. "내 머릿속에 누군가가 있지만, 그것은 내가 아니야."(Roger Waters, "Brain Damage", *Dark Side of the Moon*)

가계에도 완벽한 질서를 부여한다.'"[95]

이리하여 근대의 시간-기계는 일과 생활의 분할을 넘어선다. 근대의 선분적인 시간성과 낭비를 금하는 일방적인 시간성이 생활 전반에 침투한다. 그리고 이런 이유에서 '사적 시간'과 '공적 시간'은 어떠한 차이도 없는 선분적 시간성을 갖게 된다. 공적 시간과 사적 시간의 차이는 시간 자체 내지 분절기계로서 시간-기계 수준에서는 발견되지 않는다.

공적 시간과 사적 시간의 차이는 근대의 동일한 선분적 시간성 위에서 그것을 노동에 사용하는가 아닌가에 따른 '사용'의 차이에 대응한다. 따라서 자신의 시간과 고용주의 시간을 '사적 시간'과 '공적 시간'에 대응시키는 것은 잘못이며, '사적 시간'과 '공적 시간' 사이에, 시간 자체의 어떤 근본적인 차이가 있는 것처럼 말하는 것 또한 잘못이다.[96] 반대로 그러한 사용상의 구분에도 불구하고 두 가지 시간이 모두 선분적 시간-기계에 의해 동일하게 분절되며 동질적인 시간성을 갖게 된다는 점이 중요하다. 분절기계로서 근대적 시간-기계와 특정한 시간적 배치 내지 사용을 혼동하는 것은 역사적 분석을 기술적 서술로 대체할 위험을 감수해야 할 것이다.

다른 한편 근대적 시간-기계는 시간표와 시계time recorder, 그리고 징벌(벌금)의 계열화를 통해 자본주의적 배치를 이룬다. 단위 시간에 대응하는 행동/동작을 정의하고 배열하는 기계로서 시간표, 그것의 수행을 체크하

---

95) E. P. Thompson, *Customs in Common*, pp.386~387. 베버가 말하는 프로테스탄트 에토스가 자본주의 정신으로서 기능했던 것은(Max Weber, *Die protestantische Ethik und der Geist des Kapitalismus*, 1905[막스 베버, 『프로테스탄트 윤리와 자본주의 정신』, 박성수 옮김, 문예출판사, 1988]), 일단은 이러한 선분적 시간-기계와 훈육적인 삶을 정당화하고 강요하는 부르주아지의 이데올로기로서였다. 하지만 프로테스탄트적인 에토스가 그 죽음 앞의 고독과 같은 종교적인 형식 그 자체로 노동자들의 생활양식 속에 자리 잡았다고 보는 것은 순진한 생각 아닐까?(이러한 논리의 근본적 난점에 대해서는 박태호, 「근대적 주체와 합리성」, 『경제와 사회』, 1994년 겨울호 참조.)
96) 예컨대 Eviatar Zerubavel, "Private-time and Public-time", ed. by John Hassard, *The Sociology of Time*, pp.168~177.

고 통제하는 기계로서 시계, 그리고 그 결과에 따른 처벌-기계로서 징벌. 그런데 이른바 공적 시간은 공장이든 사무실이든 학교든 군대든 간에 시간표-시계-징벌의 반복적 계열화로 정의되는 자본주의적 배치를 이루지만, 사적 시간은 시간표를 필수적 요소로 계열화되지 않으며, 시간표가 있는 경우에도 징벌로는 계열화되지 않는다.

요약하자면 시계적 시간에 입각한 근대적 시간-기계는, 동질적인 것으로 추상화된 시간성 위에서 일방적인 흐름——즉 되돌릴 수 없기에 낭비되어선 안 되는——을 가지며, 사람들의 활동을 절단하고 채취하는 척도-기계로서 선분적인 단위들에 대해 어떤 특정한 동작이나 활동을 대응시키는 선분-기계다. 이러한 특징은 공장이나 학교, 혹은 다른 근대적 장에서 나타나는 지형적 배치의 통일성을 기초짓는 분절기계며, 이런 점에서 사람들의 삶의 방식을 선규정하고 미리 제한하는 선험적 조건이다. 근대적 분절기계로서 시간-기계. 나아가 그것은 근대인의 삶 '전반'를 분절하고 규정하는 "근대인의 내적인 존재형식"이 된다.[97] 채플린의 「모던 타임스」는 이런 내적 형식이 된, 근대의 선분적인 시간-기계의 특징을 잘 보여 준다. 거대한 기계에 갇힌 작업 반장을 끌어매던 채플린은 벨이 울리자 갑자기 중단하고는 도시락을 꺼낸다. 점심시간인 것이다!

이러한 시간-기계는 보다시피 공장과 학교 등 '공적 영역'——사적이지 않다는 점에서——에서, 근대적인 생산 내지 노동과의 직간접적 관련 속에서 형성되었다. 반면 생활은 시계적 시간과는 다른 리듬을 유지하고 있었으며, 특히나 근대 초반에는 일과 대립되는 양상을 지속했다. 그러나 일의 영역에서 강제되는 시간-기계는 근대인의 내적인 존재형식으로 자

---

97) 이진경, 「모던 타임스: 자본주의와 유쾌한 분열자」, 『이진경의 필로시네마, 탈주의 철학에 대한 10편의 영화』, 그린비, 2008.

리 잡으면서 생활 전반의 리듬을 좌우하는 '일반적' 리듬으로 확대된다. 다시 말해 근대적 시간-기계는 이른바 '공적 영역'에서 만들어지고 작동하기 시작하여 이른바 '사적 영역'으로까지 확장되었으며, 이 두 영역 간의 시간성을 시계적 시간으로 동질화시켰다는 것이다. 그것은 노동자는 물론 근대인 전체의 삶을 분절하는, 생활양식의 분절기계가 되었다.

2) 근대적 공간-기계의 형성

근대적 공간-기계[98]의 형성은 근대에 이르러 나타난 공간적 변화를 추적함으로써 추론할 수 있는데, 여기서 두 가지 상이한 공간적 변화를 구분해야 한다. 하나는 기존에 없던 새로운 공간-기계가 근대에 오면서 출현하는 반면, 다른 하나는 기존의 공간-기계가 근대에 오면서 매우 크게 변화한다. 전자의 경우로는 공장이나 학교, 병원이나 감옥 등이고, 후자의 경우로는 집을 들 수 있는데, 여기서는 일단 근대인 전체가 거쳐갈 수밖에 없는 장으로서 공장과 학교·집을 중심으로 살펴보겠다.

공장은, 그것을 어떻게 정의하든, 근대 산업혁명의 산물이자, 그것을 가능하게 한 시간-공간적 배치의 변환을 응축하고 있다. 그것은 특히 공간적 배치의 변환이란 관점에서 근대적 공간-기계가 갖는 분절기계로서의 특성을 잘 보여 준다. 그러나 공장에 대한 공간적 분석은, 그에 대한 맑스의 분석이 그러했듯이 협업과 분업에 대한 분석에 기대야 한다. 공장이라는 하나의 공간적 '구획화'compartmentation가 무엇을 뜻하는지는 그것을 통해서 분석될 수 있기 때문이다.

---

98) 여기서도 앞서 시간-기계와 마찬가지 의미로 우리는 공간-기계라는 개념을 사용할 것이다. 사회적 수준에서 근대의 공간 역시 시간과 마찬가지로 사람들의 활동을 특정한 방식으로 절단하여 채취하는 방식으로 작용하며, 이런 점에서 기계로 파악될 수 있다.

① 공장-기계

4일분의 임금으로 일주일을 살아갈 수 있다는 사실로 인해 일주일의 나머지 2일을 자본가를 위해 노동하지 않으려는 태도는 앞서 본 것처럼 근대 초는 물론 산업혁명 초기까지도 찾아보기 어려운 것이 아니었다. 맑스가 인용하는 『산업 및 상업에 관한 시론』의 저자는 이를 비난하며 다음과 같이 말한다.

> 대체로 인간이 천성적으로 안락과 나태를 즐긴다는 것은 불행하게도 우리들 매뉴팩처 서민의 행동으로부터 경험하는 바인데, 이들은 생활수단[의 값]이 등귀하는 경우가 아니라면 평균하여 일주일에 4일 이상은 노동하지 않는다.……이 나라에서는 임금이 생활수단의 가격에 비해서 훨씬 높기 때문에 4일 노동하는 매뉴팩처 노동자는 여분의 돈을 갖게 되는 것이고, 그 돈으로 주일의 나머지 요일을 놀고 지내는 것이다.……우리나라의 공업빈민이 오늘날 그들이 4일에 버는 것과 동일한 금액으로 6일 노동하기를 감수하게 될 때까지 그들에 대한 치료는 완전히 끝난 것이 아니다.[99]

이에 대해 맑스는 다음과 같이 논평한다.

> 이 목적을 위해서, 또 '나태와 방탕 또는 낭만적인 자유의 환상을 근절하기 위해서, 나아가서 구빈세의 경감과 근로정신의 조장 및 매뉴팩처에서의 노동가격 인하를 위해서', 자본의 충실한 대변인인 우리의 에카르트는 공적 자선에 의지하고 있는 이러한 노동자를 하나의 '이상적 구빈원'에 가두어

---

99) 익명의 저자, 『산업 및 상업에 관한 연구』(칼 맑스, 『자본론』 1권(상), 368~369쪽.)

두자는 든든한 수단을 제안한다. '이러한 집은 공포의 집이 되지 않으면 안 된다.' …… 자본의 혼이 아직 꿈만 꾸고 있던 1770년의 피구휼민을 위한 공포의 집이 불과 몇 년 뒤에는 매뉴팩처 노동자 자신을 위한 거대한 '구빈원'으로 나타났다. 그것이 바로 **공장**이었다.[100]

이런 점에서 맑스는 공장은 '완화된 감옥'이라는 푸리에의 말에 동의를 표시한다.[101] 이는 공장이란 수용소나 감옥과 마찬가지로, 사회의 다른 영역과 단절된, 그리하여 거기와는 다른 방식으로 노동자들의 행동을 강제하고 통제할 수 있는 공간-기계다. 여기서 쉽게 추론할 수 있는 것은, 공장이라는 공간-기계는 이미 다른 공간과 구별되는 공간적 '구획'이며, 그 구획을 통해 이전에 소통되던 공간에 **절단과 불연속**을 도입한다는 것이다. 이 절단이 노동자들의 노동을 자본가들이 바라는 방식대로 강제함으로써 그 결과를 착취/채취하려는 것임은 앞서 인용문이 잘 보여 주고 있다. 이런 점에서 공장이라는 공간-기계는 **공간 자체를 특정한 방식으로 분할하고 구획하는 방식**을 포함하고 있다.

공장이 갖는 이른바 '생산적 측면'은 이와 약간 다른 양상으로 묘사된다. 그것은 공간적 '집결'集結 자체가 갖는 효과에 대한 것에서 시작한다. 협업에 관한 장에서 맑스는 다음과 같이 쓰고 있다.

좀더 많은 수의 노동자가 **같은 시간에 동일한 공간**에서……동일한 종류의 상품을 위해 동일한 자본가의 지휘 아래 일한다는 것은 역사적으로도 개념

<hr>

100) 칼 맑스, 『자본론』 I권(상), 370~371쪽. 강조는 인용자.
101) 칼 맑스, 『자본론』 I권(하), 573쪽.

〈그림 4-40~42〉 불연속적 공간들

이 그림들은 구획된 공간 사이의 불연속성을 증언해 준다. 〈그림 4-40〉(맨위)은 1830년대 런던 하노버 거리 부근이고, 〈그림 4-41〉(중간)은 트라팔가 광장 부근의 모습이다. 매우 깔끔하고 세련되며 정돈되어 있다. 이 얼마나 평화롭고 안정된 삶의 모습인가. 하지만 〈그림 4-42〉(아래)는 바로 동일한 시기에 영국의 한 광산에서 일하고 있는 어린이들의 모습이다. 어린이도 허리를 펴기 힘든 낮은 천정과 어둡고 답답한 갱도는 런던의 밝고 시원한 거리와 얼마나 다른 세상인지…… 이는 단지 광산이란 작업에 한정된 특별한 경우는 아니다. 다른 모든 공장에서도 이와 유사한 모습을 충분히 양산하고 있었다. 그렇다고 이 어린이들이 저 깨끗하고 시원한 런던 거리를 활보할 수 없는 것은 아니다. 이 세련된 공간과 광산이나 공장의 공간 사이에는 얼마나 큰 불연속과 단절이 있는 것인지 알 수 있다. 이제 이처럼 한 나라, 한 도시의 공간들은 그토록 이질적이고 불연속적인 공간들로 분할되고 나누어진다. '구획화'를 통해 작용하는 공간적 분절기계는 바로 이런 불연속과 단절, 이질성을 공간마다 만들어 놓는다.

적으로도 '자본주의적 생산의 출발점'을 형성한다. '생산방식 자체'에 관해서 말한다면 가령 초기의 매뉴팩처는 동시에 동일한 자본에 의하여 사용되는 노동자의 수가 많다는 것 말고는 길드적 수공업과 거의 구별되지 않는다. 그것은 길드 장인의 작업장이 확대된 것뿐이었다.[102]

여기서 맑스는 협업의 효과를 같은 시간에 같은 공간에 노동자를 집결함으로써 발생하는 것으로 보고 있다. 생산방식 자체에 관한 어떠한 변화가 없는 경우에도 시간적, 공간적 집결은 확대된 생산성을 야기한다. 이는 노동의 시간적, 공간적 공시화가 갖는 생산적 힘을 보여주는 것이다. 특히 생산방식상의 변화가 없는 경우라면 '같은 시간'이라는 말은 공간적 집결을 설명하는 조건일 뿐인데, 이 점에서 이는 공간적 집결의 효과에 대한 서술이라고 보아도 좋을 것이다. 공장의 탄생은 노동 결합의 단위로서 공간-기계의 산출이라고 할 수 있다.

노동대상은 동일한 공간을 좀더 단축된 시간에 통과한다. 다른 한편 예컨대 한 건물을 동시에 각 방면에서 만들기 시작한다면 협업자들은 동일한 일이나 동종의 일을 수행하는 경우라도 노동의 결합이 발생한다. 노동대상에 대하여 공간적으로 다면적으로 수행하는 144시간이라는 결합된 노동시간은 …… 따로 떨어져 있는 노동자의 12시간 노동일 12일보다도 신속하게 총생산물을 만들어 낸다. 동일한 시간 안에서 생산물의 각각의 공간적 부분들이 성숙하는 것이다.[103]

---

102) 칼 맑스, 『자본론』, I권(상), 375쪽. 따옴표는 원저자 강조, 고딕은 인용자 강조.
103) 같은 책, 442~443쪽.

1. 조립하다(assemble)—두 개 또는 그 이상의 부품을 적어도 일시적으로 서로 결합시킨다.
2. 피할 수 있는 지연(avoidable delay)—어쩌면 피할 수가 있는 지연.
3. 분해하다(disassemble)—풀다.
4. 잡는다(grasp)—목적물을 잡는다.
5. 보지하다(hold)—목적물을 붙잡든가 보지한다.
6. 검사한다(inspect)—목적물을 확인한다.
7. 생각하다(plan)—흔히 결정을 할 때의 정신적 노력을 말한다.
8. 정치하다(position)—작업의 일부분으로서의 위치를 정하거나 정돈하는 일.
9. 준비하다(prepositions)—사용하기 위한 준비의 장소에 둔다.
10. 놓는다(release load)—목적물을 놓다.
11. 쉰다(rest)—편안히 쉰다.
12. 찾는다(search)—눈으로 목적물을 찾는 것을 말함.
13. 선정한다(select)—많은 것 중에서 목적물을 취사한다.
14. 손에 아무 것도 들지 않고 이동한다(transport empty)—손에 아무 물건도 들지 않고 움직이는 것.
15. 물건을 나른다(transport loaded)—손에 무엇인가를 쥐고서 이동한다.
16. 피할 수 없는 지연(unavoidable delay)—작업자의 책임이 될 수 없는 지연.
17. 사용한다(use)—목적물을 사용한다. 수행 중의 作業에 가해진 서블릭으로서.
18. 얻는다(acquire)—얻게 되는 것.
19. 시동한다(start)—운동의 시초의 징조.
20. 정지(stop)—운동의 최후의 징조.
21. 이탈하다(deviate)—운동의 방향 또는 형에서 벗어난다.
22. 신경적 반작용(nerve reaction)—무의식적 반작용.
23. 정신적 결정(mind decision)—정신적 활동.

〈그림 4-43〉 길브레스(Frank Bunker Gilbreth)의 서블리그(Therblig)

테일러의 제자였던 생산기사 길브레스는 작업 자체를 요소 동작으로 분해하고, 이를 통해 작업을 '객관화'하여 그것이 개개인의 특이성에 따라 좌우되지 않게 하려고 했다. 그는 '동작연구'라는 개념을 통해 동작이 행해지는 특수하고 구체적인 형태에 관계없이 신체적인 기본동작을 조사, 분류했다. 이 요소적인 기본 동작들은 작업이라는 건물을 구성하는 벽돌처럼 취급되었다. 이 '벽돌' 같은 기본 동작에 대해 그는 자신의 이름을 거꾸로 써서 '서블리그'라고 불렀다. 위에 적은 것은 그가 제시한 서블릭의 목록 중 하나다. 이 벽돌들을 통해 공장 안에서의 동작은 객관화된다.

〈그림 4-44〉 길브레스, '운동의 궤적', 1912년경

길브레스는 『과학적 관리법 입문』에서 "시간 연구는 작업에 포함되는 요소를 시간의 관점에서 기록하고 분석해서 종합하는 기술이다"라고 말한다. 하지만 그는 테일러가 사용했던 스톱워치만으로는 부족하다고 생각했다. 왜냐하면 스톱워치는 벙어리와 마찬가지로 동작이 어떤 모양으로 행해졌는가에 대해 아무것도 말해 주지 않기 때문이며, 더구나 반응에 대한 측정 결과는 관찰자에 따라 각양각색이기 때문이다. 그의 동작연구는 단지 작업을 서블리그라는 단위 동작으로 분할한 것에 머물지 않는다. 그는 각각의 동작이 어떤 궤적을 그리며 운동할 때 가장 효율적이고 정확하다고 할 수 있는가를 연구했다. 당시 프랑스에서 발명된 영사기는 그에게는 아주 긴요한 도구였다. 이로써 그는 동작을 동작자인 인간에게서 분리하여 시·공간적 좌표 위에 객관적으로 시각화하는데 성공했다. 위의 사진은 단위 시간에 좌표화된 공간 안에서 특정한 동작이 그리는 궤적을 철사로 표현한 것이다. 이는 동작을 양식화하기 위한 기준선인 셈이다.

그런데 이러한 공간적 집결은 적어도 두 가지 요소를 포함하고 있다. 하나는 장소place와 지형적 배치의 양상이 변환된다는 것이다. 확대된 장소와 공시적 작업을 가능하게 해주는 배치의 변환이 없다면 사람들의 집결은 서로 간의 불필요한 충돌과 번거로움만을 야기할 뿐이다. 다른 하나는 그 장소에 집결된 사람들의 행위가 일정하게 양식화되어야 한다는 것이다. 다시 말해 동일한 일도 혼자 할 때와 모여서 할 때, 일하는 방식이 달라져야 하며, 모여서 하는 일은 전체적으로 통제될 수 있으며 다른 사람의 일과 조화될 수 있도록 양식화되지 않으면 안 된다. 이러한 변화가 수반되기 때문에 초기 매뉴팩처가 기술적으로는(생산양식 자체로는) 길드 수공업과 다를 바 없어도, 그것과 다른 효과를 갖는 것이고, 사실상은 (결합노동이라고 하는) 노동하는 방식의 변화를 수반하고 있는 것이다.[104] 이러한 점은 맑스가 논리적으로 협업을 분할했지만, 실제로 역사적으로는 분업의 변화와 대개는 결부되어 있다는 점에서 더욱 분명해진다.

추상화된 개념으로서 협업이, 다른 요인은 불변이란 가정 아래 장소와 지형적 배치의 변화를 분명하게 보여 준다면, 추상화된 개념으로서 분업은 심지어 장소적 조건의 변화 없이도 사람들의 행위와 작업방식을 변화시킴으로써 얻을 수 있는 강력한 효과를 보여 준다. 애덤 스미스가 예찬하듯이, 바늘을 만드는 사람들의 숫자를 그대로 두고도, 만드는 행위를 기능적으로 분할하여 다르게 배치함으로써 채취할 수 있는 결과는 엄청나게 달라진다.[105] 하지만 심지어 장소적 조건이 동일한 경우에도 모든 분업은 공간의 지형적 배치의 변화를 동반한다. 왜냐하면 기능적 분화에 따라

---

104) 바로 이런 점에서 맑스는 생산력의 발전이란 무엇보다도 우선 "결합노동의 생산력의 발전"이라고 파악한다.
105) 애덤 스미스, 『국부론』 (상), 김수행 옮김, 동아출판사, 1992, 1장.

〈그림 4-45〉근대적 어셈블리 라인의 기원, 1870년경 신시내티

대규모 생산이 행해지는 모든 공장에서 발견할 수 있는 근대적 어셈블리 라인의 기원은 1860년대 말 신시내티에 있는 식육공장이었다. 그 원리는 돼지를 잡고, 도살하고, 튀기고, 털을 뽑아낸 뒤, 24인치 간격의 고가식 레일에 매달려 작업자 앞을 통과해 간다. 1명의 작업원은 그 돼지의 배를 째고, 다음 사람은 내장을 꺼내고, 그 다음은 심장, 그 다음은 간 등을 제거하고, 그 다음 사람은 호스의 물로 고기의 안팎을 씻어 낸다(S. Giedion, Machanization Takes Commands, 이건호 역, 『기계문화의 발달사』, 유림문화사, 1994, 63쪽). 여기서 우리는 시간적으로 계열화되던 작업이 이제는 공간적 배치로 변환되는 것을 발견할 수 있다. 즉 한 사람의 도살인이 시간의 경과에 따라 하던 모든 작업이 분할되어 여러 사람들에게 분배되고, 그 작업은 돼지를 실어 나르는 공간적인 라인을 따라 계열화된다. 이는 공장이라는 구획된 공간 안에서, 그에 요구되는 동작의 양식적 동질성을 확보하는 데 매우 중요한 역할을 했다.

작업장 내 도구와 장치의 배치를 변화시켜야만 하고, 일하는 장소의 치환 displacement이 필요하기 때문이다. 좀더 근본적으로 말하면, 분업은 이전에 시간적으로 진행되던 것을 공간적으로 배열하는 것이고, 이런 점에서 시간적 배치를 공간적 배치로 변환하는 것이다.

일정량의 원료, 예를 들면…… 바늘 공장에서 철사를 본다면, 이는 각각의 부분노동자들 손에서 시작해 그 최종적 형태에 이르는 생산단계를 시간적으로 순차적으로 통과한다. 하지만 반대로 [분업이 행해지는] 작업장 전체를 하나의 총기구로 본다면 그 원료는 동시에 그 모든 생산단계에 한꺼번에 존재한다.…… 각 단계적 과정은 시간적 계기로부터 공간적 병존으로 변환됐다.…… 사실 그 동시성은 전체 과정의 일반적, 협동적 성격에서 발생하는 것이지만, 매뉴팩처는 협업의 조건을 단지 그대로 발견하는 게 아니라 부분적으로는 수공업적 활동의 분해에 의해 처음으로 창조하는 것이다.[106]

다른 한편 분업은 공장 안에서 요구되는 행위에 대해 커다른 양식적 변환을 야기한다. 공장 안에서 이루어지는 이러한 분업은 각각의 작업에 대해 "주어진 시간 안에 주어진 성과가 이루어진다는 전제" 위에 성립하며, 이 경우에만 시간적 작업의 공간적 배치는 유효하고 효과적일 수 있기 때문이다. 그 결과 "단순협업과도 전혀 다른 종류의 연속성과 일관성, 규율, 질서 및 노동강도가 발생한다."[107]

이는 공장 안에서 사람들의 행위를 두 가지 방향에서 양식화한다. 하나는 노동자에 관한 것으로, "동일한 노동자를 동일한 세부노동에 긴박함으로써만 이러한 사회적 조직은 달성된다."[108] 연결과 결합에 따른 시간 소모를 최소한으로 하기 위해 각각의 작업에 요구되는 규율은 고유한 양적 기준을 갖게 되고 근대적 시간-기계에 의해 활동의 절단과 채취가 이루어진다. 다른 하나는 자본의 지휘와 감독, 감시와 규율이 긴요하게 된다.[109]

노동수단의 획일적인 운동으로 노동자가 기술적으로 종속되어 있고 남녀를 불문하는 연령층의 개인들로 이루어져 있는 노동체의 독특한 구성은 하

106) 칼 맑스, 『자본론』I권(상), 466~467쪽.
107) 같은 책, 467쪽.
108) 같은 책, 467쪽.
109) 같은 책, 449~450쪽.

나의 병영적인 규율을 만들고, 이 규율은 완전한 공장체제에 다다를 때까지 이미 앞에서도 말한 바의 감독노동을 발전시키고 나아가서 근육노동자와 노동감독자로의……노동자의 분할을 완전히 발전시킨다.[110]

이는 공장 안에서 사람들의 노동과 활동의 양식적 동질성을 확보——이는 행위의 분할이 심화될수록 더한데—— 하지 않으면 안 된다는 점에 기인한다. 따라서 분업은 공장에서 보이는 '공간적 집결'이 그에 따르는 장소 및 지형적 배치의 변환과 더불어 특정한 방식으로 양식화된 행위의 집합을 요구한다는 것을 보여 준다.

② 학교-기계

근대적 학교의 성립과정 역시도 이러한 공간적 구획화를 분명하게 보여 준다. 중세의 학교는 성직자를 양성하기 위한 곳이었다. 프랑스의 1452년 개혁은 그러한 낡은 유형의 학교 대신에 콜레지움collegium이나 페다고지움pedagogium, 도무스 아르티아토리움domus artiatorium 등의 새로운 학교를 출현시켰다. 그런데 파스키에Étienne Pasquier에 따르면 초기의 학교교육은 한마디로 '개판'이어서, "한쪽 방은 학생들에게 임대되어 있었지만, 다른 방은 매춘부들에게 임대되어 있었"던 경우가 비일비재했다고 한다.[111] 또한 나중에 대학으로 발전하게 되는 콜레주나 페다고지카는 애초에는 장인들에게 배우러 온 학생들, 특히 가난한 집안의 학생들을 위한, 주로 기부금으로 운영되던 숙소여서, 호스텔이나 하숙집lodging-house에 가까웠다

---

110) 같은 책, 434쪽.
111) Philippe Ariès, *Centuries of Childhood*, p.156에서 재인용.

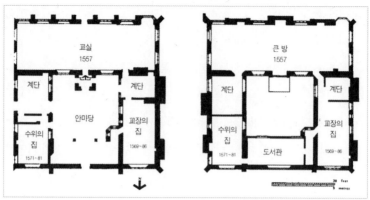

〈그림 4-46〉 '근대화' 되기 이전의 영국 학교(Guilford School, 1557~86년)

고 한다.[112] 물론 강의는 다른 곳에서 이루어졌는데, 선생은 마음내키는 곳이면 아무데서나 강의를 할 수 있어서 공간적 제약은 아직 그다지 없었다고 할 수 있었다.

그러나 시간이 16세기로 넘어오면서 학교는 점점 독자적인 공간으로 구획되어 갔다. 콜레주에 강의가 많이 이전되면서, 또 학생 수가 늘어나고 더불어 어린이 개념이 확산됨에 따라 아이를 집에서 키우는 사람이 늘면서, 콜레주는 점차 등교학교day-school로 변모되었고, 나중에는 심지어 가난한 하숙자들을 쫓아내기까지 했다. 이로써 콜레주는 기술/예술arts을 공부하려는 대부분의 사람을 포괄하는 곳이 되었다.[113] 이제 학교는 독자적인 공간적 영역을 갖고 내부에 고유한 장소와 지형적 배치를 갖는 곳으로 공간적으로 구획화된 것이다.

다른 한편 이와 더불어 학생들의 행동을 통제하려는 요소들이 점차

---

112) Philippe Ariès, *Centuries of Childhood*, pp.157~158.
113) *Ibid.*, pp.161~167.

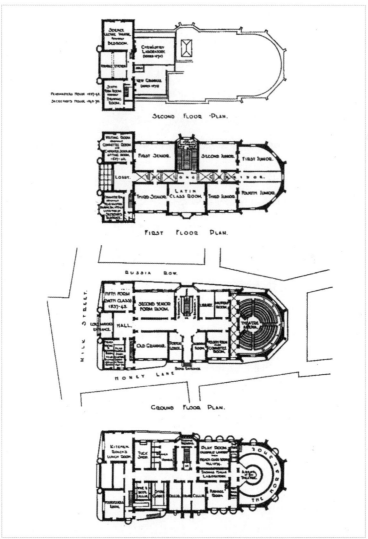

〈그림 4-47〉 '근대화'되어 학급으로 분할된 이후의 학교(City of London School, 1837년, 1층과 2층은 1882년에 개축)

〈그림 4-46〉는 16세기의 영국 학교인데, 이 도면은 이때까지도 학교가 아직 학급 단위로 분할 편성되어 있지 않았음을 보여 준다. 다만 중세의 초기 학교와 달리 매춘부나 다른 목적을 위해 임대된 공간은 보이지 않으며, 또한 하숙자들을 위한 공간 역시 보이지 않는다. 이 공간적 배치는 이 학교가 등교학교였음을 추측하게 해준다. 또한 도서관을 제외하고는 특정한 기능을 위해 사용된 공간이 보이지 않는다. 이는 아직까지 학교의 기능적 분화가 행해지지 않았음을 뜻하는 것이다.

반면 〈그림 4-47〉에서는 강당과 식당, 회의실, 제도실, 도서관, 휴게실, 실험실은 물론이고, 신/구 문법 교실, 라틴어 교실, 프랑스어 교실 등의 교실 내 기능적 분화가 뚜렷하게 이루어져 있으며, 교실은 상급생(Senior)과 하급생(Junior)에 따라 나뉜다. 그리고 하급생은 4등급, 상급생은 3등급으로 세분되어 있다.

체계적으로 도입된다. 학생들은 수업 출석을 강요받았고, 다른 학교행사에 참여할 것 역시 강요받았다. 이유 없이 다른 장소에 출입하는 것은 금지되었고, 음주와 놀이, 노래 등에 대한 규제와 처벌이 만들어졌다.[114] 항상적인 감독과 제도 및 원리로까지 상승된 밀고informing, 신체적 처벌의 확장 등이 새로운 훈육의 체계를 특징짓는다.[115] 이는 학교라는 공간 안에서 이루어지는 학생들의 활동과 행위를 특정한 형태로 양식화하려는 것으로, 이후 점차 강화되고 체계화된다. 이제 학교라는 공간에서 할 수 없는 행위와 해야 할 행위의 체계가 학생들의 삶의 방식 전반을 규정하게 된다.[116] 더불어 이는 선생master/maître과 학생 간의 관계에도 커다란 변화를 야기하여, 예전에는 현명한 동료나 선배였던 선생은 학생들에 대한 감독과 규제, 처벌을 행한다고 하는, 또 다른 양식화된 행위의 집합에 포섭되며, 결국 선생과 학생 간의 위계적 관계가 형성된다.[117]

학급school class의 발생에 관한 사실도 우리의 주제와 연관해 매우 흥미롭다. 아리에스는 근대적 교육과 다른 중세교육의 중요한 특징으로 세 가지를 든다. 첫째, 중세교육은 대개 성직자를 위한 것이었다. 둘째, 읽기·쓰기 등을 가르치는 초등교육이 없었다.[118] 셋째, 문자와 과학에 대한 고등교육이 없었다. 교육방식에서도 중세교육은 근대의 그것과 매우 중요한 차이를 보여 주는데, 첫째는 과목 등에 관해 약간의 분류가 있었을 뿐, 등급

---

114) Philippe Ariès, *Centuries of Childhood*, pp.169~170.
115) *Ibid.*, p.254.
116) *Ibid.*, p.241 이하 참조.
117) *Ibid.*, p.171. 아리에스는 당시가 절대주의 성립기였다는 점을 상기시키며, 이러한 선생-학생 간의 위계적이고 지배-복종적인 관계를 절대주의와 연관짓고 있다(p.171). 그러나 이것이 절대주의와 연관된다는 점은 시기가 비슷하다는 상관성 외에는 제시되지 않는다. 물론 양자가 무관하다고는 할 수 없겠지만, 그것보다는 학교라는 장이 시간적-공간적으로 형성되면서, 통제가능한 행위로 학생들의 활동을 양식화하는 고유한 공간적 분절로 이해하는 것이 더 설득력 있는 게 아닐까?
118) *Ibid.*, pp.141~142.

〈그림 4-48〉 '근대화'되기 이전의 학교 내부(1672년)

이 두 그림에서 학생과 교사 간의 관계는 매우 뚜렷한 대조를 보여 준다. 〈그림 4-49〉의 로더햄 문법학교(Rotherham Grammar School)는 교단과 교탁에 의해 받쳐지고, 사각모로 상징화된 복장에 의해 도드라진 교사의 위치는 직선적으로 배열된 학생들에 대해 권위적인 모습을 취하고 있으며, 네 명의 보조교사가 학생들의 움직임에 눈길을 주고 있다. 그래서인지 몰라도 아이들의 자세는 획일적이다. 과잉-정돈되어 있는 공간. 반면 〈그림 4-48〉에서 보이듯이 17세기의 학교에서 교사와 학생 간의 대조는 다만 약간 큰 교사의 의자와 마주선 시선 밖에는 없다. 보조교사로 보이는 사람들은 학생들의 움직임에는 별 관심이 없이 책상에 앉아 자신의 책만 들여다보고 있으며, 책을 들고 가 교사에게 물어보는 학생의 모습도 자유롭고 친근하다. 앉아 있는 학생들의 모습은 줄지어 놓은 의자의 배열에도 불구하고 제각각이며, 자유롭고 여유가 있다. 그렇다고 학교 내부의 모습이 무질서해 보이지는 않는다.

학교, 아니 교실의 배치를 특징짓는 것은 학생들의 줄지어선 의자, 그와 마주선 교탁, 그것을 받쳐 올리는 교단이다. 이는 지금까지도 대부분의 학교에서 발견되는 당연시된 배치다. 하지만 〈그림 4-48〉은 그것이 심지어 17세기 후반에도 별로 사용되지 않았다는 것을 보여 준다.

원래 교단과 교탁은 5세기경 기독교 교회가 만들어지면서 사용된 제단에 그 기원을 둔다. 311년 콘스탄티누스 황제가 국교를 기독교로 한 이후 기독교도들은 예배를 위한 공간을 만들게 되었다. 그리스 식의 신전은 신도들이 모여 예배를 보는 형식을 취하지 않았기 때문에, 이에 적절하지 않았다. 그들은 고전기에 '바실리카'(basilica)라고 불리던 집회소를 본떠 만들었는데, 이 때 신도들의 시선을 모으고 그들과 성직자의 위계를 물질적으로 표시하기 위해서 높이를 달리하며 높은 탁자가 있는 제단을 만들었다. 계몽주의자들은 이성을 대신하여 말하는 교사의 위치에 시선을 모으고 교사와 학생들 간의 위계를 표시하기 위해 교단과 교탁을 학교에 도입했다. 그것은 교사와 학생 간의 관계에 분명한 변화를 야기했음을 〈그림 4-49〉는 보여 준다.

〈그림 4-49〉 '근대화'된 한 문법학교의 내부(1860년경)

화gradation가 없어서, 난이도나 순서를 무시한 채 가르쳤다는 것이다.[119] 둘째는 동시성이라고 하는데, 가령 일반적 과목과 추가적인 과목처럼 상이한 과정을 동시에 가르쳤다고 한다.[120] 셋째, 연령 구분이 없이 상이한 나이의 학생을 뒤섞어 가르쳤다는 점이다. 심지어 경쟁자인 사교육을 제한하는 방법조차도 나이가 아니라 과목을 제한하는 방식으로 행했다.[121] 그 결과 아이와 어른이 함께 섞여 수업을 하는 경우가 대부분이었다.

이와 대비되는 근대적 교육방식이 체계화되는 것은, 한편으로는 앞서본 것처럼 시간-기계로서 시간표의 발전을 통해서였고, 다른 한편으로는 학급이라는 새로운 분할방식을 통해서였다. 즉 학생들의 능력과 과목의 난이도에 따라, 그리고 나중에는—19세기 이후에 와서야—연령에 따라 나누고, 그에 상응하는 커리큘럼을 만들고, 학생들을 공간적으로 분할했다.[122] 이는 학교라는 공간-기계 안에서 새로운 분할이었는데, 일차적으로는 늘어나는 학생들을 효율적으로 감독하고 훈육, 통제하기 위한 것이었다.[123] 그것은 훈육, 통제의 대상의 이질성을 줄임으로써, 학교라는 공간-기계에 대응되어야 할 양식화된 행위를 훨씬 효율적으로 만들어낼 수 있게 해주었으며, 공간의 지형적 배치에 일관성과 체계성을 부여했다. 이로써 학교라는 공간-기계의 내부적 동질성을, 다시 말해 행위의 양식화된 통일성을 비약적으로 강화할 수 있었다.[124]

---

119) Philippe Ariès, *Centuries of Childhood*, pp.145~148.
120) *Ibid.*, p.150.
121) *Ibid.*, p.152.
122) *Ibid.*, pp.176~188.
123) *Ibid.*, pp.185~186.
124) 이런 점에서 학급이란 공간기계의 일반적인 분절방식을 이용해서 만들어지지만, 학급이란 경계를 불연속적인 형태로 만들지 않는다는 점에서 그 분절방식만으로 환원되지 않는다. 그것은 분할되어 있지만 내부와 외부가 단절적인 구획을 이루지는 않는다. 하지만 이는 학교라는 공간-기계의 분절을 효율적으로 하기 위한 것이란 점에서 여전히 근대의 공간적 분절기계 안에서 작동하는 것이라고 할 수 있다.

③ 집-기계

르코르뷔지에의 공식에 따르면 집이란 '그 속에 들어가 사는 기계'다. 따라서 그것은 산업사회에서 대량으로 생산되는 무수한 기계들 가운데 한자리를 차지한다. 근대 세계의 이상적인 집은 무엇보다도 기능적이어야 한다.[125]

"집은 기계"라는 르코르뷔지에의 말은 지금까지의 맥락에서 본다면 충분히 납득할 만한 것이다. 그것은 공장과 학교, 사무실, 관청, 거리 등에서 이어지는 삶의 흐름을 절단하여, 그리로 환원되지 않는 새로운 방식의 삶과 행위를 채취할 수 있게 해준다. 따라서 정말로 집은 기계다.

그러나 이 말은 역사적으로 상이한 외연을 갖는 것으로 이해되어야 한다. 집-기계가 절단하고 채취하는 양상이나 내용은 적어도 근대 이전과 이후에 크게 달라졌기 때문이다. 아리에스에 의하면, 16세기 이전에는 집 밖의 거리가 사생활의 일부였으며, 집이라는 공간은 그것과 불연속적이지 않았던 것 같다. 가령 그때까지는 집의 내부, 즉 실내가 어떠한 그림의 대상도 되지 않았으며, 가족 역시 마찬가지였다고 한다.[126] 또 거리를 사이에 두고 창문에 나와 대화를 하는 주부의 모습이나, 집 안에서 친구나 사업상 관련자, 친척 등을 만나 이야기를 하는 장면은 지금과 달리 매우 자연스러운 것이었다. 이러한 사실에 비추어 그는 가족famille이란 개념은 중세에는 형성되어 있지 않았으며, 15~16세기 이후에서 서서히 나타나기 시작하여, 17세기에 이르러 확립되었다고 본다.[127] 집이란 공간의 외연과 기능이 이러한 변화와 긴밀하리라는 것은 두말할 것도 없을 것이다.

---

125) 미르치아 엘리아데, 『성과 속』, 76쪽.
126) Philippe Ariès, *Ibid.*, p.346 이하
127) *Ibid.*, p.353. 그는 이러한 의미에서 가족과 구분되는 혈통(linage)이란 개념이 중세에 지배적이었다고 본다(pp.355~356).

〈그림 4-50〉 16세기 집의 내부
프랑크푸르트에 있는 한 집의 내부를 그린 이 그림은 한 방에서 행해지고 있는 다양한 일들을 보여준다. 한편에서
는 침대에 아이들의 엄마가 누워 있고, 갓 태어난 것으로 보이는 아이를 돌보는 여자들이 있다. 그 바로 앞에서는 식
탁에서 식사를 하고 있는 사람들이 보이고, 그 옆에는 아기들이 놀고 있다. 그 뒤에는 병든 것으로 보이는 노인이 의
자에 앉아 '죽어 가고' 있다. 태어남에서 성장, 일상적 삶과 죽음에 이르는 모든 일들이 하나의 방 안에서 이루어지고
있는 것이다. 이처럼 생활은 공간적으로 분할되지 않았으며, 공간의 기능적 분화도 찾아볼 수 없다. 근대 이전의 서
구의 집 내부에 대부분 공통된 것이었다. 집이 커서 공간적 여유가 있는 경우에도 공간이 기능적으로 분화되지 않았
던 것은 마찬가지였다.

집이 지금처럼 독자적인 생활공간으로, 사생활이 보장된 공간으로 되
는 것은 일과 생활이 분리되는 과정과 긴밀히 연관된다. 일로 대변되는 삶
의 흐름을 절단하는 기능이 근대적인 공간으로서 집을 정의하게 된다. 그
러나 이는 평면적으로 이해될 수 없는 복합성을 갖는다. 왜냐하면 거기에
는 일과 생활의 분리라는 차원 외에도, 어린이가 독자적인 삶의 양식을 가
질 수 있었는가 여부, 일과 사생활을 그처럼 절단할 수 있는, 나아가 사생
활을 보장할 수 있는 경제적인 능력이 있는가 하는 문제 등이 교차되어 있
기 때문이다. 후자의 이유로 인해 사생활의 공간-기계로서 집은 부자들
에게 먼저 나타나고 확립된다. 이에 대해 브로델은 다음과 같이 말한다.

18세기에 나타난 새로운 사치는 특히 부자들의 생활 공간의 분리였다.······한편에는 먹고 자고 아이들을 기르는 곳인 집home이 있었다. 여기서 여성들은 단지 안주인으로서 역할을 다할 뿐이었고, (많은 인력들이 있어서) 일하거나 일하는 척 하는, 혹은 충실하지 못하며 두려움에 떨기도 하는 가내 식솔domestic staff로 시끌벅적하게 붐비고 있었다.······다른 한편 남자들이 일하는 집house, 그가 판매를 하는 상점shop, 그가 하루의 대부분을 보내는 사무실 등이 있었다. 그때까지는 아직 [집과 일터·사이의] 이러한 분할이 아직 존재하지 않았다. 마스터는 그 자신의 집에 그의 상점이나 작업장workshop을 갖고 있었

〈그림 4-51〉에르트만 바그너(Erdmann Wagner), 「부모의 외출」, 1895년

이곳은 어린이의 방이다. 어린이를 위한 침대, 어린이의 장난감, 어린이의 옷, 그리고 곁에는 하녀가 있다. 그의 엄마는 뒤켠에 있는 문으로 들어오고 또 나간다. 그 문은 어린이의 공간과 어른의 공간을 가르는 구획선이다. 집 밖에서의 삶을 대변하는 아버지조차 이 어린이의 공간에 들어오길 삼간다. 왜냐하면 그는 이미 외출복을 입고 있기 때문이고, 밖의 세상에 속해 있기 때문이다. 그 문을 가로질러 어린이의 공간과 어른의 세계를 연결하는 엄마는 외출을 알리러 들어온다. 그러곤 또 다시 나갈 것이다. 이같은 어린이를 위한 공간의 독립은 집 안의 다른 공간 역시 일정한 기능적 목적에 따라 분화되었으리라고 추론하게 해준다. 더불어 이는 그 공간을 이용하는 방식과, 이용하는 사람들, 그리고 집 내부에서 사는 사람들과 외부에서 오는 객(客) 간의 관계가 크게 달라졌음을 뜻한다. 그것은 사실 가족 형태의 변화와도 결부된 것이었다.

고, 그의 피고용인이나 도제들을 거기서 부렸다.······변화가 나타나는 것은 18세기에 와서였다."[128]

128) Fernand Braudel, *Civilization and Capitalism, 15th~18th Century, Vol. 1: The Structure of Everyday Life*, tr. by Siân Reynolds, Harper&Row, 1981, p.280.(강조는 인용자)[*Civilisation matérielle, économie et capitalisme, XVe-XVIIIe siècle, tome 1: Les structures du quotidien*, Armand Colin, 1967.]

반면 빈자들의 경우 한 집에 여러 가족이 살기도 했고, 층간의 공간이나 다락, 지하실 등에 살기도 했다. "1782년 가장 열악한 지역이었던 생마르셀 외곽에서는 전체 가족이 종종 하나의 방을 차지하고 살 뿐이었다.…… 그곳 누추한 침대에는 커튼도 달려 있지 않았고, 조리도구와 요강이 나란히 놓여 있었다"[129]

그럼에도 불구하고 부자들과 귀족, 부르주아 가족들 사이에서 형성되기 시작한 집-기계는 나름의 새로운 공간적 절단을 창출해 냈다. 서민들에게 집이 거리와 단절되지 않았던 공간인 것처럼, 17세기에 이르기까지 혼인의례나 결혼식에서 타인들에게 허용된 행동의 폭은 커플의 사생활에 대한 사회적 권리의 우위를 보여 주기에 충분했다고 한다.[130] 귀족이나 부르주아에게도 집은 폐쇄적인 사생활의 공간이 아니었으며, 오히려 사람들이 만나고 자연스레 사귀는 장소였다. 카페나 퍼블릭 하우스도 없었던 사회에서 그들의 커다란 집은 공적인 기능을 수행했다. 그곳은 친구와 고객, 친척과 부하 등이 만나서 대화할 수 있는 유일한 곳이었다. 그곳은 항상 방문객들로 벅적댔으며, 그들은 친교적인 경우만이 아니라 사업적인 것도 있었는데, 이러한 범주 간에는 별다른 구별이 없었다. 방들 역시 부엌을 제외하고는 어떤 특수한 기능을 갖지 않았고, 다만 일반적인 용도로 사용되어서, 먹고 자고 토론하고 춤추고 하는 데 특별한 목적을 위해 마련된 별도의 방이 따로 필요가 없었다.[131]

17세기를 경과하면서, 어린이가 근대의 제왕으로 집으로 돌아오게 되자, 그리고 가족의 개념이 자리를 잡으면서 하인들을 가족들과 분리하게

129) *Ibid.*, p.278.
130) Philippe Ariès, *Centuries of Childhood*, pp.405~406.
131) *Ibid.*, pp.392~394.

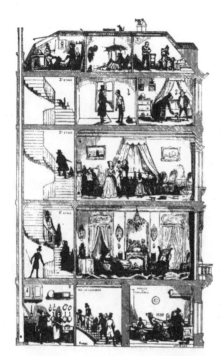

〈그림 4-52〉 『파리의 생활상』에 묘사된 파리 중산 계층 아파트의 여러 가지 생활 모습

이 그림에서 우리는 각 층의 집세가 대략 어떤 순서로 매겨졌는지를 집작할 수 있다. 집을 치장한 가구나 장식의 화려함으로 보아 가장 비싼 것은 2층이었을 것이다. 그에 걸맞게 거기에 사는 사람들은 안정감과 여유가 지나쳐 권태로 넘어 가려는 듯이 보인다. 3층이 그 다음일 텐데, 전형적인 중산층 가정의 평온함과 유복함을 여기서 느낄 수 있다. 그 다음은 4층. 여기는 어느 정도 허영심이 있어서, 수입은 달리지만 가능한 한 잘 꾸며 놓고 살고 싶어 하는 중산층의 공간이다. 어느 정도 꾸민 집 내부와 그 밖에서 집세 독촉에 시달리는 가장의 모습이 대조되고 있다. 그 다음은 1층일 것이다. 화려한 가구나 장식 없이 검소한 실내와, 즐겁고 화목하게 사는 모습. 마지막으로 꼭대기 층은 비루하다. 가난의 상징이기도 했던 무명화가는 차라리 나은 편이다. 무엇 때문인지 심각한 가장과, 그 얘기를 듣고 우는 부인, 그리고 잘 모르면서 엄마 치마에 매달리는 아이들의 모습은 한 쪽으로 기울어진 방의 모습과 얼마나 닮은 것인지. 이 층에 거주하는 사람들이 중산층에 속하지 않는다는 것을 알기 위해서는 비가 새는 가운데 방을 굳이 떠올릴 것도 없을 것 같다.

〈그림 4-53〉 산업혁명기 지하의 집

"…… 전체 가족이 오직 하나의 방을 차지하고 살 뿐이었다. …… 그곳 누추한 침대에는 커튼도 달려 있지 않았고, 조리도구와 요강이 나란히 놓여 있었다"고 하는 브로델의 말이 대략 들어맞는 집이다. 비록 가족이 바글대지는 않아서 비좁아 보이지는 않지만, 그 여백이 여유보다는 썰렁함으로 보이는 것은 그저 제목 탓만은 아닐 것이다. 이러한 노동자나 빈민들의 집에서 방의 기능적 분화를 바란다는 것은 어이없는 것이다. 그것은 기계로 찍은 듯한 지저분하고 단조로운 집이나마 대량으로 생산된 20세기에 와서야 가능했다(르코르뷔지에의 '기능주의'와 '휴머니즘', 그리고 집합주택은 이런 맥락에서 충분히 이해할 수 있는 것이다. 집 내지 가정이 안락함과 편안함, 휴식과 평화를 뜻하는 것은, 그리하여 이 무정한 세계의 천국이 될 수 있었던 것은 그럴 만한 여유를 이미 확보한 사람들에게만 해당되는 게 아닐까?

되면서 사정은 크게 달라지게 된다. 방문객이나 어른들의 세계로부터 독립된, 아늑하고 안정된 사생활의 공간이 이제 중요해지게 된다. 항상적인 사회적 교류를 통해 명성과 부 등을 얻던 사람들이 18세기 들어오면서 사회에 반하여 자신을 보호하기 시작한다. 사생활이 예전의 친구관계나 이웃관계 등을 대체하며, 집-기계는 공공성을 상실했고, 전全 생활에 침투한 사회적 관계의 활동성을 제거했다. 이런 점에서 가족의 진전은, 그리고 그 공간적 구획화로서 집-기계의 근대적 변환은 사회성sociability의 후퇴를 대가로 해서 진행되었다고 아리에스는 평가한다.[132] **집이라는 공간은 이제 공공성을 상실하고 외부와 단절된 폐쇄적 공간으로 변환된 것이다**[133].

이에 대해 홉스봄 역시 예리하게 지적하고 있다. "가족은 한 가지 점에서 외부 세계와 완전히 대조적이었다. 즉 가정은 전쟁의 세계 속의 평화의 오아시스, 다시 말하면 전사의 휴식처였던 것이다."[134] 집이라는 공간-기계는 이제 삭막한 세계와 아늑한 천국, 공적 영역과 사생활의 영역이라는 구획적 분절을 만들어 내며, 집의 벽을 경계로 근대의 공간 간에는 넘을 수 없는 이질성의 벽이 가로놓인다. 그리고 이에 따라 집-기계 내부에는 그 공간-기계에 걸맞은 새로운 지형적 배치가 형성된다. 집-기계의 내

---

132) *Ibid.*, p.406.

133) 이런 의미에서 근대에 승리한 것은 개인주의가 아니라 가족이었다고 아리에스는 말한다(*Ibid.*, p.406).

134) 에릭 홉스봄, 『자본의 시대』, 정도영 옮김, 한길사, 1983, 391쪽.[Eric Hobsbawm, *The Age of Capital: 1848~1875*, Weidenfeld & Nicolson, 1975.] 이런 점에서 홉스봄의 다음 평가는 결코 과장이 아니다. "가정이야말로 부르주아 세계의 순수한 알맹이였다. 왜냐하면 가정에서는 그리고 가정에서만 그 사회의 문제성과 모순은 망각될 수 있었고, 혹은 인위적으로 배제될 수 있었기 때문이다. 거기에서 그리고 거기에서만 부르주아의 가족들, 더구나 소부르주아의 가족들은 조화롭고 상층계급적인 행복이라는 환상을 지켜 나갈 수 있었던 것이다. 거기서 그들은 그러한 행복을 과시하고 그러한 행복을 가능하게 해주는 인공적 조화물에 둘러싸여 있었다."(같은 책, 378쪽.)
가족이야말로 근대사회라는 "무정한 세계의 천국"이라는 크리스토퍼 래쉬의 말은 어쩌면 이러한 가족주의의 공간으로 유혹하는 전형적인 근대적 발상은 아닐까?(미셸 바렛·매리 매킨토시, 『가족은 반사회적인가?』, 김혜경 옮김, 여성사, 1994, 139쪽 이하 참조.[Michèle Barrett and Mary McIntosh, *The Anti-Social Family*, NLB, 1982.]

부의 방들이 특정한 목적에 따라 구분되고, 침실과 거실의 구분이 발생하며, 침실은 안에서 잠글 수 있게 함으로써 사생활의 절대적 공간-기계가 만들어진다.

침실은 인간의 삶의 영역들 가운데 가장 '사적'이고 '은밀한' 영역이 되어 왔다. 다른 많은 기능들처럼 잠도 점점 사회생활의 '무대 뒤로' 옮겨져 왔다. 핵가족은 잠과 인간의 여타 많은 기능들을 위한 유일하게 **합법적이고 사회적으로 인가된 폐쇄공간**으로 남아 있다. ……중세 사회에서 이런 기능은 이처럼 은밀하지 않았고 다른 영역으로부터 고립되어 있지도 않았다. 침대가 있는 방에서 손님을 맞아들이는 것은 아주 정상적이었고 침대 그 자체도 그들의 부의 과시와 관련된 특권적 가치를 가지고 있었다.[135]

이제 집이라는 공간 내부에의 행동은 외부에서의 그것과 매우 상이한 양상으로 양식화된다. 이는 사적인 생활이나 사적인 육체를 드러내는 것은 오직 가정 내에서만 허용되며, 역으로 가정 안에서 행해지는 사적인 생활에 대해서는, 적어도 그게 어린애의 그것이 아니라면 가장 적나라한 것도 참견의 대상이 안 된다는 것으로 두드러지게 표현된다. 이에 대해 엘리아스는 다음과 같이 말하고 있다.

[18세기 이전에] 옷을 입은 채 잔다는 것은 어떤 육체적 결함이 있을지도 모른다는 의혹을 샀고, 이는 실제로 흔히 있는 일이었다.……적어도 도

---

135) 노베르트 엘리아스, 『매너의 역사: 문명화 과정』, 유희수 옮김, 신서원, 1995, 255~256쪽.[Norbert Elias, *Über den Prozess der Zivilisation* Bd.1: *Soziogenetische und psychogenetische Untersuchungen*, 1939.]

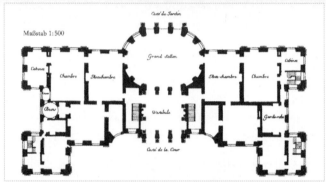

〈그림 4-54〉 루이 르 보가 설계한 보-르-비콩트 성, 1656년

시에서는 목욕탕에 가기 전에 집에서 옷을 벗고 가는 것이 예사였던 것 같다.……이런 태연함이 16세기에는 서서히, 17~19세기에는 보다 빠른 속도로 사라진다. 그리고 이 태연함은 상류층에서 먼저 사라지고 그 밑에 있는 계층들에서는 훨씬 서서히 사라진다.……그 당시 신사 숙녀들은 밤에 잠자리에 든 것은 아니었다. 그들은 자기들 방으로 물러갔다. 그들이 어떻게 잠자리에 드는지는 아무도 관여할 일이 아니었다.[136]

---

136) 노베르트 엘리아스, 『매너의 역사: 문명화 과정』, 257~259쪽.

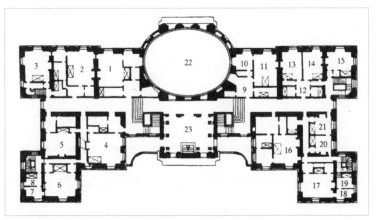

〈그림 4-55〉 베르티에(Berthier)가 개축하려고 설계한 보-르-비콩트 성, 1767년

보-르-비콩트 성(Château de Vaux-le-Vicomte)은 17세기 후반 프랑스의 재무감독관이었던 니콜라스 푸케(Nicolas Fouquet)의 저택이다. 파리 근교에 있는 이 성은, 르 노트르(Le Nôtre)가 정원을, 루이 르 보(Louis Le Vau)가 건축을, 르 브룅(Le Brun)이 장식디자인을 설계했다. 거대한 정원을 자랑하는 이 성은 아마도 당시 가장 화려하고 훌륭했던 저택이었던 것 같은데, 궁전의 화려함을 능가했던 것 같다. 그는 1661년 바텔(François Vatel)이 요리하고, 몰리에르(Molière)가 대본을 쓰고 룰리(Lully)가 곡을 쓴 발레, 그리고 불꽃놀이를 하면서 루이 14세와 궁정 사람들을 초대하여 그 저택의 시공식을 가졌다고 한다. 바로 이 때문에 그는 루이 14세의 노여움을 사 3주 후 체포되었고, 평생 감옥에 갇히게 된다. 이후 루이 14세는 귀족들의 콧대를 꺾을 화려한 궁전을 짓게 된다. 파리의 루브르 궁전과 파리 근교의 베르사유 궁전이 그것이다. 〈그림 4-54〉와 〈4-55〉의 도면은 약 100년을 사이에 두고 개축된 같은 건물(다른 층의 지만)의 평면도인데, 방을 만드는 데서 큰 차이를 보여 주고 있다. 전자는 커다란 방에 부속실이나 전실 등이 있으며, 방 개수는 몇 개 안된다. 반면 후자는 공간을 세분하여 방의 숫자를 엄청나게 늘렸다. 이는 아마도 방의 사용이 더욱 더 사유화되고, 방의 기능적 분화에 따라 필요한 방의 숫자가 늘어났기 때문으로 보인다. 더불어 앞의 도면에서 방들은 다른 방으로 이어지며 이동을 위한 별도의 공간을 마련해 두지는 않았다. 반면 후자는 이전이라면 연결되어 있었을 방의 출입구를 각각 독립시키고, 복도를 마련하여 이동에 의해 방에서 이루어지는 생활의 침해를 피하려고 하였다. 이러한 배치는 아마도 영국 식의 가옥구조에 영향을 받은 것이라고 보이는데, 어찌됐든 방이 더욱더 사적인 공간으로 분화되어 갔음을 추리하게 한다.

다음의 인용문은 새로이 형성된 사적 공간으로서 근대의 집-기계와 그에 상응하는 양식화된 행위의 집합이 어떻게 결합되는지를 잘 보여 준다.

식사의 경우와 마찬가지로, 여기서도 사람들 사이의 벽이, 혹은 자제, 조건 형성에 의해서 드리워진 육체와 육체 사이의 정서적 장벽 등이 지속적으로 증가한다. 가족 이외의 다른 사람, 즉 낯선 사람과 침대를 같이 쓰는 것은 점점 거북스러워진다. 다른 불가피한 경우를 제외한다면 각자가 자신의 침

대를 갖고 결국——중상류층에서는——자신의 침실을 갖는 것이 흔하게 된
다. 어린이들은 이처럼 다른 사람들과 격리되도록 어려서부터 길들여지고
이로 말미암은 버릇과 경험에 익숙해진다.[137]

물론 집-기계 내부에서의 이런 구분은 학교에서 학급의 구분이 그런
것처럼 사생활의 공간을 더욱더 강화하려는 공간적 분절의 형식으로서,
집과 그 외부를 가르는 벽의 경우 같은 절대적 단절과 이질성을 갖지 않는
다. 아니, 이는 반대로 그것을 넘어서려는 경향을 갖는다. 그것은 집이라
는 공간-기계에 상응하는 양식화된 행동의 집합을 형성하는 문제와 연관
된 것이다.

이는 앞서 보았던 집 내부에서의 사적 공간화와 상반되는 태도를 야
기한다. 즉 푸코가 말했던 것처럼 성에 대한 가족적 통제를 위해 어린이의
자위행위를 감시하고, 어른의 성적인 행동을 의학화함으로써 부르주아지
의 사회적 신체를 만들려는 것이다.[138] 교육과 위생을 위한 감시의 필요성
역시 동일한 태도를 형성하는 데 기여했을 것이다.[139] 이는 집-기계 내에
서 사적 공간의 절대화를 무효화하려는 경향을 뜻하는데, 이는 '고백'처럼
진리장치나 여러 가지 전략을 통해 성적 장치로 발전한다.[140]

침실처럼 사적 공간화와 모순되는 이런 경향으로 인해 사적 공간화와
아이들의 사생활에 대한 감시를 양립할 수 있게 하기 위한 방법으로 기숙
학교 제도가 18세기에 이르기까지 급속히 발전한다. 또한 학교-기계의

---

137) 노베르트 엘리아스, 『매너의 역사: 문명화 과정』, 262~263쪽.
138) 미셸 푸코, 『성의 역사 1: 앎의 의지』, 이규현 옮김, 나남, 2004, 118~119, 138~139쪽.[Michel
    Foucault, *Histoire de la sexualité, vol. 1 : La volonté de savoir*, Gallimard, 1976.]
139) Jacques Donzelot, *The Policing of Families*, tr. by Robert Hurley, Pantheon Books, 1979,
    pp.55~58.[*La Police des Familles*, Minuit, 1977.]
140) 미셸 푸코, 『성의 역사 1』, 76쪽 이하, 120쪽.

측면에서 본다면, 가정이 사적 공간이 됨에 따라 학생들에 대한 학교의 규율과 감시가 미치기 힘들게 되자, 그것을 나름대로 극복해 보려는 시도로서 새로이 창출해 낸 새로운 공간적 배치가 바로 기숙학교라고 할 수 있겠다. 80%를 넘던 기숙학교 학생의 비율이 19세기 후반~20세기 들어와 비로소 감소하는 것은[141] 아마도 가족 내에서 훈육과 통제의 체계가 확립되어 갔다는 사실과 무관하지 않을 것이다. 이제 정말로 '가족을 통한 통치'가 이루어지게 된 것이다!

〈그림 4-56〉 발레르 막심, 「목욕탕」, 1375년

발레르 막심(Valère Maxime)은 귀족들이 목욕하는 장면을 여러 번 그렸다. 고딕적인 형태와 윤곽선으로 그려진 이 그림에서 중세에 목욕이 근대의 그것과 매우 다른 것이었음을 알 수 있다. 목욕은 일종의 연회로서 진행되고 있으며, 벌거벗은 남녀가 어루만지다가 '사랑을 하러' 짝을 지어 나가고 있다. 이 태연스러운 '나체의 연회'에서 우리는 이들의 벌거벗은 육체 사이에 아무런 장벽이 없음을 볼 수 있으며, 심지어 '사랑하는' 것조차 남들 앞에서도 자연스런 것으로 생각하고 있음을 볼 수 있다. 남녀가 뒤섞여 목욕하는 것이야 지금도 유럽에서는 여전히 남아 있는 습속이지만, 16세기 이전에는 목욕탕에 가기 위해 집에서 옷을 벗고 나갔다는 엘리아스의 서술이 별로 과장이 아니란 것을 알 수 있다.

집이라는 공간-기계와 그 외부 사이에는 다른 어떤 부분공간 사이의 이질성보다도 단절적이고 대비적인 절단이 존재한다. 여기서 집이라는 공간-기계를 공적 공간에 대비하여 사적 공간이라고 부르는 것은 타당성을 갖는다. 시간-기계가 내적인 삶의 형식으로 일반화됨에 따라 사적 시간과 공적 시간을 동일한 선분성으로 분절한 데 비해, 사적 공간과 공적 공간 사이의 분절은 동질화되기 힘든 불연속성을 창출하며 유지하는 것이다.

141) Philippe Ariès, *Centuries of Childhood*, p.282.

이러한 불연속성은 집이 갖는 고유한 이미지를 통해 다시금 확인할 수 있다. 바슐라르는 이미지로서 집이 갖는 고유한 본질을 "보호받는 내밀함의 모든 이미지들이 각각 가지고 있는 특이한 가치를 타당하게 해주는 본질"이라고 요약한다.[142] '집의 가장 귀중한 혜택'은 "집은 몽상을 지켜주고 몽상하는 이를 보호해 주고 집은 우리들로 하여금 평화롭게 꿈꾸게 해준다"는 것이고,[143] 이런 점에서 집은 '피난처'다(78쪽). 이 피난처적인 공간의 가치들은 너무도 단순하고 무의식 속에 너무나 깊이 뿌리박고 있는 것이어서, 우리가 그것을 되찾는 데는 상세한 묘사를 필요로 하지 않으며 그저 단순한 환기로도 충분하다.

집이 갖는 이러한 이미지는 바깥세상이 춥고 어려울수록 더욱 분명해진다. 그래서 보들레르는 "밖은 춥기 때문에 우리들은 아주 따뜻하다"고 말한다.[144] 디킨스의 유명한 단편 「크리스마스 캐럴」은 극단적으로 상이한 두 세계의 이미지를 선명하게 대비시키고 있다.

로렌조 메를로Lorenzo Merlo의 사진 「창문 3」은 창문이 있는 벽을 경계로 분할된 사적 공간과 공적 공간의 차이를 응축하고 있다. 창문 저편에는 먹구름 가득한 하늘과 줄 선 조상彫像으로 상징되는 공적인 질서가 있다. 반면 두툼하기 그지없는 벽의 창문 이편에서는 치모를 드러낸 전라의 여인이 사적 공간에만 허용되는 행위 양식의 극한을 보여 주고 있다. 그곳을 화장실로 설정한 것은 사적 공간 속에서 가장 사적인 방을 포착하려한 것

---

142) 가스통 바슐라르, 『공간의 시학』, 곽광수 옮김, 동문선, 2003, 76쪽.[Gaston Bachelard, *La Poétique de l'espace*, PUF, 1957.] "집이란 세계 안의 우리들의 구석인 것이다. 집이란 흔히 말하듯이 우리들의 최초의 세계다. 그것은 정녕 하나의 우주다." "참된 의미로 거주되는 일체의 공간은 집이라는 관념의 본질을 지니고 있다."(77쪽)

143) 같은 책, 80쪽.

144) 같은 책, 124쪽에서 재인용. "우리집 문을 누가 와서 두드릴까?/ 문이 열리면 들어오고/ 문이 닫히면 아늑한 소굴/ 문 밖 저쪽에선 세상이 요란해도"(피에르 알베르 비로Pierre Albert-Birot, *Les Amusements naturels*, 가스통 바슐라르, 『공간의 시학』, 75쪽에서 재인용·)

〈그림 4-57〉 로렌조 메를로, 「창문 3」

이 분명하다. 하지만 더욱 중요한 것은 거울 속의 그 여인은 창문 밖 세계에 별다른 관심이 없다는 것이다. 그녀는 단지 거울 속의 자신만을 바라볼 뿐이다. 물론 창문은 분할된 두 공간을 연결하는 통로요, 안에서 밖을 내다볼 수 있는 가능성을 뜻한다. 외부의 세계는 창문으로 조그맣게 들여다보일 뿐이지만, 그나마 그녀가 밖으로 시선을 주지 않는 한, 밖의 세계도 창문 이편에 대해 무관심하다. 그런 점에서 창문은, 화장실에 이런 식으로 창문이 달리진 않는다는 것을 상기할 필요도 없이, 사실상 이미 없는 것이다. 결국 그는 불가능한 사진을 찍어서 보여 주는 셈이다. 사회성이 상실되고 오직 사적 공간으로 변환된 집이라는 공간-기계는, 그 지형적 배치를 창문 없는 사적 우주로 만듦으로써, 그리고 있는 창문도 내다보지 않는 방식으로 행위를 양식화함으로써 폐쇄된 공간이 된다.

집은 이제 공장과는 다른 방식으로 닫힌 공간이 된다. 이런 의미에서 이제 집이라는 근대의 사적 공간에서도 푸리에의 '완화된 감옥'을 발견해야 하는 것은 아닐까?

④ 공간적 분절기계: 구획화

공장과 학교라는, 새로이 출현한 공간적 배치를 통해 우리가 알 수 있는 것은, 우선 그것이 어떤 식으로든 그 공간을 다른 공간과 구별해 주는 **구획화**를 통해 성립된다는 점이다. 이런 점에서 공장이나 학교는 구획을 통한 '부분공간'으로서 성립했다. 그런데 이 부분공간에서 '부분'이란 말은 약화되어야 하는데, 이는 구획된 각각의 부분공간이 한편으로는 나름대로의 장소 및 지형적 배치의 고유한 양상을 통해 정의되며, 다른 한편으로는 그에 상응하는 어떤 양식화된 행위나 활동의 집합을 통해 정의되기 때문이다. 다시 말해 고유한 지형적 배치와 양식화된 행위의 집합을 통해 구획화된 부분공간 각각은 그 내부를 동질화하는 반면, 그 외부와 불연속적인 것으로 이질화한다. 이로 인해 구획화된 부분공간이 그것을 포함하는 외부의 부분집합이라고 할 수 있는가에 대해서는 긍정적으로 대답하기 어렵다.

다른 한편 집이라는 공간-기계에서 보이는 변화의 양상에서도 이러한 구획화는 마찬가지로 확인된다. 근대적 가족을, 혹은 근대의 가족이 하인이나 방문자, 친구·친척 등 사회의 다른 사람들과 가족을 분할하고, 가족 안에서의 활동을 사회성과 분리함으로써 성립했듯이, 근대의 집-기계는 거리와 집, 일터와 집, 험난하고 추운 외부 세계와 따뜻하고 아늑한 집 사이에 절대적 불연속선을 구획함으로써 성립되었다. 이제 집으로 일을 끌어들이는 행위는, 집에 타인을 끌어들이는 행위처럼 다른 가족의 비난을 감수해야 한다. 여기에는 새로운 공간이 창출됨으로써 성립된 공장이나 학교에 못지않은, 아니 결코 그보다 훨씬 강력한 절단의 강도가 있다. 사적 공간은 단지 그 이용이 자신을 위한 것이거나 개인적인 것이란 점에서 공적 공간과 구분되는 것이 아니라, 이미 특정한 행위의 집합을 공간-기계 자체에 대응시키며 그 안에서 이용의 폭을 한정한다는 점에서 공적 공간과 구분된다. 이는 사적 시간과 공적 시간이 동일한 선분적 시간을 이용하는 데서 구분되었던 것과는 근본적으로 다른 점이다. 이로 인해 시간과 달리 공간은 장소로부터 결코 완전히 독립하지 못한다. 즉 공간-기계는 장소를 완전히 추상하지 못한다.[145] 이 점 역시 공간이 시간과 달리 완전한 추상화가 제공하는 일반성을 획득하지 못하는 이유이기도 할 것이다.

이를 기초로 근대적 공간의 '구획화'가 갖는 몇 가지 특성을 일반적 형태로 가정할 수 있다. 그것은 우선 공간을 구분하며 제한함으로써 공간을 분절하는데, 분절된 공간은 내적으로는 이중적인 동질화가 이루어지지만 그 외부와는 불연속적이다. 이로 인해 각각의 부분공간 사이에는 환원될 수 없는 이질성과 차이가 있다. 더불어 말하자면 공간은 지형적 배치에 의해 특정화된다는 점에서, 지형적 배치 및 장소place에 의존하게 된다. 다시 말해 각각의 부분공간에 대해 적절한 장소와 그렇지 않은 장소가 다소간이나마 정해질 수 있으며, 이로 인해 장소로서 공간 일반은 상품화되며 상이한 가치(지대!)를 갖게 된다. 이러한 점들을 통해 근대적 공간-기계가 공간을 분절하는 방식을 파악할 수 있지 않을까?

---

145) 따라서 우리는 르페브르가 자본주의의 사회적 공간을 '추상적 공간'이라고 보는 데(Henri Lefebvre, *The Production of Space*) 대해 동의하지 않는다. 자본은 모든 것을 유통시키며 공간적 제한을 제거하며 공간마다의 특이성을 제거하지만, 결코 그것을 평균화하지 못한다. 공간은 그 장소, 위치에 따라 상이한 가치를 갖는 '상품'인 것이다! 더구나 구획화를 통해 분절하는 근대의 공간-기계는 본질적으로 공간 간에 넘을 수 없는 벽을 만듦으로써 작동하며, 그 결과 형성되는 불연속성은 평균화하려는 흐름을 절단한다.

3) 근대의 시간·공간적 분절기계

지금까지 논의에서 쉽게 확인할 수 있는 것은 근대의 시간-기계와 공간-기계의 성립은 사람들의 활동과 행위를 통제가능한 것으로 만들기 위한 것이었다는 점이다. 그것은 근대의 시간-기계가 시간표로 대변되는 근대적 규율의 체계와 연관되어 만들어졌다는 사실에서 한편 분명하게 드러난다. 다른 한편 공장과 학교를 공간적으로 구획했던 것은 사람들에게 특정한 행위를 강제하기 위한 것이었다는 점에서도 이러한 사실은 분명하다.

하지만 통제가능성을 확보하기 위한 분절의 방식은 시간-기계와 공간-기계에서 각각 상이하다. 반복했다시피 근대적 시간-기계의 분절방식은 '선분화'로 요약되며, 이런 뜻에서 근대적 시간-기계는 '선분적 시간'이라고 할 수 있다. 이는 직선적, 추상적 시간의 선분적 분할과, 그에 대한 특정한 활동 내지 동작의 대응으로 구성된다. 여기에는 물론 각각의 순간이 갖는 시간성을 추상하고 그것을 동질화하는 과정이 전제되며, 이런 점이 직선적 시간의 중요한 특징이다. 자연현상에서뿐만 아니라 사회적 장에서도 모든 부분시간은 전체 시간과 동질적인 특징을 갖는다고 간주된다. 선분화는 이러한 동질성으로 인해 비로소 가능하다. 즉 선분화된 부분시간은 모두 동질적이기에, 어떠한 행위에도 대응할 수 있다. (이래서 노동/력은 시간단위로 구매되고 사용된다.) 시간은 각각의 장에서, 혹은 각각의 공간에서 행위를 분석하고 통제할 수 있는 일반적 척도가 된다. 시간을 사용한다는 것은 이처럼 선분화된 시간에 대응하는 어떤 행위나 동작의 집합을 정의하는 것이다. 선분적 시간의 동질성은 어떠한 행위와도 대응할 수 있다는 시간-기계의 일반성으로 확장된다.[146] 근대적 시간-기계가 갖는 이러한 '일반성'으로 인해 시간은 특수한 영역이나 장, 공간을 넘어갈 가능성을 갖는다. 그것은 시간-기계에 포섭된 신체에, 신체적 무의식에 새겨짐으로써 옮겨진다. 이제 그것은 공장에서 거리로, 학교에서 집으로 확장된다. 바로 이런 의미에서 우리는 시간-기계가 근대인의 내적인 존재형식을 이룬다고 말할 수 있었다.

반면 근대적 공간-기계의 분절방식은 **구획화**라는 개념으로 요약했으며, 이로 인해 구획된 **부분공간**이 산출된다. 이는 공장이나 학교처럼 **공간의 분할과 그 안에서의 특정한 지형적 배치**, 그리고 **그에 상응하는 양식화된 행위의 집합**으로 구성된다. 그런데 이 지형적 배치와 양식화된 행위의 집합은 부분공간마다 특수하게 정의된다. 다시 말해 모든 지형적 배치나 모든 행위의 집합과 대응할 수 있는 그런 공간은 없거나, 불모의 황무지처럼 적어도 사회적으로는 (그리고 신체적 차원에서도) 무의미하다. 왜냐하면 사람들의 행위에 대한 통제는 시간적 제한을 넘어서려 하지만, 공간적 제한은 넘어서지 못하며, 오히려 공간적 제한 없이는 불가능하기 때문이다. 가령 공장에서의 시간적 통제는 집으로까지 확장하려 하지만, 공장에서의 공간적 통제는 공장이라는 고유한 장소 및 지형적 배치를 벗어나면, 그리고 그 안에서만 결합되는 다른 사람의 행위 없이는 불가능한 것이다. 따라서 공간은 지형적 배치는 물론 장소로부터 결코 완전히 자유롭지 못하며, 반대로 그것을 이용한다.

이로 인해 공간의 추상화는 언제나 부분적이며, 근대적 공간-기계를 시간-기계와 달리 '추상적 공간'이라고 요약하기 힘들다. 추상적 공간은 특정한 장소, 특정한 지형적 배치가 갖는 고유성을 추상하여 동질화할 수 있을 때 비로소 성립하는데, 구획화를 통해 형성되는 부분공간은 결코 그

---

146) 어떠한 행위에도 대응시킬 수 있다는 것은 "그러한 대응관계가 적어도 하나 이상 존재한다"(선택공리)는 것을 뜻한다. 이는 근대적 시간-기계의 일반성이란 '선택공리'를 포함하는 '공리계'임을 보여준다.

렇지 못하기 때문이다. 따라서 근대적 공간기계는 시간-기계처럼 일반적 척도로서 작동하지 않는다. 반대로 그것은 장소적 특성에 의해 상품화된 다(배타적 전유가능성이 있다). 즉 "시간은 돈"이지만, 공간은 상품인 것이 다! (이것이 어쩌면 근대적 장에서 시간의 우위성과 공간의 의존성이란 표상 과 연관된 게 아닐까?)

이런 점에서 시간의 선분화가 일반성을 갖는 부분들로 분할하는 것이라면, 공간의 구획화는 특수성을 갖는 부분들로 분할하는 것이다. 공간의 구획화는 시간과 달리 부분공간 사이의 동질화를 전제하지 않는다. 반대로 그것은 다른 공간과 구별되는 배치와 행위를 정의하고, 그 연속성을 제한함으로써 성립한다. 공간의 구획화는 외부와의 이질성과 내부적 동질성을 확보함으로써 성립하며, 이런 점에서 공간적 구획선은 본질상 불연속적이다.[147] 예컨대 학교도 될 수 있고, 매춘도 할 수 있고, 공장도 될 수 있는 공간을 근대적 공간-기계는 받아들일 수 없다. 그것은 앞서 학교나 집에 대한 서술에서 보았듯이 근대적 공간-기계가 넘어서려는 대상이었다.

우리는 시간-기계와 공간-기계의 이러한 차이에서, 동일하게 사람들의 활동에 대한 통제가능성을 겨냥한 양자가 어떻게 상반되는 이미지를 갖게 되는지도 이해할 수 있다. 시간은 언제나 움직임과 연결되며, 동작이나 운동을 통해 그 이미지를 드러낸다. 12대의 카메라를 동원하여 찍은 머이브리지Eadweard Muybridge의 유명한 사진 「달리는 말」은, 연속사진을 위한 자동셔터가 없던 시대에 처음으로 동작을 사진화하려는 작품이었다. 이후 활동사진, 영화의 기초가 된 이 사진은 시간의 선분성에 내포된, 선

---

147) 그렇다면 우리는 시간-기계가 근대인의 내적인 존재형식인 데 반해, 공간-기계는 근대적 삶을 규정하는 (물론 역사적 선험성으로서) 외적 환경으로 정의할 수 있지 않을까?

〈그림 4–58〉 이드위어드 머이브리지, 「달리는 말」, 1878년

〈그림 4–59〉 에티엔 쥘 마레, 「연속촬영 사진으로 펜싱 공격의 속도를 측정하기」, 1890년

분적 시간과 동작의 대응을 직접적으로 보여 준다. 에티엔 쥘 마레^{Étienne-}Jules Marey의 사진 「동체사진으로 펜싱공격의 속도를 측정하기」는, 지금이라면 흔히 볼 수 있는 스트로보스코프^{stroboscope} 사진처럼 시간에 따른 동작의 선분적 분할과 대응을 동적인 이미지로 포착하고 있다.

그런데 시간의 이미지에서 중요한 것은 그것이 단지 분할된다는 점이 아니라 직선적으로 뻗어나간다는 점인데, 바로 이 특성은 통제가능성을 목표로 한 규율을 통해 성립한 시간-기계에 대해 역설적이게도 개방성의 이미지를 제공한다. 좀더 흥미 있는 것은 선분적인 시간과 이 직선적, 개방적 시간이 결합될 수 있다는 것이다. 왜냐하면 선분적 시간 자체의 개방성은 바로 선분화된 시간이 어떤 방향성을 가지고 계속하여 무한히 추가될 수 있다는 것에서 연원함을 보여 주기 때문이다. 루이지 루솔로^{Luigi}Russolo의 그림 「자동차의 역동성」은 이러한 근대적 시간-기계의 이미지를 거의 완벽하게 보여 주고 있다. 이 그림에서 '자동차의 역동성'은 선분적으로 분할된 면의 반복, 다수의 선분적 면과 자동차의 겹침, 그리고 그 면이 갖고 있는 일방적인 방향성에 의해 드러난다. 이러한 면의 구성이 바로 선분적이고 일방적인 시간의 특징을 드러내기에 적절하다는 점에 의해 고정되고 정지해 있는 자동차를 역동적으로 움직이게 하고 있는 것이다. 당연한 말이지만, 아마 자동차를 하나의 선분적 면 안에 가두었다면, 루솔로는 자동차의 역동성을 묘사하는 데 결코 성공할 수 없었을 것이다.

다른 한편 이 그림에서 드러나는 시각화된 시간은 그 개방성과 무한성을 보여준다. 화면의 아래에 있는 선분화된 면과, 화면의 위에 있는 선분화된 면이 모두 화면에 의해 끊어져 있다. 이 끊어짐은 움직임을 낳는 면이 앞에서도, 뒤에서도 얼마든지 추가될 수 있는 것임을 표시한다. 이처럼 선분화된 시간은 마치 이 그림의 선분적 면이 그렇듯이 얼마든지 추가

〈그림 4-60〉 루이지 루솔로(Luigi Russolo), 「자동차의 역동성」, 1912~13년

될 수 있다는 점에서 자동차를 어느 선분 안에 가두지 않는다. 이런 점에서 (선분적) 시간은 새로운 선분의 추가에 의해 무한히 열린 진행의 이미지를 취하며, 결코 닫힘의 이미지를 취하지 않는다.

반면 공간의 이미지는 근대적 공간-기계의 구획화라는 분절이 시간의 선분적 분절과 얼마나 다른지를 잘 보여 준다. 제리 율스만Jerry Uelsmann의 사진 「갇혀 있는 사람」은 거친 질감과 어두운 색조로 구획화된 공간의 거친 이미지를 묘사한다. 하지만 보다시피 중요한 것은 사진의 중심에 있는 '갇혀 있는 사람'인데, 그는 감옥에도, 공장에도 갇혀 있지 않다. 그를 가두고 있는 것은 다만 이중의 사각형으로 표현된 공간일 뿐이다. 이는 직선적으로 뻗어나가며 개방적인 시간의 이미지와 너무나도 대조되는 양상으로, 불연속성을 구획하는 공간의 이미지를 가둠과 폐쇄성에 연결하고 있다. 시간이 주던 역동성의 이미지도 여기서는 찾아보기 힘들다. 반대

〈그림 4-61〉 제리 율스만, 「갇혀 있는 사람」, 1961년

로 움직일 듯 살아 있는 사람의 역동적인 표정이 공간 안에 머문 채, 공간에 의해 침식당하고 있다. 정지되어 있으며, 또한 정지시키는 공간! 그만큼 그의 표정과 그의 신체는 그를 가둔 닫힌 공간의 일부가 되어 가고 있는 것이다.

제리 율스만의 또 하나의 사진 「끝없는 항해」는 추상적 공간의 불가능성에 대해 말하려는 듯하다. 누구든 넓게 펼쳐진 바다와, 그 주위를 한가롭게 걷고 있는 사람들의 모습을 떠올리기 마련인 바다를 그는 사람을 가두고 있는 공간과 몽타주함으로써, '끝없는 항해'가 사실은 열린 공간을 헤쳐 나가는 것이 아니라 갇힌 공간 안에서 맴도는 것임을 보여 준다. 동질화되지 않는 공간의 겹침, 불연속적 공간의 벽이 바다도, 하늘도, 땅도 모두 가리고 있는 것이다. 방의 네 모퉁이에서 나오는 구획선은 사진의 네

〈그림 4-62〉 제리 율스만, 「끝없는 항해」

모서리에 안 보이게 잇닿고 있는데, 이로써 사진을 보는 우리 역시 그 공
간 안에 갇혀 있음을 보여 주려는 것처럼 보인다. 앞에 커다랗게 찍힌 손
자국 두 개는 절규하는 모습을 연상하게 하는데, 이를 그 방에 갇힌 작가
자신, 혹은 우리의 손이라고 한다면 너무 '주관적'일까?

　'주관적 사진'이란 이름으로 사진전을 열고 두 권의 사진집을 발간한
오토 슈타이너트Otto Steinert의 사진 「산업」은 이러한 공간적 갇힘을 근대
산업과 공장과 극한적으로 연결해 주고 있다. 여기서도 공간 전체의 이미
지는 어둡고 음울하다. 크레인 끈에 매달린 거대한 철골구조물은 마치 그
것을 바라보며 손짓 신호를 보내고 있을, 밑의 어느 노동자 머리 위로, 아
니 마찬가지로 그것을 바라보고 있는 우리 자신의 신체 위로 덮쳐올 듯하

〈그림 4-63〉 오토 슈타이너트Otto Steinert, 「산업」

다. 공장은 이처럼 우리를 가두려 하고 있는 것이다. 이 사진에서 특이한 것은 공장이나 다른 지형적 풍경을 남지 않거나 사진 아래에 극히 일부분만 남겨두는 구도를 취한다는 점이다. 사진의 배경만 보자면 80% 이상이 음화로 검게 묘사된 검은 하늘이요 허공이다. 그 넓은 공간을 흉측한 철골구조물 하나로 가득 채움으로써 이 사진은 무한이 열린 공간이 공간-기계에 의해 점거되고 구획되었음을 보여 주는 셈이다. 검지만 넓은, 열린 하늘과, 가둠과 폐쇄를 뜻하는 근대산업의 공간-기계가 극적으로 대비되면서, 근대적 분절기계로서 공간의 이미지를 그려내고 있다. 그리고 바로 이런 점에서 이 '주관적' 사진은 결코 주관적이지 않다!

요컨대 시간에 대해서는 직선적인 뻗어나감과 무한함, 역동과 개방이란 이미지가 지배적이라면, 공간에 대해서는 가둠과 제한, 유한함과 정지, 그리하여 폐쇄라는 이미지가 지배적이다. 물론 시간-기계와 공간-기계 모두 통제가능성을 겨냥하고 있는 한, 공간에 비해 시간의 이미지는 훨씬 더 허구적이지만,[148] 그럼에도 불구하고 양자가 갖는 이 차이는 선분화라는 시간적 분절기계와 구획화라는 공간적 분절기계의 차이에 연원한다고 해도 좋지 않을까?

6. 시간·공간–개념과 시간·공간–기계

이제 근대적인 시간·공간의 개념적 배치와 기계적 배치에 대해서, 다시 말해 시간 개념과 시간-기계, 공간 개념과 공간-기계에 대해서 정리하자.

---

148) 반면 채플린이 훌륭하게 보여 주었듯이, 시계를 통해서라면 차라리 그 본질적 양상에 훨씬 가까이 접근할 수 있다.

반복하자면 근대과학혁명의 이념은 갈릴레이가 명확히 했듯이 자연의 수학화였다. 자연의 수학화는 모든 자연현상을 계산가능한 것으로 변환시키려는 것이었는데, 이런 점에서 근대과학의 특징을 '계산가능성'이란 말로 요약해도 좋을 것 같다. 자연현상을 계산가능한 것으로 변환시키기 위해서 가장 중요한 것은 그것을 계산할 수 있는 어떤 척도로 환원하는 것이었다. 갈릴레이가 도입한 시계적인 시간 개념(t)이 바로 그것이었으며, 나아가 데카르트는 대수적인 수로 환원될 수 있는 공간 개념을 도입함으로써 그 기초를 확대했다. 그 위에서 뉴턴은 미분의 개념을 창안함으로써 순간 시간(dt)을 모든 운동을 통분할 수 있는 분모로, 그리하여 모든 운동을 일원적으로 통합하여 계산할 수 있는 일반적 기초로 확장했다. 따라서 시간 개념은 절대적인 기준이며, 정의되지 않는다. 그것은 직선적이고 무한할 뿐 아니라 대수적이어서 일방성을 갖지 않으며, 무한히 작은 크기로 작아질 수 있는 것이었다.[149]

　이런 점에서 근대적 시간 개념은 시간-기계와 중요한 차이를 갖는다. 그것은 선분적 시간이 갖는 특징과 대비된다. 첫째, 선분성의 유무에서 양자는 다르다. 앞서 보았듯이 시간-기계는 선분적인 단위로 분할된다. 그것이 아무리 작아지더라도 무한히 작아질 수 없으며, 선분적인 양끝을 갖는다. 반면 시간-개념은 그것이 무한히 작아질 수 있을 때, (시간)간격이라는 거리적-공간적 성격을 벗어남으로써 모든 운동의 통분가능한 기초가 될 수 있었다. 따라서 그것은 무한히 작아질 수 있는 것이어야만 했고,

---

149) 사실 이 "무한히 작아진다"는 표현은 결코 엄밀한 것이 아니었다. 그로 인해 분모가 무한히 작아져도 모든 점에서 미분불가능한 곡선이 바이어슈트라스(Karl Weierstrass)에 의해 발견되었으며, 이로 인해 미분을 가장 확고하다고 간주되는 대수학으로, 좀더 구체적으로는 부등식으로 환원하려는 작업이 나타난다. 해석학(Calculus: 계산학!)의 모든 증명이 의거하는 'ε-δ법'이 그것이다.

선분적인 단위나 양끝을 가질 수 없다.

둘째, 일방성의 유무에서 양자는 또 다르다. 사회적 차원에서 시간은 어떠한 행위나 사건의 흐름이며 흘러 감이다. 그것이 되돌려지지 않는다는 것을 설명하기 위해 열역학 제2법칙을 동원할 필요는 없다. '가역적 시간' 자체가 이미 시간을 대수적 수로 환원함으로써 발생한 표상이기 때문이다. 선분화된 시간은 사건이나 활동과, 혹은 미세한 동작과 대응한다. 그리고 그것은 적당한 크기를 갖는 일련의 연속적인 계열^{séries}을 이룸으로써만 유의미한 결과를 획득하며, 계열이 파괴되면 무의미한 소모로 귀결된다. 이런 점에서 그것은 대수적인 수처럼 자유롭게 끊어지거나 더해지지 못하며, 순서를 바꾸거나 뒤섞을 수도 없다. 다만 그 일방성에 따라서 추가될 수 있을 뿐이다. 그것은 이런 의미에서도 결코 가역성을 갖지 않는다. 이는 시간의 선분성은 선분화된 시간과 어떤 동작/활동의 대응을 내포하기 때문이고, 본질적으로는 그것이 단순한 계산가능성이 아니라 통제가능성을 추구하는 기계라는 점 때문이다.

따라서 시간-개념과 시간-기계 사이에는 수학적인 동형성^{isomorphism}을 발견할 수 없다. 동형성은 군^{group} 간의 구조의 상동성을 뜻하는데, 결합의 순서를 바꿀 수 없는 선분적인 시간은 이미 군으로서 정의될 수가 없기 때문이다. 하지만 시계를 통해 일대일 대응 및 역대응 관계를 정의할 수 있다는 점에서 동상성$^{homeomorphism; 위상동형관계}$을 갖는다고 할 수 있겠다.[150] 시간 개념과 시간-기계 사이의 이 차이는 어쩌면 '계산가능성'과 '통

---

150) 시계적 시간은 그것이 무한히 작아지는 경우에도 일정한 길이의 분할로 정의된다. 따라서 그것은 유리수로 표시된다(이는 시간이 측정을 위한 독립변수라는 점에서도 분명한데, 왜냐하면 측정을 위한 독립변수를 무리수처럼 '멈추지 않는' 수를 택한다면 이미 측정은 불가능해지기 때문이다). 한편 선분적으로 분할된 시간-기계의 원소는 자연수에 대응된다. 그런데 칸토어(Georg Cantor)가 증명했듯이 자연수와 유리수의 농도는 같으며($ℵ$), 일대일 대응 및 역대응이(즉 전단사 사상이) 존재한다.

제가능성' 사이의 차이를 뜻하는 것이 아닐까?

한편 데카르트가 추상적이고 절대적인 성격을 부여했던 공간 개념은 다분히 수학적인 것이었고, 무제약적 공간이었다. 그것은 다만 선택된 공리에 의해서만 구분되는 좌표적 지반이었다. 반면 물리적 공간은 관찰하고 측정하는 기준점이 상이할 수 있으며, 그것이 각이하게 운동할 수 있다는 점에서 구별되는 공간 개념이 불가피했다. 이는 '관성계'라는 개념으로 요약되는데, 각각의 관성계에서 뉴턴이 요약한 운동법칙은 갈릴레이 변환에 대해 불변이며, 따라서 공간마다의 독자적인 운동법칙을 갖지 않는다. 즉 하나의 운동법칙이 모든 관성계에 대해 동등하게 성립한다. 이런 점에서 하나의 관성계를 다른 관성계와 본질적으로 분절해 주는 이질성은 정의되지 않는다. 그것은 다만 상대적인 운동의 속도에 의해 상호적으로 관계 지워질 뿐이다. 따라서 관성계 간에는 서로 간에 연속성을 절단한다든지 하는 식의 구획적 분절은 나타나지 않으며, 그렇기 때문에 근대적 공간-기계와는 상이한 분절기계다.

그리고 양자를 가르는 또 하나의 차이를 들자면, 물리학적 공간 개념은 장소나 지형적 배치를 포함하지 않으며, 그런 점에서 충분히 추상적이라는 점이다. 이러한 두 가지 차이 역시 시간의 경우에서와 마찬가지로, 공간-기계는 특정한 행위를 강제하고 통제하기 위해서 구획하고 분절한다는 점에 기인하는 것이다. 즉 계산가능성이면 충분한 공간-개념에서는 부분공간의 폐쇄적인 이질성이나 지형적 배치에 대한 의존성을 갖지 않는다는 것이다. 그러므로 공간-개념과 공간-기계에 대해서도 우리는 수학적 동형성을 발견할 수 없다. 나아가 이 양자 간에는 어떤 일대일 대응을 설정한다는 것이 무의미하거나 곤란해 보인다. 왜냐하면 관성계로서 부분공간은 장소나 지형적 배치로부터 전적으로 자유롭기 때문에 얼마든지 추상화되고 가변화될 수 있으며, 또한 얼마든지 자유로이 증식할 수 있는 반면, 공간기계는 장소와 지형적 배치를 충분히 추상할 수 없기 때문에 상대적인 불변성과 고정성을 갖기 때문이다. 따라서 일대일 대응/역대응으로 정의되는 동상성의 관계도 설정하기 어렵다고 보이며, 이 점은 시간-기계와 공간-기계 사이에 추가할 수 있는 또 하나의 차이일 것이다.

7. 결론을 대신하여

지금까지 분석한 근대적 시간-기계와 공간-기계는 근대를 사는 우리의 삶을, 그 삶의 방식을 구성하고 조직하는 하나의 '공통된' 형식으로 확고하게 자리 잡고 있다. 칸트 말대로 좋으나 싫으나 우리는 그것을 통해서 경험하고 그것을 통해서 행동하며, 하이데거 말대로 좋으나 싫으나 그 형식이 지배하고 있는 세계 속으로 우리는 던져진다. 상인의 시간이 자기 자리를 굳히던 시대에는 도시의 청사에 걸려 있던 시계가, 산업혁명 이후 공장의 문 옆으로 이동했으며, 기차의 선로를 따라 민중들의 일상 속으로 들어왔고(역사의 시계), 손목시계를 통해 우리의 신체에 직접 부착되게 되었다. 테일러가 시간을 관리함으로써 노동자들의 동작과 생산의 속도를 관리하려 했다면, 헨리 포드는 자동차 공장을 시작하기 전에 염가의 손목시계를 대량생산하고자 했다는 것은 잘 알려진 사실이다. "시간은 금이다"와 더불어 근대화가 진행되는 어디나 나타나기 마련인 '코리안 타임'이라는, 근대적 비난과 조롱이 담긴 말은 이제 듣기 어려운 말이 되어 버렸다. 이제 그것은 우리의 신념보다도 먼저 작동하는 신체적 습속이 되어 버린 것이고, 우리의 신체의 일부가 되어 버린 것이다.

확실히 이러한 시간-기계와 공간-기계를 바꾸지 못한다면, 다른 종류의 배치로 변환시키지 못한다면, 근대적 삶을 넘어선다는 것은 불가능한 것일 게다. 다시 말해 근대적 생활양식, 근대적 관계를 넘어서기 위해선 근대적인 시간-기계와 공간-기계를 변환시켜야 한다. 하지만 그것은 과연 가능한 일일까? 이미 '기계'로서, 선험성으로서 우리의 신체를 사로잡고 있으며, 우리의 삶을 사로잡고 있는, 저 불변의 확고한 힘을 갖고 있는 듯이 보이는 시간-기계와 공간-기계를 대체 어떻게 변환시킬 수 있을 것인가?

앞서 우리는 배치를 기계적 요소들의 계열화를 통해 정의한 바 있다. 이는 어떤 다른 요소의 추가나 제거만으로도, 혹은 연결관계의 변환만으로도 다른 배치로 이행할 수 있음을 내포하는 것이기도 하다. 변환이나 전복에서 혁명을 떠올리고, 혁명에서 국가나 생산양식 전체의 전복을 떠올리는 무거운 관념 안에서, 시간-기계와 공간-기계를 바꾼다는 것은 국가권력을 바꾸는 것보다도 더 어려운 것일 수도 있을 것이다. 그러나 계열화를 통해 연결되는 기계와 배치라는 개념은 전복이나 변환, 아니 심지어 '혁명'에 대해서도 훨씬 가벼운 관념을 가능하게 해준다. 그것은 어떤 요소의 추가나 제거, 혹은 연결관계의 변환을 통해 충분히 가능한 것이다. 더욱이 그 가능성의 지대는 추가와 제거, 변환의 폭이 실제적으로 유의미한 모든 경우를 향해 매우 다양하게 열려 있다. 이 경우 이미 선분이 되어 작동하는 시간-기계나 독립적인 구획단위로 분절되어 작동하는 공간-기계의 요소들은 다른 배치로 인도하는 선들을 그리게 된다.

가령 근대적인 집-기계의 경우 앞서 본 것처럼 명확한 기능적 분리와 분리된 공간 내부의 동질화를, 즉 구획화된 공간-기계를 작동시키지만, 그 단위 공간들의 새로운 계열화를 시도함으로써 새로운 종류의 공간적 배치를 창출할 수 있다. 1857~60년경에 지어진 장-밥티스트 고댕Jean-

Baptiste Godin의 파밀리스테르Familistère는 이러한 경우의 대표적인 사례를 제공한다. 자수성가한 사업가였던 고댕은 자기 공장 노동자들의 기숙사를 짓기 위해 푸리에주의자들과 접촉하게 되는데, 푸리에Charles Fourier의 영향을 받아서 노동자의 '가족궁전'을 짓고자 한다. 푸리에는 가족이란 코뮨적인 관계와 대립되며 적대적인 것이라고 보았기 때문에, 사람들을 '팔랑크스'Phalanx라는 단위로 재편성하여 이들이 함께 사는 집합주택을 '팔랑스테르'phalanstère라는 이름으로 구상한 바 있다. 그런데 고댕은, 아마도 사업가로서 현실감각 때문인지, 가족 자체를 깨지는 않고서 코뮨적인 집합주택을 건설하고자 했다. 그래서 독신자는 독신자대로, 가족은 가족대로 일정하게 프라이버시가 보장되는 '근대적인' 방들을 제공하고 분배해 주는 한편, 그것들이 중정中庭과 테라스가 함께 형성하는 하나의 공동의 공간으로 모이게 하며, 그 중정에는 유리지붕을 씌움으로써 공동의 집회나 모임, 혹은 결혼식 등과 같은 공동생활의 적극적인 공간으로 만들었다(그림 3-15 참조). 따라서 각각의 가족이나 개인들은 자신만의 방을 갖지만, 그 방은 어떤 것도 이 공동의 공간과 연결되며, 따라서 사적인 생활과 공동의 생활이 물리적으로 이웃관계를 형성하는 그런 새로운 배치를 만들어 냈다. 이러한 실험은 당시에도 유럽 전체에 엄청난 영향력을 행사했으며, 최소한 1930년대까지 성공적으로 유지되었다.

파밀리스테르는 기능에 따라 분리되고 각각의 단위공간은 동질화된 공간으로 구획된 그런 방들의 집합이었다. 하지만 그것은 코뮨적인 관계를 형성할 수 있는 물질적 조건을, 그런 관계가 활성화될 수 있는 물리적 구조를 만들어 내는 새로운 배치로 계열화됨에 따라 근대의 집-기계와는 전혀 다른 종류의 집-기계가 된다. 이는 연결관계, 이웃관계의 약간의 변형만으로도 다른 종류의 배치, 다른 종류의 기계가 될 수 있음에 대한 아주 중요한 실례라고 할 것이다. 학교의 경우에도 교단 위의 교탁과 그 아래의 책상이 마주하는 그런 전형적인 계몽적 배치에서, 다른 종류의 배치로 바꾸는 경우들은, 자율주의적인 교육을 시도하는 학교들에선 빈번히 채택되어 사용된다. 교탁-책상의 계몽적 배치를 원탁처럼 위아래, 시작과 끝이 없는 배치로 바꾸기만 해도 분명히 다른 종류의 공간적 관계, 다른 종류의 사회적 관계가 만들어진다.

하지만 공간-기계의 배열을 바꾸는 것만으로는 공간-기계 자체를 다른 것으로 바꾸지 못한다는 점 또한 마찬가지로 분명하다. 비트겐슈타인 식으로 말하자면, "공간의 의미는 공간의 용법"인 것이어서, 공간의 기능이나 효과는 그 공간을 어떻게 사용하는가에 크게 좌우된다. 그런데 적어도 근대의 개별화되고 사사화私事化된, 혹은 가족화된 그런 생활, 그런 사용법에 길든 사람에겐 공동의 삶으로 인도하는 그런 공간 자체는 프라이버시를 침해하거나 방해하는 '불편함'으로 지각되게 마련이다. 코뮨적인 공간-기계, 자율주의적 공간-기계, 우리는 그것이 근대적 삶의 방식을 넘어선 새로운 종류의 삶의 공간을 제공하리라고 믿지만, 그것은 물리적 구조나 방들의 물리적 배분만의 문제가 아니라, 그와 나란히 그 안에서 사는 사람들의 공동의 삶을 형성하는 운동과, 실질적인 변환의 실행과 결합되지 않으면 안 된다.

시간-기계에 대해서도 우리는 마찬가지로 접근할 수 있을 것이다. 선분적으로 분절되어 작동하는 근대적 시간-기계는 아마 어떠한 개인이나 어떠한 코뮨적 공동체도 쉽사리 벗어나기는 힘들 것이다. 그것은 상품과 화폐의 힘이, 혹은 상품화된 노동력, 상품화된 삶이 지속되는 한, 화폐적 형식과 결합하여 우리 모두의 삶을 제약하는 조건으로 존속할 것이다. 그렇지만 그것이 시간과 결부된 새로운 종류의 배치 자체가 불가능함을 뜻하는 것은 아니다. 동일한 분절기계, 동일한 분절방식의 지반 위에서 지극히 나양한 배치들의 변환이 가능한 것처럼, 그리고 구획화된 근대적 공간-기계들을 다른 종류의 배치로 '유도'하는 것이 가능한 것처럼, 근대적 시간-기계 역시 다른 종류의 배치를 형성하는 요소가 될 수 있다.

자본주의와 자율주의의 차이, 자본주의와 코뮨주의의 차이가 규율의 유무에 있는 것이 아니라 자본주의적 규율과 자율주의적 규율, 자본주의적 규율과 코뮨주의적 규율에 있는 것처럼, 근대적 삶의 방식과 코뮨적이고 자율주의적인 삶의 방식의 차이는 선분화된 시간-기계의 유무에 있다기보다는 그것의 상이한 배치, 상이한 용법에 있는 것이다. 역으로 어떠한 단위로도 분할될 수 있게 된 그런 시간-기계는 그러한 배치를 형성하기 위해 차라리 손쉬운 조건을 제공할 수도 있다. 왜냐하면 공동의 삶이 중세적인 삶이나 자연적 농업노동과 다른 템포, 다른 속도, 다른 규모로 진행된다면, 그것들의 공통-리듬을 형성하고 그것을 적절하게 규제하고 조절하는 데는 근대적인 분절방식을 갖는 시간-기계의 이용이 오히려 필요할 것이기 때문이다. 자율주의적 이용이 공통의 삶, 코뮨적 생활의 핵심적인 축이 된다면, 이런 경우 근대적인 분절방식은 다른 기능을 하는 성분으로 변환될 수 있다. 물론 그것은 사실 이미 주어진 불변의 척도로 근대적 시간-기계를 사용하기를 중지했음을 함축하는데, 여기서 시간적 배치의 탈영토화는 시간의 척도-기계적 성격에서 벗어나는 탈주선을 그릴 수 있음을 뜻하는 것처럼 보인다.

이는 화폐의 경우와 비교할 수 있다. 화폐는 확실히 자본주의적이고, 그런 만큼 사람들의 관계를 가치관계 안에 가두고 가치관계 안에서 삶의 방식을 재생산한다. 그러나 화폐의 비자본주의적 사용이 얼마든지 있을 수 있으며, 이 경우 화폐는 이미 가치법칙을 벗어나서 사용될 수 있게 되고, 거꾸로 가치관계를 벗어나는 선을 그리는 기능을 하게 된다.[151] 마찬가지로 시간-기계 역시, 심지어 그것이 선분성을 포함하고 있는 경우에조차 비자본주의적 사용, 코뮌적인 사용, 자율주의적 사용을 막을 수 없으며, 이런 사용을 통해 다른 종류의 기계로 작동하기 시작한다. 그 새로운 기계들이 여기저기서 삐걱거리면서 작동하고 있는 소리가 들린다.

---

151) 예를 들어 내가 아는 한 사람은 자신은 보증금 3천만 원 가량의 전셋집에 살면서, 공동의 공간을 마련하는 데는 7천만 원에 가까운 보증금을 희사한 바 있고, 고정된 직장이 없는 처지인데도 그 공간의 유지를 위해서 적지 않은 돈을 낸다. 화폐의 비자본주의적 사용. 이는 또 다른 비자본주의적 사용을 촉발한다. 반면 나는 이보다 훨씬 더 돈이 많은 사람들, 그것도 좌익적 입장을 갖고 있는 사람들을 안다. 하지만 그들은 오히려 훨씬 더 여유가 없다. 돈이 생기면 집을 사는 일에 먼저 투여하고, 그에 걸맞은 소비수준을 유지하는 데 투여하며, 그래도 돈이 있다면 "놀려선 안 돼"이기에 부동산이든 증권이든 어딘가에 투자한다. 화폐의 자본주의적 사용. 이런 배치 안에 있는 한, 돈은 아무리 많아도 부족하다!

5장

진보의 시간과 시간의 진보 :
근대적 진보 개념의 시간 구조에 관하여

1. 진보와 시간의 문제

'진보'라는 단어는 다른 몇몇 단어들과 함께 한 시대의 우리의 삶을, 그런 삶 속의 신체를 강력하게 관통하던 말들 가운데 하나다. 뿐만 아니라 19세기 이래 '역사의 진보'는 많은 사람들의 삶에 방향을 부여하고 그들이 행하는 바에 확신을 주었으며, 이로 인해 매우 뚜렷한 흔적을 지표면에 새길 수 있게 해준 좌표였다.

잘 알다시피 발전이라는 개념으로 역사를 파악하고, 그것을 인간의 지성이나 이성의 진보과정으로 이해하려고 하는 시도는 볼테르나 튀르고 Anne Robert Jacques Turgot 등의 계몽주의자에 의해 시작되었다. 특히 콩도르세Marquis de Condorcet는 이러한 시도를 역사적 단계 구분으로까지 밀고 나갔다. 아마도 그것은 변화, 혹은 변혁이 옳은 것이요 필연적이라는 신념을 역사적 진보와 발전이라는 개념을 통해서 지지하고 확인하고자 하는 태도의 산물일 것이다.

그러나 진보라는 말을 사유와 판단, 실천의 중심적인 잣대가 되는 개념으로 발전시켰던 것은, 또한 그것을 사회적 변화에 관한 실천적인 총괄적 '개념'으로 발전시켜 사용했던 것은 그들과 달리 보수주의적인 입장을 가진 사람들이었다. 콩트와 헤겔은 이러한 사람들 가운데 가장 대표적인 인물인데, 그들은 진보라는 개념을 통해 "당시 상승일로에 있던 산업부르주아지의 열망에 맞추어 새로운 사회적 질서를 영속화하려고" 했으며, 이를 통해 '혁명의 시대'에 종지부를 찍기를 바랐다. 그들에게 공통된 슬로건은 르쿠르Dominique Lecourt가 말하듯이 정확하게 "기초는 질서, 목표는 진보"였다.[1] 이는 생시몽의 역사관을 콩트가 법칙적인 개념으로 변용시켜 이용한 방식에서 뚜렷하게 드러난다. 헤겔은 이러한 역사적 발전과 진보의 개념을 역사 자체는 물론 인식과 윤리, 미학적 세계에 이르기까지 중심적인 원리와 법칙으로 개념화했다.

이러한 진보의 개념은 맑스와 맑스주의자들을 거치면서 또 다시 좌파들의 단어로 바뀌었다. 즉 진보는 낡은 사회의 변혁을 기도하며 새로운 사회를 꿈꾸는 시도에 개념과 합법칙성을 제공함으로써 역사적 확신을 제공하는 말이 되었다. 그 결과 적어도 진보 개념의 '역사(철학)적' 용법은 '진보적'이라는 말을 '보수적'이라는 말에 대립되는 것이 되게 했고, '진보파'는 '좌파'와 동일한 외연을 갖는 것으로 되게 만들었다. 이는 '진보'라는 개념을, 현존 질서의 옹호와 발전이라는 소극적이고 수동적인 맥락이 아니라, 반대로 좀더 나은 사회를 향한 변혁이라는, 인류가 존재하는 한 결코 없었던 적이 없었던, 그리고 없앨 수 없었던 '희망의 원리'를 통해 적

---

1) 도미니크 르쿠르, 「근대적 개념의 쇠퇴」, 막스 갈로 외, 『진보는 죽은 사상인가』, 홍세화 옮김, 당대, 1997, 100쪽. 이는 또 많은 경우 진화론의 영향 아래서 맑스주의자들에 의해서도 마찬가지로 반복되었던 것이기도 했다. 이에 관해서는 조르주 옵트(Georges Haupt), 「맑스와 맑스주의」, 루이 알튀세르 외, 서관모 편역, 『역사적 맑스주의』, 새길, 1993, 271~272쪽 참조.

극적으로 작동시켰던 사람들의 노력에 기인하는 것이다. 개념의 역사는 그러한 노력과 투쟁이라는 물질적 역사를 '진보' 개념 자체에 새겨 놓은 것이다. '진보'라는 개념이 역설적이게도 보수와 반^反하게 되었던 것은 그러한 노력과 투쟁의 산물이라고 하겠다. 그것은 변혁의 꿈, 변화가능성에 대한 희망의 다른 이름인 것이다.

그런데 진보라는 하나의 단어가 때로는 보수주의자들에 의해서, 때로는 혁명을 꿈꾸는 사람들에 의해서 사용될 수 있었다는 사실은 약간 당혹스런 것이기도 하다. 물론 용법이 달라지면서 그 의미 또한 달라졌을 것이라는 점은 분명하다. 그러나 콩트의 진보나 역사 개념이 생시몽의 진보 개념에 기초한 것이라는 사실, 많은 맑스주의자들이 맑스의 역사나 진보 개념의 헤겔적 연원을 입증하려고 애썼다는 사실을 우리는 잘 알고 있다. 그것은 하나의 동일한 말을 그처럼 전혀 다른 입장의 사람들이 다른 용법으로 사용하는 데 근본적인 장애가 없었다는 것을 뜻하기도 한다. 이 경우 의미의 차이란 차이적인 의미들이 확산되고 수렴되는 동일한 지반을 공유하고 있다는 것을 뜻하는 것일지도 모른다.[2]

그래서일까? 진보 개념에 대해 근본적인 비판을 던지는 사상가들은, 그들의 입장이 무엇이든 간에 보수주의자들과 '진보주의자'들을 동시에 겨냥하고 있다. 니체의 예언적인 비판이 그랬고, 인간으로 하여금 세계를 한 가지 방식으로 캐내도록 '닦아세우는' 근대의 기술문명에 대한 하이데거의 무거운 비판[3]이 그랬으며, 거대한 파괴를 야기했던 세계전쟁의 밑바

---

2) 이런 맥락에서 푸코는 리카도와 맑스의 정치경제학 사이에 있는 연속성을 통해서, 특히 그 역사 개념의 대칭성을 통해서 맑스의 사상이 리카도와 동일한 에피스테메를 공유하고 있었다고 말한다(미셸 푸코, 『말과 사물』, 이광래 옮김, 민음사, 1986, 305~310쪽. [Michel Foucault, *Les Mots et les choses*, Gallimard, 1966.])
3) 마르틴 하이데거, 『기술과 전향』, 이기상 옮김, 서광사, 1993.[Martin Heidegger, *Die Technik und die Kehre*, Klett-Cotta, 1953.]

덕에서 계몽적인 합리성과 진보 개념을 찾아냈던 호르크하이머와 아도르노의 어두운 비판[4]이 그랬다.

이러한 비판처럼 용법의 차이를 무시하고 하나로 뭉뚱그려 비판하는 것이 전적으로 적절한 것인지는 의문이다. 그러나 적어도 진보 개념에 관한 한 "기존의 맑스주의나 '진보주의자'의 개념이 이전의 보수주의적 개념과 근본적으로 다른 것인가"라는 의문은 피할 수 없는 것처럼 보인다. 그것은 맑스주의나 '진보주의자'들이 설정하고 있는 진보와 발전 개념에 대해 근본적인 자문自問을 요구한다. 대체 그 두 가지 상반되는 입장의 개념이 공유하고 있는 것은 무엇인가? 그것은 진보 자체에 대한 근본적 의문이 제기되는 상황에서 진보 개념 자체를 새로이 사유하고 결정적인 개념적 변환의 지점이 무엇인가를 묻는 질문이기도 하다.

우리가 보기에 이러한 진보 개념의 문제는 근대적인 시간 개념과 긴밀하게 결부되어 있다. 진보라는 개념은 그 자체가 시간적인 개념이며, 특정한 종류의 시간 개념을 전제하고 있기 때문이다. 혹은 그것은 시간적인 변화를 발전 내지 진화로 파악하는 어떤 사유의 모델을 암묵적으로 포함하고 있다. 기존의 진보 개념의 경계를 드러내고 개념적 변환을 시도하기 위해 우리는 먼저 기존의 익숙한 진보 개념에서 시작해야 한다.

2. 진보 개념의 성분들

1) 진보: 성장과 발전

지식이나 경제, 기술과 관련해 가장 빈번하게 사용되는 것으로, 진보에 관

---

4) 막스 호르크하이머·테오도어 아도르노, 『계몽의 변증법』, 김유동 옮김, 문학과지성사, 2001.[Max Horkheimer und Theodor W. Adorno, *Dialektik der Aufklärung*, 1947.]

한 가장 간단한 개념은 양적인 성장을 통해 정의하는 것이다. 이는 맑스주의자나 그 비판자나 대개는 공유하고 있는 개념이다. 예를 들어 경제학적 의미에서 진보란 경제적인 성장이요 그에 따른 가용한 재화의 증가며, 포괄적인 의미에서 생산력의 발전이다. 이는 인간이 사용할 수 있는 재화나 인간의 힘으로 통제할 수 있는 경제적 및 기술적 요소의 증가를 뜻한다. 알다시피 경제적 근대화를 위한 이륙을 제안했던 로스토Walt Whitman Rostow 는 한 나라의 경제적 성장을 통해 진보를 정의한다. 거기서 경제적 성장이란 간명하게도 가용한 재화의 증가로서, GNP 내지 GDP나 1인당 국민소득 등과 같이 우리에게 익숙한 지표들이 그 성장의 정도를 표시한다. 유신체제나 80년대의 독재체제들이 자신을 정당화하던 존재이유 가운데 가장 중요한 것이 바로 이 수치들이었다. 그리고 지금도 그 시절을 못 잊어 위대한 영도자를 되살리려는 사람들이 자신들의 고복皐復을 정당화하는 가장 직접적인 이유도 바로 이 수치였다.

맑스주의의 경우 생산력 발전을 통해서 진보를 정의한다는 점에서 유사하지만, 그것으로 환원되지 않는 복합적 요소를 포함한다는 점에서, 그리고 생산력이란 개념이 단지 양적 성장으로 환원될 수 없다는 점에서 그처럼 단순화될 수는 없다. "인류의 역사는 그 모순이나 일시적 침체에도 불구하고 궁극적으로 낡은 것에서 새로운 것으로, 단순한 것에서 복잡한 것으로의 상승이자 운동이다. 역사가 발전함에 따라 인류는 더욱 강력한 생산력, 더욱 효율적인 경제, 더욱 완벽한 정치적 통치 형태를 창조하며 그럼으로써 인간의 가능성과 자유의 범위를 확장한다."[5] 하지만 이러한

---

5) 콘스탄티노프 외, 『역사적 유물론: 맑스-레닌주의 철학의 기초』, 김창선 옮김, 새길, 1991, 283 쪽.[Fedor V. Konstantinov, *The Fundamentals of Marxist-Leninist Philosophy*, 1982.]

발전의 가장 근본적인 기초에 생산력의 진화적 발전을 둔다는 점에서 유사한 면모가 있다. "생산력 발전에서의 진보가 궁극적으로 생산관계와 사회제도의 영역에서의, 사회와 정신적 발전에서의 진보를 조건짓는다."[6]

여기서 중요한 것은 그 양적인 증가가 진보와 동일시되는 요소들이란 인간이 이용할 수 있는 재화나 요소의 집합이란 것이다. 예컨대 맑스주의에서 생산력이란 '자연과 인간 간의 관계'라고 할 때, 생산력의 발전이란 자연에 대한 인간의 통제능력, 자연의 이용능력의 확장이요 증가라고 할 수 있다. 또한 근대경제학의 대상 역시 인간의 손을 거쳐 생산된 것이고, 자연의 가공물이며, 인간의 손으로 직접 통제할 수 있는 재화고, 그것을 통해 자연의 희소성을 극복할 수 있는 요소다. 요컨대 경제적인 성장이나 생산력 발전이나 결국은 자연에 대한 인간의 지배능력의 증대에 초점을 맞춘 것이라는 것이다. 진보란 이러한 지배능력의 증대, 통제능력의 증대인 셈이다.

이는 과학·기술에 의해 자연을 연구하고 계산하며, 지배하고 통제하려고 했던 근대적 사유 자체와 긴밀하게 맞닿아 있는 것이다. 즉 그것은 근대를 특징짓는 일반적이고 포괄적인 개념이라고 할 수 있다. 예를 들어 아도르노는 '진보적 사유라는 포괄적 의미에서 계몽'을, 18세기라는 역사적 경계를 넘어서 근대 전체로 확장하여 정의한다. 그것은 계산가능성을 추구하는 과학·기술을 이용해 세계에 대한 통제능력을 향상시키고 이로써 자연을 탈마술화하는 한편 그것을 지배하고 이용하려는 태도를 뜻하는 것이다.[7] 이 경우 진보란 자연과 세계에 대한 계산가능성의 증대와, 그

---

6) 콘스탄티노프 외, 『역사적 유물론』, 283~284쪽.
7) 막스 호르크하이머·테어도어 아도르노, 『계몽의 변증법』, 23~29쪽.

것을 통한 통제가능성의 증가를 뜻한다. 또한 자연의 통제와 이용을 실제로 가능하게 해주는 기술적 영향력의 증가며, 결국은 자연과 세계에 대한 통제가능성의 증가다.

2) 진보: 역사적 발전

역사적인 발전을 통해 정의되는 진보는 진보 개념을 구성하는 또 하나의 성분이다. 이는 '진보'라는 말이 개념으로 발전해 온 과정을 통해 이해할 수 있다. 흔히 지적되듯이 역사를 진보 내지 발전으로 보려는 시도는 볼테르나 튀르고, 비코Giambattista Vico나 헤르더Johann Gottfried Herder와 같은 계몽사상가들에서 직접적인 연원을 찾을 수 있으며, 콩도르세는 튀르고 영향 아래서 10개의 역사적 단계를 나누기도 했다.[8] 그러나 예컨대 볼테르는 역사적 현상의 다양성을 지적하지만, 그것은 풍속과 관습에 따른 것인 반면 인간의 본성은 항상 동일하며 변하지 않는다고 보았고, 역사적 현상에서도 통일성을 야기할 뿐이라고 보았다. 다시 말해 역사적 변화에 대한 새로운 생각은 아직 그 본성이 아니라 파생적이고 관습적인 것에 자리 잡고 있었다는 점에서[9] 발전과 진보를 통해 역사를 개념화했다고는 결코 말할 수 없었다.

돌바Paul Henri Thiry d'Holbach나 디드로Denis Diderot, 달랑베르Jean le Rond D'Alembert는 인간의 본성은 백지와 같은 것이어서 교육과 여론, 정치, 관습 등의 환경에 의해 형성되는 것이라고 보았지만, 진보가 내적인 원리는

---

8) 에른스트 카시러, 『계몽주의 철학』, 박완규 옮김, 민음사, 1995, 263쪽 이하.[Ernst Cassirer, *Die Philosophie der Aufklärung*, 1932.]; J. B. Bury, *The Idea of Progress: An Inquiry into Its Origin and Growth*, Dover Publications, 1955, p.144 이하; G. J. 휘트로, 『시간의 문화사』, 영림카디널, 1998, 239쪽 이하.[G. J. Whitrow, *Time in History*, Oxford University Press, 1998.]
9) 에른스트 카시러, 앞의 책, 291~292쪽.

결코 아니었으며, 반대로 미신이나 나쁜 관습에 의해 악한 것이 되는 것을 막는 것이 중요했고,[10] 진보 내지 계몽이라는 말은 이를 위한 규범적 명제에 가까웠다. 또한 그들의 방법적이고 사상적인 집약체인 『백과전서』 Encyclopédie에서는 역사적 변화로서 진보보다는 이상적인 상태의 역사적 불변성이 더욱 중요했다. 그들로서는 "'무시간'의 근본적 진리가 존재한다는 믿음"이[11] 더욱 근본적인 것이었고, 백과전서적 지식은 시간을 뛰어넘어 전 세계의 모든 사람을 위한 법칙과 질서를 제공해 주리라고 믿었기 때문이다. 즉 당시 최고의 지식을 명확한 명칭들의 체계에 따라 배열한 『백과전서』는 정확한 언어, 정확한 지식을 통해 농부들도 철학자 이상으로 사물의 진위를 정확히 판단할 수 있게 해주리라는 믿음이 그것이다. 여기서 진보는 항목화된 단어들의 배열에 의해, 그리하여 지식의 법칙적인 전개와 변위가 이루어지는 자연스러운 경로를 표시하는 것이었고, 이런 한에서 시간적인 것이라기보다는 차라리 공간적인 것이었다.[12]

한편 진보를 개념화하는 데 결정적으로 기여한 콩도르세에게 진보란 '인간 지성의 무한한 자기완성 능력'으로 인해 야기되는 것이었다. 앞서 튀르고는 어떤 사회의 특징이 그 사회의 과거가 빚어 낸 불가피한 결과라고 주장함으로써 사회적 변화를 과거의 누적된 변화 속에서 정의하는 관점을 처음으로 제시했다. 그의 영향 아래서 콩도르세는 이러한 변화의 누적을 가능하게 해주는 것이 바로 과학과 기술의 힘이라고 하면서, 이로 인해 인간의 진보가 필연적일 것이라고 보았다. 역사를 몇 개의 단계로 나누

---

10) J. B. Bury, *The Idea of Progress*, pp.163~176.
11) G. J. 휘트로, 앞의 책, 246쪽. 그렇기 때문에 그들의 『백과전서』에서 진보에 관한 항목은 단 열 줄도 할애받지 못했다(도미니크 르쿠르, 「근대적 개념의 쇠퇴」, 막스 갈로 외, 『진보는 죽은 사상인가』, 100쪽).
12) 미셸 푸코, 『말과 사물』, 249쪽.

어 구분하고는 현재를 그 중 어디에 위치짓는 서술방식을 처음 제시한 것도 그였다. 그는 역사를 열 개의 단계로 나누고 각 단계는 전 단계에 마련된 여러 조건의 결과라고 보았으며, 원시적 상태에서 시작된 인류는 당시 프랑스에서 데카르트 철학과 공화정의 수립으로 아홉번째 단계에 이르렀고, 과학자가 통치하는 마지막 10단계로 나아가고 있다고 보았다.[13] 콩도르세의 경우에서 19세기 이후 반복되는 '역사철학'의 양상을 볼 수 있다. 하지만 이 경우에조차 역사적 진보는 어떤 법칙이나 근거를 통해서 개념화된 것이라기보다는 자의적 구분과 서술에 머물고 있었다. 그의 뒤를 이었던 생시몽이 비판하듯이, 이성의 역사에서 종교가 갖는 위상이 불분명하기 때문에 중세라는 '암흑기'를 역사적으로 적절하게 위치짓지 못한다는 점은 이러한 한계와 결부된 것이라고 하겠다.

이러한 방식의 '역사철학'은 콩트나 헤겔에게서 훨씬 더 체계화되고 개념적인 이론에 도달한다. 반복되는 혁명으로 인해 사회적 무질서와 무정부 상태가 야기된다고 보았던 콩트는 프랑스혁명을 고취했던 철학자들을 형이상학자라고 비난하는 한편, 사회가 신학적 단계와 형이상학적 단계를 거쳐 실증적·과학적 단계로 발전한다는 도식을 제시한다. 머지않아 도래할 역사의 이 마지막 단계는 과학이 인식을 포괄하고 과학자가 사회를 통치하는 사회일 것이다.[14] 이는 그의 스승이었던 생시몽Saint-Simon의 이론을 개념적으로 발전시킨 것이었다. 생시몽은 역사를, 질서를 조직하고 구축하는 유기적 시기와 그것을 비판하고 해체하는 비판적 시기가 서로 대체되어 가는 과정으로 본다. 그는 혁명기였던 당시를 중세의 유기적 시

---

13) J. B. Bury, *Ibid.*, pp.206~210.; G. J. 휘트로, 『시간의 문화사』, 239~240쪽.
14) J. B. Bury, *Ibid.*, pp.290~299.

기를 대체했던 비판적 시기라고 보며, 이제 그 해체된 자리에 새로운 질서를 구축하고 조직하는 유기적 시기가 도래하리라고, 혹은 도래해야 한다고 본다.[15] 새로운 질서의 이러한 조직과 구축을 위해 생시몽은 '공산주의'를 구상하는 데 힘을 쏟았지만, 콩트는 새로운 질서를 혁명과 반대되는 의미에서 '실증적 과학'의 시대로 바꾸어 버렸다.

헤겔은 절대정신의 외화Entäußerung와 자기-내-복귀라는 거대한 도식을 통해 역사 전체를 합목적적 발전과정으로 개념화하고, 그 발전의 방향에 따른 진전을 '진보'로 정의한다. 한편으로 그것은 외화外化된 절대정신이 나름의 단계를 거치면서 자기-전개해 가는 과정이란 점에서 정신의 현상학적 도정이요 목적론적 편력이며, 다른 한편 그것은 이전의 단계를 기초로 하되 새로운 단계로 그것을 지양止揚해 가는 발전과정이다. 이로써 발전과 진보는 역사에 내재적인 법칙과 원리가 될 뿐만 아니라, 인식론과 논리학, 자연학과 미학에 대해서도 내재적인 법칙이자 원리가 된다. 헤겔의 『백과전서』Enzyklopädie는 이전의 계몽주의자들과 달리 모든 항들이 이러한 역사적 발전의 원리에 따라 배열되고 각각의 항들은 그러한 원리를 통해 서로 연관된다.

이런 점에서 헤겔은 역사적 발전 내지 진보라는 개념이 사유의 중심에 자리 잡게 되는 양상을 매우 극명하게 보여 준다. 이제 그것은 모든 사유, 모든 판단, 모든 실천이 그에 따라 이루어지고 그에 따라 행해지는(행해져야 하는) 바탕이며, 그것에 따라 사유나 판단, 실천을 평가하는 척도다. 나아가 그것은 어떤 사회나 상태 사이에 발전단계의 비교·판단을 수행하는 기준이며, 그 발전의 목적인 '종착점'은 어떤 대상이 진보적인가

15) J. B. Bury, *The Idea of Progress*, pp.284~285.

여부를 평가하는 척도다. 어떤 사회가 얼마나 '발전'된 사회인지, 어떤 사회가 다른 사회에 비해 진보된 사회인지 아닌지는 그 종착점에 얼마나 더 가까운가 여부에 의해 결정된다. 또한 그것은 어떤 사상이나 실천, 정책 등이 진보적인지 반동적인지를 판단하게 하는 척도이기도 하다. 즉 어떤 사상이나 실천, 정책이 현재의 상태를 그 종착점을 향해 더 밀고 나아가는 방향으로 작용한다면 그것은 '진보적'이며, 반대로 그러한 종착점을 향한 '발전'을 가로막거나 거꾸로 반대 방향으로 나아가게 한다면 그것은 '반동적'이다. 도래할 미래로서 목적이 현재에 관여하고 현재를 평가하는 기준이 된다. 마치 과거의 누적이 현재를 구성하듯이, 현재는 언제나 미래 속에서, 미래와의 관계 속에서 포착된다는 점에서 미래의 일부다.[16]

3) 진보 사상과 진화론

이러한 진보 개념이 19세기 생물학의 진화론과 매우 밀접한 연관을 갖는다는 것은 잘 알려진 사실이다. 일찍이 라마르크Jean-Baptiste Lamarck는 당시 자연사natural history 연구에서 지배적인 위치를 차지하고 있던 '설계로부터의 논증'argument from design을 반박하면서 자연주의적인 진화의 개념을 제시했으며, 그 진화의 동인을 생명에 내재된 능력으로 설명했다. 그러나 체임버스Robert Chambers의 책 『창조의 자연사적 흔적들』Vestiges of the Natural History of Creation, 1844이 잘 보여 주듯이 이러한 진화 개념은 신의 설계와 계획에 따른 진보적 과정이라는 개념과 뒤섞였다.[17] 이는 생물의 변화를 신

---

16) 이러한 개념적 성분이 헤겔 철학에 중심적인 것만큼이나 맑스주의의 역사유물론에 중심적인 것이라는 점을 굳이 세론(細論)할 필요는 없을 것이다(콘스탄티노프 외, 앞의 책 참조).

17) Peter J. Bowler, *Invention of Progress: the Victorians and the Past*, Basil Bleckwell, 1989, pp.139~140.

의 계획으로 대체된 목적 개념과 합목적적 발전이라는 개념에 종속시킴으로써 가능했다. 이런 점에서 이는 헤겔적인 목적론과 뚜렷한 동형성을 보여 준다. 이것이 19세기 전반까지도 대중적인 차원에서 지배적이던 '진화론'의 내용이었다.

그런데 다윈에 의해 제시된 생물학적 진화론은 진화와 발전 개념에서 신이라는 비생물학적 요인을 제거하는 결정적 계기였다. 그가 제시한 '적응'과 '자연선택' 개념은 신의 의도는 물론 목적 개념이 없이도 생물의 역사적 변이를 다룰 수 있는 것이었다. 한편 다윈과 함께 진화론을 주장했던 월리스Alfred Russel Wallace는 모든 기관을 적응상의 필요에 의해 만들어진 것으로 보면서, 그러한 필요에 의한 변이가 자연선택을 통해 누적됨에 따라 생물의 항구적 진화가 이루어진다고 주장했고, 이는 이후 "계통발생은 개체발생을 반복한다"는 헤켈Ernst Haeckel의 발생반복설과 결합하여 진화론의 대중적인, 동시에 '과학적인' 표상을 형성했다.[18] 이로써 다윈의 무작위적인 자연선택 개념은 진화의 중심줄기를 구성하는 합목적적 선택으로 변형되고,[19] 진화론은 합목적적 발전 개념의 과학적 '근거'를 제공하게 된다. 이제 발전은 사회 내부적인 동인을 얻은 것이고, 진보는 초월적이지 않은 준거를 마련한 셈이며, 진보에 관한 관념을 과학의 이름으로 폭넓게 수용할 수 있는 지반이 마련된 것이다.

19세기 전반의 지배적인 진화론이나, 후반의 '길들여진 다윈'은 보통 '사회진화론' 내지 '사회다위니즘'Social-Darwinism이라고 불리는 스펜서 식

---

18) Peter J. Bowler, *Invention of Progress: the Victorians and the Past*, pp.154~157.
19) 다윈의 진화론은 이러한 19세기적 판본과 근본적으로 다른 진화 개념을 갖고 있었지만, 이러한 판본들을 통해 변형, 변조되어 받아들여졌다. 이로써 따윈의 목적도 방향도 없는 적응적 분기(分岐)로서 변이로서 진화 개념은 직선적이고 합목적적인 진화 개념으로 변형된다. 이것이 19세기 후반에 강력한 영향력을 행사한 '다윈의 진화론'을 이루게 된다. 19세기의 생물학, 아니 19세기의 사유방식은 이런 식으로 다윈을 '길들이기'에 성공했다.

의 입론에 과학적 근거와 모델을 제공해 주었다. 즉 사회는 단순한 것에서 복잡한 것으로, 농질적인 것에서 이질적인 것으로 진보한다는 것, 그리고 각각의 사회는 자신의 '생명'을 유지하기 위해 그 이질적이고 복잡한 것을 하나의 단일한 전체로 유기적으로 통합한다는 것이다. 이로써 진화론은 진보를 공시적이고 체계적인 통합체, 유기체로서 사회와 연관된 개념적 성분을 추가했다. 즉 역사적 차원과 구별되는 사회적 차원에서 진보 개념이 작동하게 된다. 사회를 전체를 위해 적응, 목적달성, 통합, 잠재성 유지라는 기능적 요건에 따라 합목적적으로 기능하는 부분들로 나누고, 각 부분 역시 동일한 방식으로 계속 분할해 가는 탤컷 파슨스Talcott Parsons의 사회체계 이론은 진화론이 역사적인 내용 없이도 충분히 이론적으로 작용할 수 있다는 것을 잘 보여 준다. 여기서 진화의 역사적 과정은 통합적 변동의 공시적이고 사회적인 과정으로 변환된다.[20]

이와 연관해서 이미 콩도르세나 콩트, 헤겔 이래 공통되는 것이지만, 좀더 진보된 사회는 그렇지 않은 것에 비해 자연으로부터, 자연적 형상과 자연적 지배로부터 좀더 멀리 벗어난 사회고, 인간이 자연을 물론 자신들의 질서에 대해 과학과 이성의 이름으로 통제할 수 있는 사회라는 점을 추가해야 한다. 여기서 콩트가 명확히 개념화했듯이, 과학적이고 합리적으로 조직되고 통제되는 사회의 꿈을 떠올리는 것이 자연스럽다면, 합리적으로 계획되고 국가적으로 통제되는 사회의 꿈, 생산을 비롯한 경제활동 전반과 대중들의 생활 전반을 유기적으로 조직하고 합리적으로 통제하는 사회의 꿈을 떠올리는 것 역시 자연스럽다. 공상적 사회주의, 공상적 공간

---

20) 조너선 터너, 『사회학 이론의 구조』, 김진균 외 옮김, 한길사, 1982, 61~95쪽.[Jonathan H. Turner, *The Structure of Sociological Theory*, Dorsey Press, 1974.]

주의를 '과학적' 사회주의로 대체하려는 이론적 노력 역시 이와 무관하지 않을 것이다.

3. 근대적 진보와 시간 개념

'진보'라는 개념이나 '진보적 사상'이라는 통칭을 이상에서 언급한 성분들로 환원하는 것은 분명히 잘못된 것이다. 그것은 이후의 복합적인 역사 속에서 그 개념이 그려 온 궤적의 다양성을 특징적인 몇 가지 요소로 단순화하는 것이기 때문이다. 하지만 이러한 성분들이 우리가 지금 사용하던 진보의 개념에 포함되어 있음을 부정할 수 없다는 것 또한 분명하다. 여러 가지 복합성과 다양한 가지들이 자라나 뒤섞이고 있지만, 그 가지들은 이 세 가지 성분에서, 아니 사실은 하나의 중심적 축에서 자라나 온 것이다. 근대의 사상, 근대의 역사 전체를 기초짓고 있는 과학·기술에 대한 무한한 신뢰, 그것을 통해 자연이나 세계를 지배하고 통제할 수 있으리라는 믿음, 그럼으로써 자연과 대립되는 의미에서 문명의 진보 내지 발전이 가능하리라는 확신, 그리고 그것이 곧 역사적 필연의 기초, 자연적 내지 경제적 필연에 기초해 자유를 획득하는 유일한 방법이라는 신념이 그것이다.

이러한 맥락에서 기존의 진보 개념은, 그것을 이용하는 관점의 차이에도 불구하고 몇 가지 중요한 공통된 전제를 공유하고 있다. 거칠게 요약하면, 그것은 직선적이고 누적적인 시간 개념, 기원과 목적 개념의 변증법을 통해 구성되는 발전 개념, 인간학 내지 인간중심주의적 전제, 부분을 통합하고 동질화하면서 확장되는 전체론적 관점을 갖고 있다. 이는 근대적인 시간 개념에 기초하고 있다.

1) 직선적이고 누적적인 시간 개념

앞서 보았듯이 진보에 대한 기존의 일반적 관념은 어떠한 변화나 성과가 축적되고 누적되어 이전보다 나은 상태로 나아간다는 생각과 일차적으로 결부되어 있다. 예를 들면 자연에 대한 지식의 축적으로 자연에 대한 통제와 지배 능력이 점점 향상되리라는 생각, 이전의 기술에 비해 좀더 효율적이고 생산적인 기술이 개발되고 이용되리라는 생각, 생산력의 발전으로 사람들의 생활수준이 상승하리라는 생각 등이 그러하다. 경제적인 성장을 통해 진보를 정의하는 것은 이러한 생각에 직접적으로 잇닿아 있다. 또한 과학과 이성에 의해 지배되는 목적지를 향해 역사가 상승운동을 하리라는 역사철학적 가정 역시 이러한 생각의 다른 표현이다. 이는 근대에 이르러 그 혁명적 발전을 시작했고, 19세기에 이르러 극적인 지배력을 획득한 과학, 기술, 공업이 진보 개념의 모태였다는 것을 염두에 둔다면 매우 쉽게 이해할 수 있는 것이다.

여기서 모든 것을 양적인 것으로 환원시키고, 그 양적인 것들의 관계를 '법칙'으로 추상하는 근대과학의 사고방식을 찾아내는 것은 그리 어려운 일이 아니다. 후설이 지적하고,[21] 코이레가 역사적으로 입증했듯이,[22] 근대과학혁명의 요체는 '자연의 수학화'였다. 갈릴레이는 물체의 운동을 수학적인 형식으로 표현함으로써 자연 현상을 계산가능한 것으로 변형시켰다. 기하학을 대수학으로 환원했던 데카르트와 페르마의 분석기하학은 이 같은 계산가능성의 일반적 기초를 확립한 것이었고, 뉴턴은 이러한 기

---

21) 에드문트 후설, 『유럽학문의 위기와 선험적 현상학』, 이종훈 옮김, 한길사, 1997.[Edmund Husserl, *Die Krisis der europäischen Wissenschaften und die transzendentale Phänomenologie*, 1936.]

22) アレクサンドル・コイレ, 『ガリレオ研究』, 菅谷暁訳, 法政大學出版局, 1988.[Alexandre Koyré, *Études galiléennes*, Hermann, 1939.]

초 위에서 케플러가 발견한 천상의 운동법칙과 갈릴레이가 발견한 지상의 운동법칙을 통합할 수 있었다.

이처럼 자연을 계산가능한 것으로 만들려는 과학의 노력에서 또 하나 중요한 특징은 그러한 운동이 모두 시간의 함수로 표현되고 있다는 점이다. 다시 말해 운동이나 변화는 이제 시간이라는 독립변수를 통해 분석·계산되고 설명될 수 있는 것이 된다. 여기서 시간이란 알다시피 시계를 통해 측정되고 시계를 통해 계산되는 시계적 시간이다.[23] 그것은 대지와 자연의 어떤 순환하는 운동도 아니며, 과거와 미래가 만나고 갈라지는 어떤 현재적 순간도 아니다. 그것은 숫자로 환원되고 숫자와 마찬가지로 더해지고 빼질 수 있는 어떤 양이며, 어떤 단위를 척도로 하여 비교될 수 있는 양이다. 그것은 무한히 먼 과거에서 무한히 먼 미래로 이어지는 어떤 직선의 일부분이며, 명확한 단위에 의해 분할된 선분적인 거리다. 따라서 그것은 더함으로써 누적될 수 있다. 그런데 변화와 운동이 이러한 시간의 함수

23) 20세기 초반의 주도적인 철학자들이 시간의 문제 관심을 갖고 있던 것 역시 이러한 시계적 시간과 관련된 것이었다. 예를 들어 베르그손은 '순수지속'의 개념을 공간화된 시간으로서 시계적 시간에 대비시키며, 그러한 시계적 시간이 이질성을 제거하고 추상하면서 동질화하는 효과를 갖는다는 것을 지적한다.(앙리 베르그손, 『의식에 직접 주어진 것들에 관한 시론』, 최화 옮김, 아카넷, 2001.[Henri Bergson, *Essai sur les données immédiates de la conscience*, 1889.]) 후설 역시 선험적 현상학의 기획 속에서 순수의식의 지향성으로서 시간의식을 개념화하면서, 시계적 시간에서 벗어나서 시간 형식을 개념화하려고 한다.(에드문트 후설, 『시간의식』, 이종훈 옮김, 한길사, 1997.[Edmund Husserl, *Vorlesungen zur Phänomenologie des inneren Zeitbewusstseins*, 1928.]) 이러한 후설의 영향 아래 하이데거는 통속적 시간개념과 대비되는 시간성의 문제를 존재론의 문제로서 제기한다.(마르틴 하이데거, 『존재와 시간』, 이기상 옮김, 까치, 1998.[Martin Heidegger, *Sein und Zeit*, 1927.]) 맑스주의자 가운데서 시간성의 문제를 중심적인 테마로 사유했던 사람은 블로흐다. 그는 '아직 존재하지 않는 것'(das Noch-Nicht-Sein)을 현재 존재하는 것과 종합하는 미래지향적 활동의 문제로서 '미래의 철학'(에른스트 블로흐, 『철학입문』, 서울문학과사회연구소 옮김, 청하, 1984.[Ernst Bloch, *Tübinger Einleitung in die Philosophie*, Suhrkamp, 1963.])을 제안하며, 이를 '희망의 원리'라는 개념으로 발전시킨다.(에른스트 블로흐, 『희망의 원리1: 더 나은 삶에 관한 꿈』, 박설호 옮김, 열린책들, 2004.[Ernst Bloch, *Das Prinzip Hoffnung*, 1959.]) 한편 들뢰즈는 이러한 시간적 종합의 형식으로서 아이온(Aiôn)적 시간과 연대기적(chronologique) 시간 내지 시계적 시간과 결부된 것으로서 크로노스(Chronos)적 시간을 대비시킨다.(질 들뢰즈, 『의미의 논리』, 이정우 옮김, 한길사, 1999.[Gilles Deleuze, *Logique du sens*, Minuit, 1969.])

로 표현되었다는 것은 독립변수인 시간이 더해지고 누적될 수 있으며 비교가능한 것처럼, 그에 대응하는 변화와 운동 역시도 더해지고 누적될 수 있으며, 비교될 수 있다는 것을 뜻한다.

이러한 시간 개념은 진화 개념의 근저에 마찬가지로 자리 잡고 있다. 선택과 도태, 적응에 의한 변화의 누적을 통해 종 자체의 연속적인 변화를 설명하는 것은 이러한 시간 개념을 전제하기 때문이다. 실제로 19세기에 진화론과 관련해서 지구의 나이——시간(!)——를 계산하는 문제가 지질학의 영역을 넘어서 일반적으로 토론되었던 가장 중요한 이슈 가운데 하나였다.[24] 하지만 누적적인 시간 개념은 생물학의 경우 차라리 19세기에 고유한 것이다. 18세기의 자연사는 푸코나 자코브François Jacob가 말하듯이 구조와 특징이라는 축을 통해 자연적 대상 전체를 동일성과 차이의 선을 따라 하나의 표에 분류하여 담았다. 이 경우 생물 종들의 변이 내지 진화란, '존재의 연속성'을 원리로 하는 분류공간상의 모든 점들에 시간적인 지표를 대응시키는 것이거나, 시간에 따라 생물계의 가변요소들이 가능한 모든 값을 취할 수 있도록 해주는 요인이었다.[25] 이는 분류된 생물 간의 시계열적 관계를 형성하게 하며, 완전성의 개념을 통해 그 계열을 '진화'로 정의하게 해준다. 그러나 여기서 시간은 생물의 내부조직의 내적인 전개développement 원리가 아니며, 생물의 기능과 생존조건 사이의 통시적 연관이 아니다. 그것은 "단지 생물이 살고 있는 외부공간의 대변동이라는

---

24) 피터 고브니·로저 하이필드, 『시간의 화살』, 이남철 옮김, 범양사, 1994.[Peter Coveney and Roger Highfield, *The Arrow of Time: A Voyage through Science to Solve Time's Greatest Mystery*, Fawcett Columbine, 1991.]; 리처드 모리스, 『시간의 화살: 시간에 대한 과학적 이해』, 김현근 옮김, 소학사, 1990.[Richard Morris, *Time's Arrows: Scientific Attitudes Toward Time*, Simon and Schuster, 1985.]; G. J. 휘트로, 『시간의 문화사』.
25) 미셀 푸코, 『말과 사물』, 192~195쪽.

관점에서만 지각되고 있을 뿐이었다."[26] 이 경우 시간은 직선적이지만 결코 누적적이지 않으며, 단지 존재의 연속적 점들을 매개하는 축일 뿐이다.

반면 19세기의 진화 개념은 명확하게 누적적인 시간 개념에 기초해 있다. 어떤 개체나 개체의 어떤 기관은 어떤 기능적인 목적에 따라 자신에게 주어진 환경에 적응하는데, 적응에 실패한 것은 도태됨으로써 전체적으로 좀더 적응력이 좋은 것으로 변이되며, 그러한 변이의 누적은 종의 전체적인 진화를 야기한다는 것이다. 종들 사이의 관계는 직접적인 연속성을 갖지 않는다. 독립성을 갖는 종들 간에 기능과 구조의 친족관계가 있으며, 그런 연관 속에서 진화의 가지들이 분기할 뿐이다. 분류표의 시간적 지표들은 이러한 적응과 도태의 능력에 따라 흩어지고 교란되며, 대신 기능적 분화의 통시적 계열을 따라, 다시 말해 분화와 복잡화로 표시되는 적응능력의 축적에 따라 재배열된다. 여기서 시간은 종種 간에, 혹은 동일한 종의 개체 안에서 기관들이 적응을 위해 분화되고 복잡화되는 내적 원리다. 이런 점에서 19세기 진화론에서 시간은 종의 특성이나 위치 간의 연속적 연결선이길 그치고 누적적인 것이 되었다. 진화라는 개념이 내적인 발전의 원리로 자리 잡게 된 것은 이러한 시간 개념의 이용과 분리할 수 없는 것이다. 거꾸로 진화론이 시간의 흐름에 진화 내지 진보라는 불가역적 방향성을 부여했다면, 이 역시 이런 맥락에서 이해할 수 있는 것이다.

19세기에 형성된 진보의 관념 역시 이를 기초로 성립된 것이다.[27] 즉

---

26) 미셸 푸코, 『말과 사물』, 192쪽.
27) 이에 대해 블로흐는 이렇게 비판한다. "역사에서 나중에 일어난 것이 이전에 일어난 것에 비교해 어느 정도 혹은 전체적으로 진보적이라는 식의 진보에 관한 명백한 연대기는 존재하지 않는다. …… 시간의 흐름 그 자체를 추상적으로 우상화하는 것에 반대하여 하는 말인데, 바로 그런 식의 개념에 의해 추후 사회민주주의적 사상에서 '진보의 시간우상적 이념은 자율적 발전……을 형성했다. 이런 종류의 진보론은 진보에 아무런 공헌도 하지 않았으며, 오히려 실제적인 발전에 해를 끼쳤다."(에른스트 블로흐, 『철학입문』, 163~164쪽.)

기술이든 지식이든, 혹은 자연의 변화든 누적 내지 축적될 수 있다는 관념에는 그러한 변화의 요소들이 양적인 것으로 동질화되고 환원될 수 있다는 것, 그것들이 양으로 환원된 다른 모든 것들처럼 더해질 수 있다는 것, 그리고 그렇게 더해지고 누적된 것들 사이에는 더 많은 것과 더 적은 것이 비교될 수 있는 것이라는 생각이 내포되어 있다.

2) 기원과 목적의 변증법: 목적론적 시간 개념

진보 내지 진화로서 정의되는 역사의 개념은 '합목적적 발전'을 통해 정의된다. 노동의 합목적성이나 교환의 합목적성, 혹은 기술의 합목적성이 '미시적인' 차원에서 역사의 합목적성을 기초한다면, 생물들의 기능적인 합목적성이나, 그에 기초한 사회 발전의 합목적성은 '거시적인' 차원에서 역사의 합목적성을 기초한다. 여기서 합목적성은 단지 역사의 종착지일 뿐만 아니라 역사 과정 자체에 내재하며 작동하는 요인이고, 그런 만큼 역사의 끝에 오는 것일 뿐만 아니라 그 처음에 오는 것이다. 그것은 목적인 만큼 기원인 것이다. 흔히 나선형의 구도를 떠올리는 진보의 순환적 궤적은 이러한 기원과 목적의 변증법적 개념과 긴밀하게 결부되어 있다.

여기에서 '기원'은 단순히 출발점을 이루는 어떤 상태를 뜻하지 않는다. 확실히 홉스는 물론 루소에게서도 기원이란 현존하는 사회적 관계를 설명하기 위해 도입하는 상상된 출발점이다. 그들이 '자연상태'라고 부른 것은 어떤 사회적 통제나 관계가 도입되기 이전의 상태요, 사회적인 관계가 발생하게 되는 출발점을 보여 주기 위한 것이다. 그것을 끔찍한 디스토피아로 그리든, 아니면 아름다운 유토피아로 그리든 간에, 자연상태는 현재와 다른 어떤 시초의 상태요 기원을 이루는 지점이다. 하지만 이들에게 역사는 이 출발점을 이루는 이상적인 어떤 상태에서 벗어나는 과정이다.

그것이 만인에 대한 만인의 전쟁을 중지시키기 위해 군주에게 자신의 권리를 양도하는 방식으로든, 아니면 시민적인 계약을 통해서 선출된 대표에게 자기의 권리를 위임하는 방식으로든 간에. 여기서 기원과 현재는 대비되고 대립된다. 기원은 현재에 관여하지 않으며, 오히려 현재를 설명하기 위해 도입된 대립항이다. 계몽주의의 중심을 통과한 루소의 경우에도 사회적 상태의 변환은 물론 자연상태에서 시민상태로의 변환조차 '발전'이라는[28] 역사적 개념을 취하지 않는 것은 이런 점을 고려할 때 이해할 수 있는 것이다.

반면 진보 개념이 확고히 자리 잡는 19세기 사상에서 기원은 훨씬 더 복합적이고 중층적인 개념이 된다. 그것은 무엇보다도 목적이 단지 과정의 끝에 머무는 데 만족하지 않고 과정 속에, 과정의 출발점에 자리 잡기 때문이다. 헤겔은 이러한 사고를, 역사적인 차원을 떠나 논리적인 차원에서도 매우 명확하게 보여 준다. 『대논리학』 1권의 모두冒頭는 논리적인 '시작'의 문제를 다루고 있다. 즉 어디에서 시작할 것인가의 문제다. 물론 헤겔은 가장 단순한 범주에서 출발해야 한다고 말하지만, 그것이 사실은 이미 종착점에 위치할 목적으로서 절대정신이라는 점이 오히려 가장 중요한 논지다. 인식의 문제 역시 목적이자 종말인 '절대정신의 현상학'이며, 역사는 절대정신이 외화되어 전개되며 종국에는 스스로를 회복하는 과정이다.

이는 사회진화론의 경우에도 마찬가지다. 사회적 기능적인 합목적성

---

28) 타락이나 퇴보와 같은 개념 역시 발전이나 진보와 대칭적인 만큼 동형적인 것임을 굳이 상술할 필요는 없을 것이다. 이는 기원이 후퇴하고 퇴행하며, 그것을 또 다시 회복하는 것으로 설명되는 역사적 도식의 부분이며 짝이다. 한편 루소는 자연상태에서 시민상태로의 변환을 때로는 타락이라고 비판하지만, 때로는 더 나은 진전이라고 보기도 하는데, 어느 경우에도 일관성은 없다. 즉 그에게는 우리가 갖고 있는 의미의 '발전'이나 '퇴보'의 개념이 없는 것이다.

이 사회 내부를 다양한 부분들로 분화시키며, 그에 따라 사회는 전체적으로 복잡화되고 유기화/조직화된다. 여기서 목적 개념은 그것이 궁극에 가서 어떤 상태에 이르는가를 설명하는 것보다 차라리 어떻게 하여 현재의 상태에 이르기까지 변화를 야기했는가를 설명하는 것이다. 개체발생이 계통발생을 반복한다는 헤켈의 명제는 가장 진화된 생물의 발생과정을 목적인目的因으로서 진화과정의 출발점에 위치시킨다. 이러한 변위 déplacement는 합목적적 발전 개념의 필수적 구성요소다.

여기서 기원의 개념은 시간적 출발점이 아니다. 그것은 현재의 상태를 설명하기 위해 끌어들인 '이전' 내지 과거의 어떤 이상적 상태도 아니며, 시간적인 계열의 첫번째 항도 아니다. 그것은 현재의 상태를 가능하게 한, 혹은 진화 내지 발전적인 과정을 야기한 이유와 동력에 대한 질문에 관련된 것이다. 따라서 그것은 과거이지만 현재와 대립하지 않으며, 반대로 현재를 만들어 낸 힘이며 현재 속에 내재한다. 마찬가지로 그것은 목적으로서 미래를 향해 현재를 밀고 가는 힘이며, 미래 속에 내재한다. 그것은 시간적 진행을 통해 완성될 미래요, 그것을 실현시키기 위해, 혹은 그것을 실현하는 방향으로 나아가는 현재며, 그러한 방향으로 현재를 만들어 온 과거다. 따라서 기원은 목적과 다르지 않으며, 처음부터 목적이고, 처음부터 끝까지 현존한다. 역사는 이러한 기원-목적의 후퇴나 소외 등으로 시작하며, 후퇴와 소외·퇴행이 가속화되는 과정이며, 그것을 통해 기원-목적이 다시 회복되고 실현되는 과정이다.

따라서 역사에서 발전Entwicklung이란, 항상-이미 처음부터 존재하는 이 목적의 자기-전개Selbst-Entwicklung, 자기-발전이다. 발전은 그것이 후퇴와 소외의 형상을 취하는 경우에조차도 항상-이미 처음부터im Anfang 내재하는 목적인의 자기전개이고, 내적인 모순에 의해 추동되는 '내적 발전'이다. 진보는 그러한 목적인의 자기-발전 법칙에 의해 역사 안에서 위치를 부여받으며, 그 목적 개념에 의해 측정되고 평가되는 가치판단의 언표가 된다.[29]

3) 인간중심주의: 인간학적 시간 개념

자연 내지 비인간 전체를 정복과 통제의 대상으로 간주하고, 그것을 위한 힘으로서 지식 내지 인식의 발전을 꿈꾸어 왔던 것은 베이컨이나 데카르트 이래 서구문명 전체의 특징이었다. 자연에 대한 지식의 확장, 자연을 지배 내지 통제할 수 있는 기술의 확장이 이른바 야만과 대비되는 문명의 힘이었고, 그런 만큼 그러한 지식과 기술의 증가는 야만에서 문명으로의 진보를 정의하는 또 하나의 기준이었음은 앞서 언급한 바 있다. 과학적 지식과 기술의 발전은 진보를 가늠하는 중요한 잣대였고, 그것을 통해 이루어지는 개발은 '인간을 위한' 것으로서 정당화되었다. 이는 진보에 관한 19세기적인 관념이 형성되기 이전에, 근대과학을 성립시킨 사고방식으로서 이미 현존하고 있었던 것이다.

아도르노와 호르크하이머는 이를 좀더 일반적인 차원으로 확장하고 있다. 그들이 함께 저술한 유명한 책 『계몽의 변증법』은 다음과 같은 문장으로 시작하고 있다. "진보적 사유라는 포괄적 의미에서 계몽은 예로부터 인간에게서 공포를 몰아내고 인간을 주인으로 세운다는 목표를 추구해

---

29) 이러한 척도로 된 목적론적 시간 개념은 상이한 시간적 흐름이나 '진보'의 계열들을 하나로 단일화하고 획일화한다. "헤겔의 진보에 관한 개념은 격동하는 역사의 철괴 속에서 본질적 존재의 '은맥'의 빛이 증가하는 것처럼 내용을 '까보이는' 것을 상정하는 것이다. 헤겔에게서 이런 까보인다는 것은 결국 단일화를, 즉 [다른 것들로 하여금] 그 자신이 되게 만드는 것을 세계적으로 종합적인 유일한 목표로 설정한다."(에른스트 블로흐, 『철학입문』, 172쪽) 그는 또 이처럼 '충만한 미래'를 가진 목적론적 시간과 텅 비고 미래가 없는 자연적 시간이 서로 상보적이라고 지적한다(같은 책, 193쪽).

왔다."[30] 여기서 인간이 오랫동안 시달려 온 '공포'란 인간이라는 주체가 상대해야 하는 자연에 대한 공포였고, 그것을 인간 자신이 정확하게 예측하고 통제할 수 없다는 데서 연원하는 공포였다. 인간을 주인으로 세운다는, 지극히 익숙하고 지극히 당연스런 문구는 이러한 자연을 자신의 의지와 지식 아래 두고 예측하고 통제하게 되는 것을 뜻한다. 그래서 아도르노는 그 책 전체에 걸쳐 자연에 대한 지배능력의 확장을 진보로 간주했던 계몽의 변증법적 운명을 서술하고 있다.

반면 푸코는 이러한 인간중심주의를 19세기 이후 서구의 인식론적 배치를 특징짓는 고유한 역사적 현상으로 제한하여 서술한다. 그에 따르면 19세기의 인식론적 배치—에피스테메—는 그 이전과 달리 표상으로 환원되지 않는 객체의 형식을 취한다. 그 이전인 17~18세기의 경우에는 존재나 사물은 표상으로 환원된다. 예컨대 데카르트의 코기토("나는 생각한다, 고로 존재한다")에서 나의 존재는 사유, 생각(표상)으로 환원되고 있다. "존재하는 것은 지각된 것이다"는 버클리의 명제에서도 존재는 지각이라는 표상으로 환원되고 있음을 쉽게 알 수 있다. 이는 자연사나 부의 분석, 언어학에서도 마찬가지였다.

반면 19세기의 사유는 표상으로 환원되지 않는 어떤 객체적 실체를 도입한다. 부의 표상으로 환원되지 않는 객관적이고 실체적인 척도로서 노동, 생물의 분류학적 특징으로 환원되지 않는 생명, 굴절과 같이 언어적 표상으로 환원되지 않는 언어의 '구조'가 그것이다. 칸트의 '물 자체'Ding an sich는 사유나 표상으로 환원되지 않는 무엇이며, 선험적 판단 형식 역시 표상으로 환원되지 않는, 반대로 표상을 가능하게 해주는 조건이라는 점

---

30) 막스 호르크하이머 · 테오도어 아도르노, 『계몽의 변증법』, 23쪽.

에서 마찬가지다.

이 노동, 생명, 언어를 통해, 인간은 표상이나 경험, 지각으로 환원되지 않는 초험적인 객체로 정의된다. 동시에 인간은 지각과 표상, 경험을 통해 존재하는 존재라는 점에서, 이 19세기의 인간은 초험적인 동시에 경험적인 이중체를 이루게 된다. 그리고 언제나 그렇기 마련이듯이, 이러한 정의는 반대로 노동, 생명, 언어를 인간의 속성, 적어도 인간에게서 그 최고의 발전을 이룬 어떤 속성으로 변환된다. 이러한 속성의 집약체로서 인간은 다른 어떤 존재와도 비교할 수 없는 특권적인 존재의 자리를 차지하게 된다. 즉 "인간은 적당한 시기에 태어나 틀림없이 사멸되고 마는 모든 사물들 한가운데 모든 기원과 단절된 채 이미 그곳에 있는 것이다."[31] 인간은 이제 단지 자연과 세계를 대상으로 지배하고 통제하는 존재일 뿐만 아니라, 자연적 진화의 종착지며, 상품과 가치의 기원이고 목적이며, 언어를 사용하는 '주인'인 것이다. "나는 무엇을 알 수 있는가? 나는 무엇을 해야 하는가? 나는 무엇을 바랄 것인가?"라는 칸트의 질문은 그 자신의 말처럼 "인간이란 무엇인가?"라는 질문과 다르지 않다. 인간학적 질문.

그리하여 모든 것이 인간의 주위를 공전하는 인간학의 시대가 열린다. 이제 "사물들이 자신들의 단초를 발견하는 것은 어떤 지속이나 어떤 순간에 주어진 단절 속에서가 아니라 바로 인간 속에서다."[32] 여기서 우리는 인간이 모든 사물의 기원, 세계의 기원, 자연의 기원이라는 19세기적 사유의 중심점에 자리 잡게 되었음을 보게 된다. 그것은 자연적 진화의 종착점이요 역사적 세계의 목적이었던 인간이, 그러한 것의 기원으로서, 그것들이 존재하고 발전하게 하는 기원의 자리에 서는 것은 어쩌면 자연스런 것인지

31) 미셸 푸코, 『말과 사물』, 379쪽.
32) 같은 책, 379쪽.

도 모른다. 앞서 본 것과 동일한 양상으로 기원은 목적이 된다. 이제 모든 변화나 변이는 인간이라는 척도를 통해 비교되고, 그것과의 거리를 통해 자신의 위치를 부여받으며, 인간이라는 목적을 향한 '진화' 안에 포섭된다. 우리는 여기서 이는 모든 것을 인간화하는, 이렇게 말해도 좋다면, '인간학적 시간 개념'을 발견한다.

19세기라는 최근의 역사로 제한을 하든, 혹은 서구에서 역사적 영역 전체로 일반화하든, 진보나 발전, 문명, 세계, 기술, 인식이라는 현재의 관념은 물론 심지어 자연에 대한 현재의 관념은 이러한 인간학 내지 인간중심주의의 기반 위에 서 있다. 과학적 인식의 진보, 기술의 개발이나 자연의 개발은 말할 것도 없고, 심지어 전쟁무기와 같은 파괴능력의 개발 또한 인간의 이름으로 이루어져 왔으며, 인간을 위한 것으로 정당화되어 왔음을 굳이 추가할 필요가 있을까? 앞서 언급한 진보의 개념이 이와 결부되어 있다는 사실을 굳이 추가할 필요가 있을까? 진보 개념의 지반을 제공한 진화론이, 인간이 기원과 목적을 이루는 인간학적 시간에 기초한 인간학적 역사라는 점을 굳이 추가할 필요가 있을까?

4) 진보와 동일화의 윤리학: 동질적 시간 개념

어떠한 새로운 발견이나 발명, 새로운 것의 인식이나 창조도 정의상 국지적이다. 혁명과 같은 대규모의 전면적인 진보의 계기도 있지만, 진보를 자극하는 대부분의 변화는 어떤 국지적인 영역에서, 국지적인 변환을 통해 이루어지기 마련이다. 이처럼 국지적이고 제한적인 어떤 변화가 발전 내지 진보의 개념 안에 들어가기 위해서는 그 국지성을 벗어나 확장되고 확산되어야 한다. 생물학적 변이 역시 진화의 개념 안에 들어가기 위해서는 국지성을 벗어나 통계적 다수가 되어야 한다. 확장과 확산, 통계적 다수화와 평균화는 진보 내지 진화의 또 다른 조건이다. 뒤집어 말하면 진보나 발전이 삶과 행동, 사고를 방향짓는 힘을 갖는다는 것은 다른 부분으로 확장되고 확산되어야 한다는 것, 그리하여 통계적으로 다수화되어야 한다는 것, 그 결과 전체적으로 상승된 어떤 동질성 내지 통일성을 확보해야 한다는 것을 내포하고 있다.

이런 점에서 진보의 개념에는 또 하나의 기준을 갖고 있다는 셈이다. 그것은 한편으로는 앞서 나가는 진보적 부분의 힘과 문명을 그렇지 않은 다른 부분으로 확장하여, 그 이질적인 요소를 제거하고 새로운 진보적 힘, 진보적 문명에 동질화하려는 의지를 포함하고 있다. 마치 생물학적 진화가 적응성이 약하고 열등한 종자를 도태시키고 우등한 새 종자가 개체군 전체로 확산되어야 하는 것처럼. 이 경우 시간의 누적으로서 역사 내지 진보란 이제 동질화하고 동일화하는 시간성을 작동시킨다.

이러한 과정은 발전과 진보를 위한 근대적 '윤리학'을 작동시킨다. 과학적인 것과 비과학적인 것, 문명과 야만, 효율성과 비효율성 등의 이분법적 범주들이 세계를 거의 동일한 방식으로 둘로 가르고, 그에 따라 앞선 자와 뒤 처진 자, 깨우친 자와 몽매한 자, 문명인과 미개인이 만들어진다. 그 중 하나가 다른 것을 일깨우고 가르치며, 다른 하나는 그것을 배우고 따라가는 것이 발전과 진보의 윤리학이다. 진보가 '좋은 것'이고 '인간을 위한 것'이라면, 국지적으로 발생한 그 변화를 다른 모든 부분들에서 받아들이고 그것에 따라 동질화하는 것은 당연한 것이다.[33]

---

33) 여기서 이성과 정염(情炎), 빛과 어둠, 과학과 미신, 문명과 자연의 계몽적 이분법을 다시 발견하는 것은 너무도 쉬운 일이다. 그리고 그 밑에서 주체와 대상, 인간과 자연이 대립되면서 작동하는 근대적 이분법을 발견하는 것 역시 결코 어려운 일이 아니다. 이 경우 진보와 계몽이 동일시될 수 있는가 여부는 아무런 문제가 되지 않는다. 그것은 차라리 '진보'에 대한 사유를 가능하게 했고, 그것을 기초 짓고 있는 지반이기 때문이다.

진보는 인간이라면, 문명과 개화를 꿈꾼다면, 편안하고 안정된 삶을 꿈꾼다면 누구나 받아들여야 할 것이다. 앞선 문명인이 처진 미개인을 일깨우고 새로운 문명을 전파하는 것은 충분히 정당하며 근거 있는 것이란 발상이 이러한 진보의 개념과 과연 무관한 것일까? 서구의 진보된 문명으로 다른 대륙을 '개척'하고 계몽했던, 그리하여 전 지구상에 계몽된 문명을 확장해 간 역사에 비하면, 그러한 선한 생각을 이해하지 못하여 저항했던 야만인들을 '약간'의 피를 보면서 진보된 포탄으로 엄혹하게 다스린 일은 다소 "유감스런" 사소한 불행일 뿐이다. 더욱이 이제는 그들 역시 진보된 문명을 스스로 배우고 좇으려 안간힘을 쓰고 있지 않은가!

이처럼 동일화하는 윤리학으로서 진보의 개념은 하나의 단일한 척도로 모든 부분을 동질화하고 통일시키는 근대적 시간 개념에 기초하고 있다. 그것은 스스로를 척도로 세움으로써 다른 것을 그 척도로 재게 하고 그 척도에 동일화시키는 메커니즘을 내장하고 있는 것이었다. 그것은 제국주의의 침략 아래 처참하게 문명화되었던 우리로선 인정하고 싶지 않은 것이지만, 그럼에도 불구하고 우리 스스로가 그런 문명을 스스로 갖고자 한다거나(근대화주의), 그러한 문명이 우리에게도 이미 맹아적으로 있었음을 보여 주려는 시도 속에서 다시 발견된다. 이는 누가 어떻게 추진했든 간에 '근대화'라는 이름으로 진행된 최근의, 또한 아직도 지속되고 있는 국가적 변화의 과정에서 반복되었던 것일 뿐 아니라, 국가적 폭력이나 제도의 폭력을 통해 강제되었던 것이기도 하다. 그러한 강제는 발전을 촉진하고 확산하며 다그치기 위해서 불가피한 것이었다. 이런 점에서 진보는 그것이 힘을 뻗칠 수 있는 영역에 대해 일종의 동질화하는 힘이요 단일화/획일화하는 힘이다.

4. 진보를 넘어선 진보

진보 개념의 밑에서 작동하고 있는 이러한 몇 가지 전제는, 그 작용의 강
도와 효과에 나름의 편차가 있지만, 진보 개념에 발단을 제공했던 계몽주
의자들이든, 혁명과 '무질서'에 대해 과학과 이성에 의한 질서를 향해 나
아가고자 했던 보수적 역사철학자들이든, 반대로 기존의 질서를 전복하
여 새로운 사회의 건설을 꿈꾸던 '진보적' 사상가들이든, 진보와 발전을
역사적 윤리학으로 설정했던 입장들에 공통된 것이다. 이러한 전제들이
근대적 시간 개념, 근대적 문제설정 안에 있다는 것을 이해하는 것은 그리
어려운 일이 아니다. 다시 말해 지금까지 사용되어 온 진보의 개념은, 그
것의 용법이 갖는 다양한 편차와 그것이 포함하는 지향성의 상반됨에도
불구하고, 정확하게 근대성의 지반 위에 있었던 것이다.

　질서와 안정을 꿈꾸던 보수주의자들의 진보의 개념을, 변혁을 꿈꾸던
이른바 '진보주의자'들이 사용하는데 어떤 근본적 장애가 없었던 것은, 혹
은 그 반대의 경우에 근본적 장애가 없었던 것은 이러한 전제를 공유하고
있었기 때문이었다. 양자는 각각이 설정한 발전의 목적, 진보를 정의하게
해주는 종착점이 달랐고, 그에 따라 진보적 가치가 그리는 궤적이 상반되
는 것이었다는 점에서 분명히 달랐다. 그러나 그러한 목적을 향해 나아가
는 과정을 파악하는 데서 직선적이고 누적적인 시간 개념이나 목적론적
발전 개념, 인간중심주의적 가치 개념, 동질화하는 의지라는 동일한 전제
를 공유하고 있었다는 점에서는 다르지 않았다.

　진보 개념의 용법이 역사적으로 변환되고 전도되어 왔음에도 불구하
고 그것은 19세기의 무의식적인 전제들로부터 자유롭지 않으며, 오히려
그것을 정확하게 내포하고 있다. 이는 개념의 표면적인 특성이나 성분을

공유한다는 점보다 훨씬 더 근본적이다. 개념의 영유를 가능하게 했던, 그리하여 그것을 영유할 수 있게 한 전제는 현재의 변화된 소건 속에서 그 개념의 존속을 위협하는 제약과 한계로 작용하고 있다. "진보 사상 자체에 어떤 위협이 가해지고 있으며 그것이 가능한가에 의문이 제기되고 있다"는 자각은 그러한 제약과 한계가 그저 방치한 채 쉽게 넘어갈 수 있는 상태를 지났음을 뜻하는 것일 게다. 그렇다면 진보의 사상을 '지키기 위해서'도 그것을 근본에서 다시 생각하고, 새로이 정의해야 하는 것은 아닐까? 아니 차라리 그 개념의 위기를 근본적 질문을 통해 단지 목적과 방향만이 아니라 그 개념적 내용을 조직하는 형식 자체를 다시 사고할 수 있는 기회로 변환시켜야 하는 것을 아닐까? 그것은 진보라는 개념 자체의 변환을 시도해야 함을 뜻하는 것은 아닐까?[34]

다시 질문하자. 진보는 정말로 변화의 양화와 그것의 누적을 통해 정의될 수 있는 것일까? 예를 들어 생물들의 진화는 환경에 대한 적응능력의 연속적 누적을 통해 이루어지는 것일까? 반대로 불연속적 변이가 없다면 대체 '종의 진화'가 어떻게 가능할 것인가? 비록 잊혀졌던 것이기는 했지만, 다윈이 이미 보여 준 것처럼, 그리고 이후 '신진화론'이라는 이름으로 되살아난 것처럼, 환경과의 관계에서 나타나는 개체군의 변이야말로 '진화'의 조건이다. 개체군은 환경과의 관계 속에서 적응을 위해 자신의 질료적 힘을 새로이 분배하며, 자신의 새로운 형식을 생성한다. 그에 따라 특정한 종류의 개체군은 자신의 새로운 가지를 만들며 진화적인 계통발

---

34) 블로흐는 맑스주의자로서는 드물게도 진보 개념의 동질화, 그에 따른 획일화로 인해 진보 개념 자체에 회의가 제기된다고 말한다. "진보란 개념에는 새로운 회의가 나타나는데, 이는 그것의 획일성에 연유하는 것이기도 하고, 실제의 세계 역사와의 모순과 관계된 것이기도 하다. 그것은 역사적 공간이 결핍되었다는데 대한 회의, 즉 어떤 적절한 표현으로 막대한 양의 비유럽적인 사료들을 처리하기가 어렵다는 것이다."(에른스트 블로흐, 『철학입문』, 171쪽.)

생을 이룬다. 이런 의미에서 "개체발생과 계통발생의 관계는 역전된다."[35]

생산기술의 발전 역시 누적이라는 연속적 변화보다는 새로운 창안과 발명이라는 불연속적 변환을 통해 이루어졌다. 생산기술이나 생산력의 발전은 새로운 기술의 확산과 확장 이전에 그것을 가능하게 하는 새로운 창조를 통해서만 가능하다. 확산과 확장과정은 이 새로운 기술의 창조와 창안을 포섭하고 포획하는 과정일 뿐이다. 심지어 동일한 도구나 기계조차 새로운 발전에 이용되는 것은 기존의 용법, 기존의 배치에서 벗어나 다른 용법, 다른 배치를 이루게 되었을 때다. 따라서 새로운 것의 창조가, 즉 탈주선이 진보의 조건이라고 말해야 한다.

과학적 지식의 역사에서 결정적인 진보 역시 이전에 지배적이던 지식을 깨는 불연속이 격렬하면 할수록 강렬하고 결정적인 것이 되었다. 그에 비하면 그것을 확산하고 확장하는 과정—대개는 제도와 교육이 담당하는 재생산의 과정—은 지극히 부차적인 것이다. 따라서 과학과 기술, 공업이라는 진보 개념의 탄생지에서조차 직선적이고 연속적인 누적을 통해 진보를 정의하는 것은 불가능하다.

여기서 우리는 진보와 발전에 관한 두 가지 관념을 다시 검토해야 한다. 하나는 합목적적 발전 개념이고, 다른 하나는 내적 발전 개념이다. 우선 합목적적 발전 개념. 방금 말했듯이 진화란 환경과의 관계 속에서 개체군이 새로이 생성하는 계통발생의 가지라고 할 때, 이런 가지가 어떤 진화의 종착점과 완전성을 향한 합목적적 발전과정으로 정의될 수 없음은 분명하다. 다윈은 『종의 기원』에서 예컨대 날개가 불완전한 개체군이 바람이 많이 부는 특정한 환경 속에서 오히려 다수를 이루며 '자연선택'된 경

---

35) Gilles Deleuze et Félix Guattari, *Mille plateaux*, Minuit, 1980, p.64.

우처럼 완전성과 반대되는 선택이 적응과 진화를 이룰 수 있다는 것을 보여 준다.[36] 다시 말해 완전성이나 그것을 통해 정의되는 합목적성은 진화와 아무 관련이 없다. 진화는 어떤 목적도, 하나의 동일한 기원도 갖지 않는다. 그것은 외부인 환경과 관계 속에서 끊임없이 생성되는 변이선의 집합일 뿐이다. 따라서 진화의 어떤 중심 가지도 존재하지 않는다.[37]

둘째로 내적 발전 개념. 진보가 환경이나 외적인 조건들과의 관계 속에서 만들어지는 변이의 선에 의해 가능한 것이라면, 혹은 탈주선에 의해 가능한 것이라면, 진보를 정의하게 하는 발전을 내적 발전으로 정의하는 것이 대체 어떻게 가능한 것일까? 차라리 진보는 외부와의 관계 속에서, 그 외부를 내재화함으로써 가능한 것이 아니었을까? 아니 항상-이미 존재하는 탈주선이라는 그 '내재하는 외부'를 통해 가능한 것이 아니었을까? 국지적인 영역을 넘어서 포괄적이고 전체론적인 차원에서 정의되는 발전 개념, 그리하여 대개는 지배적인 관점과 결부되어 있는 발전 개념조차, 사실은 그러한 변이의 선, 탈주선에 대해 대응하고, 그것을 포섭하는 방식으로 이루어졌다고 해야 하지 않을까? 그렇다면 우리는 다음과 같이 말할 수 있다. 진보는 내적 발전이 아니라 외부에 의한, 외부를 통한 발전을 통해 정의된다고. 좀더 과감하게 말하면, 내적 발전은 없다. '외적 발전'이 있을 뿐이다.

요컨대 진보는 무엇보다도 탈주선 위에 있으며, 그것을 통해 정의되어야 한다. 따라서 목적론적 종착점을 기준으로 진보와 반동을 평가하는 것은 불가능하다. 중요한 것은 새로운 것의 창안과 창조, 지배적인 것에 대해 외

---

36) 찰스 다윈, 『종의 기원』, 박만규 옮김, 삼성출판사, 1990, 164쪽.[Charles Darwin, *On the Origin of Species*, John Murray, 1859.]
37) Peter J. Bowler, *Invention of Progress*, pp.149~151.

부적인 어떤 새로운 힘의 생산이다. 하지만 이 경우 피해 갈 수 없는 질문
이 있다. 즉 이처럼 탈주선 위에서, 외부를 통한 발전으로서 진보를 정의
한다면, 진보라는 개념이 불가피하게 요구하는 가치평가는 대체 무엇을
기준으로 하는가? 다시 말해 어느 것보다 다른 것이 더 나은 것이고 진보
적인 것이라는 판단은 무엇을 기준으로 하는가?

우리가 보기에 그것은 한마디로 말해 '**능력의 확장**'이라는 기준이다.
그러나 이 경우 능력이 무엇인가를 다시 정의해야 한다는 단서가 필요하
다. '능력'에 대한 근대적 개념은 주체와 대상의 분리 위에서 '대상 세계에
대한 통제가능성'에 의해 정의되었다. 그러나 우리가 보기에 능력이 크다
는 것은 **이질적인 것을 담아내고 수용하며 소화할 수 있는 능력**이 크다는 것을
뜻한다. 예를 들어 환경에 대한 적응능력이 크다는 것은 자신의 신체 안
에 담아내고 그것으로 소화할 수 있는 외적 촉발affection의 강도,[38] 가혹함
의 정도, 이질성의 강도가 크다는 것이다. 어떤 생물의 적응 능력이 크다
는 것은 그것이 적응할 수 있는 외부환경의 가혹함이나 이질성의 폭과 강
도가 크다는 것이다.

어떤 이론의 능력이 크다는 것 역시 그것이 담아낼 수 있는 다른 이론
들의 이질성의 폭과 강도가 크다는 것을 통해 정의된다. 어떤 이론이 진보
된 것인가 아닌가는, 그것이 이전에 있던, 자신이 반박하고 넘어서야 했던
이론이 설명하던 것을, 자기 안에서 담아내며 새로운 이론적 일관성 아래
설명할 수 있는 능력에 의해 결정된다. 어떤 체제의 능력 역시 마찬가지
아닐까? 독재적인 체제는 강력한 통제력을 갖고 행사한다는 점에서 쉽사
리 '강한' 것으로 보이지만, 알다시피 그것은 조그마한 이질성과 반대, 차

---

38) 바뤼흐 스피노자, 『에티카』, 강영계 옮김, 서광사, 1990, 87쪽.[Baruch Spinoza, *Ethics*, 1677.]

이조차 소화하고 흡수할 수 없다는 점에서 결코 강한 능력을 갖고 있는 것은 아니다. 반대로 그것은 매우 협소한 범위의 사상과 행동, 삶의 방식만을 허용하고 수용할 수 있다는 점에서 매우 취약하고 적은 능력만을 갖고 있을 뿐이다. 이런 점에서 어떤 체제의 능력 역시 대상에 대한 통제능력이 아니라, 그것이 소화할 수 있는 이질성의 폭과 강도에 의해 정의되는 것이다. 그것은 이질성이 숨쉴 수 있는 공간이 크다는 것이고, 그런 만큼 새로운 사고와 새로운 삶, 새로운 행동이 숨쉬며 생성될 수 있는 폭과 강도이기도 하다.

따라서 진보를 정의해 주는 '능력'이란 이제 새로운 창조와 창안, 변이들이 생성될 수 있는 탈주의 공간, 그 여백을 통해 정의되어야 한다. 탈주선과 능력의 확장을 통해 정의되는 진보란 그러한 생성능력의 확장이며, 다양한 이질적인 것들이 숨쉬면서 새로운 일관성을 생성할 수 있는 여백의 확장을 뜻하는 것이다. 이로써 '인간을 위한 진보'가 아니라, 이질적이고 비-인간인 것들이 인간과 최대한 공존하고 공생하며 새로운 관계의 생성, 그러한 생성능력의 확장이 가능해진다.

이 모두는 근대적 시간 개념에서 진보 개념을 탈주케 할 것을 요구한다. 하나의 단일하고 선형적인 시간성이 아니라 각각의 고유한 리듬을 갖는 복수의 시간성, 각각의 부분을 하나의 전체로 동질화하는 시간성이 아니라 국지적인 이질성이 공존하는 가운데 그것을 넘나드는 변이의 시간성, 역사의 시작과 끝을, 진화라는 과정 전체를 인간이 장악한 인간학적 시간성이 아니라 각각의 고유한 변이의 선이 자유롭게 흐를 수 있는 생성의 시간성을 통해서.

'인간'을 넘어선 인간:
근대를 넘어선 인간의 조건에 관하여

1. 근대, 혹은 '인간'의 시대

우리가 사는 근대라는 시대는 '인간의 시대'다. 적어도 그렇게 확신하고 있다. '인간의 시대'란 무엇인가? 이 세상에서 인간의 존귀함이 선언되고, 그 존귀한 존재인 인간이 모든 일의 목적이 되며, 또한 모든 일의 바탕이 되는 시대, 그리하여 어떠한 것도 인간과 결부된 한에서만 의미를 갖고, 인간의 가치를 높이는 데 기여하는 정도에 따라 가치가 매겨지며, 인간을 위한 것임이 증명될 수 있다면 어떠한 것도 정당한 것으로 간주되는 시대. 요컨대 다양한 종류의 사람들을 포괄하는 하나의 일반명사로서 '인간'이 명명되고, 그것의 이름으로 모든 것의 가치가 근거지워지며, 그것을 통해서 모든 것이 행해지고 정당화되는 시대가 바로 근대다. 그런 점에서 근대란 '휴머니즘의 시대'기도 하다.

하지만 혹자는 이렇게 물을지도 모른다. 인간의 삶이 이렇지 않은 적이 언제 있었던가? 어째서 인간의 시대, 휴머니즘의 시대를 '근대'로 제한하려 하는가? 그러나 우리는 아리스토텔레스의 유명한 사례를 잘 알고 있다. 르네상스 이래 서양의 이른바 '휴머니스트'들이 자신의 기원으로 찾아

냈던 그리스의 대철학자였던 그는 "노예란 말할 줄 아는 도구다"라는 유명한 명제를 남긴 바 있다. 그러나 알다시피 이는 단지 아리스토텔레스만의 편협한 견해도 아니고, 고대 그리스인만의 덜 깬 생각만도 아니다. 실제로 그 시대에 노예는 인간이란 범주에 들어가지 않았다. 더 시간이 지나 중세나 심지어 절대왕정 시대였던 17~18세기처럼 신분에 의해 사람들이 귀족과 평민, 농노나 천민으로 분류되던 시절(아직도 인도에서는!)에 천민이나 농노가 귀족이나 왕족과 '맞먹는' 한 사람의 인격이요 인간이라는 생각은 기대할 수 없는 것이었다. 노예문제를 내걸고 남북으로 갈라 전쟁을 하던 19세기 후반 미국에서도 흑인이 백인과 동일한 '인간'이라는 생각은 기대하기 힘들었다.

카스트적 신분이나 인종차별 같은 현상이 비인간적이며 휴머니즘에 반反한다고 느끼는 우리에게 '인간의 시대'란 적어도 원칙상으로는 모든 사람이 '인간'이라는 하나의 동일한 범주에 묶일 수 있는 시대다. 그것은 다양한 종류의 사람들이 '인간'이라는 이름으로 묶일 수 있도록 사회·정치적으로 등가화等價化되는 것을 전제한다. 그렇다면 이런 등가화는 언제 발생했는가?

서양에서 통상 휴머니즘이 발생한 시대를 말할 때 르네상스 시대를 떠올린다. 아마도 '인간'이나 '휴머니즘'이라는 말들이 중요하게 부상한 시대라는 점에서 그럴 것이다. 그리고 그들은 바로 그 시대에 휴머니즘을 찾아서 저 '암흑의 시대'를 거슬러 고대 그리스를 발견했다. 그것은 "인간은 만물의 척도다"라는 말이 새로운 의미를 갖고 되살아난 시대임이 분명하다. 스스로 그 고대의 문명이 '재탄생're-naissance한 시대로 간주하는 겸허함까지 갖추고 있던 시대 아니었던가.

하지만 그때 말하는 '인간'이란 누구인가? 이미 말했듯이 아리스토텔레스 시대에도 인간이란 개념이 있었고, 인간을 척도로 삼던 '인간중심주의'(휴머니즘)가 있었지만, 노예를 인간으로 보지는 않았다. 확실히 이 점에서 서양 근대문명의 개화기라는 르네상스 시대는, 등가화된 인간 개념이 출현한 시대라기보다는 '인간'이란 개념이 다른 것들 사이에서 강력하게 부상한 시대라고 해야 한다.[1]

그러나 서양 문명 내부에서도 사람들이 서로 등가화될 수 있는 존재란 생각을 하게 되었던 것은 그로부터도 한참의 시간이 흐른 뒤였다. 아마도 적어도 원리상으로나마 사람들을 '인간'이란 이름으로 등가화했던 것은 홉스Thomas Hobbes였을 것이다. 그는 국가에 대한 이론을 구성하기 위해, 인간에서 출발한다. 그는 "인간이 나면서부터 평등하다"고 명시한다(『리바이어던』Leviathan, 1부 13장). 하지만 바로 그렇기 때문에 인간은 서로에 대한 전쟁상태에 들어가게 되고, 그를 피하기 위해 계약에 의해 국가를 구성한다고 말한다. 이러한 입론은 일정한 변형을 거치면서 이른바 '사회계

---

1) 그런데 '인간'이란 개념이 그처럼 부상한 것에는 나름의 현실적 이유가 있었다. 이를 위해서는 유럽의 교회와 상인들, 신학자와 지식인들을 뜨거운 논쟁으로 끌어들였던 이른바 '인간'에 대한 논쟁을 떠올리는 것으로 충분하다. 인간이란 무엇인가를 둘러싸고 벌어졌던 이 논쟁은, 사실은 새로 '발견된' 인도 지역의 '인디언'들이 과연 인간인가 아닌가 하는 첨예한 현실적 문제를 둘러싸고 벌어졌다. 즉 신(물론 자신들의 신인 '야훼'다)도 믿지 않고 대속자 예수를 알지도 못하는 저들이 과연 신이 창조한 최고의 존재인 '인간'이라고 할 수 있는가라는 신학적이고 철학적인 논쟁이었다. 또한 그것은 그 인디언들을 동물처럼 노예로 사용해도 좋은가 아니면 인간으로 대접해야 하는가를 결정하는, 상인자본의 이해관계가 만드는 첨예한 정치적이고 경제적인 논쟁이었다. 물론 논쟁은 '다행히도' 그들을 인간의 범주에 넣기로 결정함으로써 '휴머니즘의 역사'에 있을 수도 있었을 치명적인 오점을 피해 갈 수 있었다. 그러나 이 논쟁의 와중에도 흑인이 인간인가를 둘러싼 논쟁은 전혀 발생하지 않았다. 왜냐하면 그들은 인간이 아님이 그들에겐 너무도 확실했기 때문이다!
요컨대 르네상스인들이 '발견'했다는 인간의 아름다움(미켈란젤로의 다비드! 보티첼리의 비너스!)에 대한 찬사 이면에는 저 검은 피부나 검붉은 피부를 가진 자들이 과연 인간인가 하는 의심과 경멸이 자리 잡고 있었던 것이다. 르네상스인들이 '발견'했다는 신대륙에 대한 찬사 이면에는 살아 있는 이의 심장을 바치는 저 야만적인 문명이 과연 인간의 문명인가 하는 의심과 경멸이 자리 잡고 있었던 것이다. 그러한 의심과 경멸이 있었기에, 그 의심과 경멸을 뒷받침해 주는 '인간'이란 개념이 있었기에, 그들은 '신대륙'에서 행한 모든 착취와 수탈, 살육과 파괴를, 야만적 문명을 개화시키고 신의 은총 안으로 개종시키기 위한 것이라고 스스로 믿고 정당화할 수 있었다. 그런 착취와 파괴가 심해지는 만큼 '문명'과 '인간'이란 개념은 더욱더 중요하게 부상되어야 했다. 그럴수록 그 남다른 문명과 휴머니즘의 기원이 되었던 그리스·로마에 더욱더 중심적인 위상을 부여해야 했다.

약론'이라는 이론의 형식으로 발전해 간다. 하지만 신분을 넘어서, 최소한 법적 등가성을 명시화한 것은 프랑스혁명 이후였다(「인권선언」). 그때를 전후하여 인간은 모든 것의 기원이자 목적이라는 실질적인 중심에 자리 잡게 된다.[2]

역사의 선을 그리며 과거와 미래로 한없이 연장되었고, '문명화'의 배를 타고 이른바 '신대륙'으로 확장되었던 '인간'이란 개념은 사실은 근대에 이르러 서구에 나타난 형상을 시간·공간적으로 일반화하고 척도화하여 탄생한 것이다. 따라서 그 '인간'이라는 개념은 우리가 우리 자신의 모습을 떠올리면 알 수 있는 자명한 어떤 것이 결코 아니다. 그것은 차라리 우리의 신체 위에 드리워지면서 우리의 신체를 포개려 하는 특정한 모델이고, 그럼으로써 우리로 하여금 '인간'으로서 자격을 획득하고 유지하는 데 최선을 다하도록 요구하는 당위적 도덕이다. 따라서 그것은 사람들을 가르고 선별하며, 선별된 부류의 사람들에 대해 각이하게 권력을 행사하는 경계선의 형식을 갖고 있다.

---

2) 우리는 대개 현재를 통해서 과거를 보고, 미래 또한 그렇게 본다. 이와 동일한 방식으로, 이전의 모든 역사를 인간의 역사, 휴머니즘이 발전해 온 역사로 보며, 이후의 역사는 아직도 불충분한 휴머니즘이 점점 더 발전될 역사로 보는 우리의 '진화론적' 통념이 만들어진다. 하지만 모든 역사를 인간의 역사, 휴머니즘의 역사로 만들어 버리는 이러한 역사화는, 앞서 말했듯이 특정한 시기에 탄생한 '인간'의 개념을 고대로까지 소급하면서 모든 역사에 존재했던 것으로 탈역사화하여 만들어진 것이다. 그것은 또한 그처럼 탈역사화된 '인간'을 모든 가치의 단일한 척도로 초역사화하는 효과를 작동시킨다.
이로써 '인간'인지 아닌지 모호한 종족은 백인 중년남자를 모델화한 '인간'이라는 척도 아래서 열등한 등급이나마 '인간'이 될 수 있는 영광을 얻게 되고, 미개 내지 야만이라고 불러 마땅한 그런 이질적인 세계는 모든 것을 인간화하는 그 이성의 빛을 실어 나르는 배를 통해 문명화되어, 진보의 역사 안으로 진입할 수 있게 된다. 물론 어떠한 문명도 피나는 노력과 고통 없이 이루어진 것이 아니기에, 그 과정에서 종종 폭력과 고통이 나타난다고 해도 놀라서는 안 된다. 그들이 보기에 그 고통은 비록 정도와 종류에서 크게 다른 건 사실이지만, 식민지 인민들뿐만 아니라, 사실은 서구 사회 자체가 이른바 '근대문명'을 만들어 내기 위해, 자신의 인민들에게도 가했던 것이기도 하기 때문이다. 서구적 근대문명이 지배적인 현재의 우리 세계에서도 '인간'이 된다는 것은, 그와 유사한 종류의 고통을 겪으며 '인간'이라고 부르는 어떤 경계선 안에 들어가는 것이고, 거기서 밀려나지 않기 위해 무진 노력을 지속해야 하는 것이다. 그리고 그러한 경계를 구획하고 유지하기 위해, 누군가 경계 밖에 존재하는 '타자'가 되어야 한다. 광인, 수인(囚人), 부랑자, 실업자 등등.

2. 근대적 '인간'의 경계

'인간'이란 개념은, 그 말을 들으면서 우리 각자 다른 단어를 떠올리는 추상적인 개념이 아니라, 특정한 사회·역사적 내용을 지울 수 없는 구체적 개념이다. 하지만 역사적으로, 그리고 공간적으로 확장되면서 일반화된 것이기에, 어느 시절에나 보편타당한 개념처럼 여겨지기 십상이다. 인간의 타고난 동등성에 대한 관념이 그러한 보편성에 대한 믿음에 확고한 기초를 부여한다.

그런데 이처럼 보편성의 형식을 취하는 인간이란 개념이야말로 근대에 이르러 나타났던 '인간' 개념의 요체라고 할 수 있을 것이다. 사실 이전에는 누구도 모든 인간이 동등하다는 생각을 명시하지 못했다. 반면 홉스 이래 근대의 대부분의 사상가들은 '인간'에 보편적 형식을 부여하는 방식으로 자신의 사상을 펼쳐 갔다. 하지만 그러한 평등성의 관념은 하늘에서 떨어진 것이 아니라, 시장에서 탄생한 것이었다. 알다시피 시장에서 모든 인간은 '평등하다'. 귀족이든 농민이든, 아니면 상인이든 장인이든, 시장에서 만나는 사람은 누구나 자신이 갖고 있는 상품과 화폐로 사고 팔며, 교환은 등가성에 따라 이루어진다. 여기선 신분적 특권이나 열등함이 이익이나 손해로 이어지지 않는다. 교환하지 않으면 그만이기 때문이다. 계약이란 형식은 바로 시장에서 인간관계를 특징짓는 것이다. 사회나 국가 자체를 계약으로 설명하는 이론은 근대 사상의 발단에서부터 확장에 이르기까지 지대한 영향력을 행사하는데, 이는 반대로 시장의 인간관계가 사회 전체로 확장되어 갔음을 보여 주는 것이기도 하다.

그러나 자유와 평등을 인간의 타고난 권리(자연권)로 규정하는 이러한 개념은 즉각 어떤 이율배반으로 이어진다. 인간이 이처럼 평등하여 누구나 자유롭게 자신의 욕구를 이루기 위해 행동한다면, 이들 욕구는 서로 경쟁하고 대립하게 될 터인데, 그렇다면 대체 이들을 질서지우는 '사회'란 대체 어떻게 가능할 것인가 하는 질문이 그것이다. 이를 가장 먼저 극적인 방식으로 제시한 것은 홉스였다.

홉스는 "모든 인간은 나면서부터 평등하다"고 명시한다. 그에 따르면, 인간 사이에 발견되는 육체적인 힘이나 정신적인 능력의 차이는 크지 않다. 가령 직접적인 힘이 약한 사람은 "다른 사람과 공모하여 가장 강한 사람조차 죽이기에 충분한 힘을 갖고 있"기 때문이다. 그러한 '능력의 평등'에서 '희망의 평등' 혹은 더 정확히는 욕구의 평등이 생긴다. 하지만 그 욕구가 원하는 것을 모두가 향유할 수 없는 한, 인간은 그것을 얻기 위해 서로 경쟁하고 불신하는 적이 된다(『리바이어던』, 삼성출판사, 223~225쪽). 따라서 이를 그대로 방치한 상태(자연상태)에서 만인은 만인에 대한 적이요 늑대가 된다. 그것은 모든 사람에 대한 모든 사람의 잠재적인 전쟁상태를 뜻한다.

여기서 유명한 홉스의 질문이 제기된다. 즉 사정이 이러하다면, "대체 사회란 어떻게 가능한가?" 하는 것이다. 홉스는 이렇게 대답한다. 이 전쟁상태를 피하기 위해, 평화와 방어를 위해 자신의 권리를 포기하여 어떤 대표자에게 양도하는 계약을 맺는다. 그러한 양도의 결과 하나의 국가가 탄생하고, 그것이 사회를 가능하게 한다. 그래서 홉스는 국가란 "하나의 인격으로 통일된 다수"라고 정의한다(257쪽). 이러한 발상은 형태를 달리하지만 이후 로크나 루소의 '사회계약론'에서 반복하여 나타난다.

여기서 홉스가 제시한 질문은, 혹은 적어도 그것이 담고 있는 근대 사회의 근본적인 이율배반은, '인간의 동등성'이란 관념을 가정하는 한 근대사상가 누구도 피할 수 없는 질문이었다. 왜냐하면 모든 인간이 그처럼 평등하고 인간의 모든 욕구가 그처럼 동등하다면, 그 욕구의 상충과 대립, 경쟁과 적대는 논리적으로 피할 수 없는 것이기 때문이다. 그런 점에서 어쩌면 이 질문에 대한 나름의 대답이 서구 근대사상 전반을 특징짓는다고도 말할 수 있을 것이다. 이와 연관해 애덤 스미스와 칸트, 벤담은 흡스와 더불어 근대적 인간상을 특징짓는 고유한 극점을 보여 준다.

먼저 스미스는 그에 대해 "그냥 내버려 두라Laissez faire!"라고 대답한다. 시장에서 작동하는 '보이지 않는 손'이 과잉과 결여를 치유하면서 균형과 질서를 만들어 주기 때문이다. 시장 그 자체가 욕구와 생산을 조절하는 기능을 갖고 있으며, 여기에 국가가 개입하는 것은 오히려 그 질서를 교란하게 되리라는 것이다. 따라서 그는 흡스나 계약론에서 말하는 국가적 모델 대신에 시장 그 자체를 사회의 모델로 설정하고 있는 셈이고, 계약에 의한 권리의 양도와 대의/대표라는 정치적 모델 대신에 가치법칙이라는 '보이지 않는 손'의 경제적 모델을 제시하고 있는 셈이다. 물론 여기에는 인간들이 가치법칙에 따라 계산하면서 최대한의 이익을 추구하며 행동한다는 가정이 전제되어 있다. 이런 인간을 '공리적功利的 인간'이라고 부른다.

한편 칸트는 시장보다는 법정의 모델을 제안한다. 그는 먼저 도덕적 선善이 법을 기초한다는 고전적인 관념을 뒤집는다. 즉 선하기에 법이 되는 게 아니라 법이기에 선하다는 것이다. 우리의 실천적 삶을 규제하는 이성(실천이성)은 "너의 의지의 준칙이 언제나 보편적 입법원칙이 되도록 행동하라"고 요구한다. 그것이 바로 선한 행동이고 도덕적 행동이라는 것이다. "해야 한다, 고로 할 수 있다"는 것이 칸트의 슬로건이었다. 개인의 상이한 욕구에 대한 법 내지 도덕법칙의 절대적 우위를 통해서, 시장에서의 평등성은 법 앞에서의 평등성으로 대체된다. 따라서 흡스처럼 인간의 동등성은 무질서를 뜻하지 않는다. 반대로 그것은 법 앞에서의 동등성이기에, 인간의 동등성은 질서를 뜻할 뿐이다. 그리고 그 법이 인간 자신이 주체가 되어 만든 것인 한(이는 계약론과 연속성을 보여 준다), 그 법을 따르는 것은 자신의 의지를 따르는 것이다. 즉 그것은 강제에 따른 속박이 아니라 자기 의지에 따른 행위요 자유를 뜻한다. 법정의 모델과 주체화.

반면 최대 행복의 추구를 개인적 행동의 원리로, 최대 다수의 최대 행복을 사회적 통치의 원리로 선언하는[3] 공리주의자 벤담은 감옥의 모델을 제안한다. 그는 사람들이 항상 공리성의 원리에 따라 산다고 생각하진 않는다. 다만 그래야 한다고 생각하며, 대개는 그러리라고 생각한다. 하지만 최소한의 비용으로 최대의 효과(공리성)를 얻어야 하는 사회적 통치는 이러한 원리에 따라 확고하게 조직되어야 한다고 본다. 그를 유명하게 만든 '원형감시장치'panopticon은 이러한 공리주의적 세계의 유토피아다. 원형으로 배열된 감방들, 뒤에서 빛이 비추게 함으로써 수인囚人들의 행동을 최대한 눈에 잘 보이게 배려한 감방, 그리고 한눈에 모든 감방들을 감시할 수 있도록 만든, 하지만 감방에서는 감시자가 보이지 않게 만든 감시탑으로 구성되는 건축적이고 기하학적 장치가 그것이다.

이 장치는 '보되 보이지 않는 감시자'를 통해 수인 스스로 자기감시하게 하는 장치다. 즉 감시자가 보이지 않기에 감시자가 있든 없든 언제나 감시당하는 것으로 간주하여 스스로 자신을 감시하게 만드는 장치다. 이

---

3) "최대 다수의 최대 행복"이라는 이 문구는 '공리주의'(功利主義)를 많은 경우 '공리주의'(公理主義)로 오해하게 한다. utilitarianism의 번역어인 공리주의(功利主義)는 글자 그대로 utility(유용성, 효용)에 대한 믿음(신앙!)의 표현이고, 유용성의 극대화를 자신의 원리로 삼는다. 그것은 최대 다수의 사람들을 최대한 행복하게 하려는 입장과 아무 관련이 없다. 그것의 관심은 오직 "최소한의 비용으로 최대한의 유용성"을 획득하는 것에 있다. 벤담이 고안한 팬옵티콘이 최소한의 노력(최소비용)으로 최대한의 감시·통제효과를 갖는, 공리주의의 '유토피아'였다는 것은 이를 아주 잘 보여 준다. 비용에 대한 이윤의 비율, 투입량에 대한 산출량의 비율을 극대화하려는 것, 다시 말해 '생산성을 극대화해야 한다'는 당연시된 관념은 정확히 이런 공리주의적 원리를 요약하고 있는 것이다. 이런 점에서 경제학은 공리주의적 원리를 그 전제로 하고 있다. 경제학만은 아니다. 공리주의는 그것을 이념을 내세운 사상가들과 별도로 경제학을 비롯한 근대의 모든 이론에서 지배적인 전제를 형성하고 있다.

는 확실히 최소한의 비용으로 최대한의 감시를 가능하게 하는 장치임에 틀림없다. 감옥을 모델로 하고 있는 이러한 장치를 벤담은 공장이나 병원, 학교는 물론 사회의 모든 영역에 도입할 것을 꿈꾸었다. 심지어 정부의 행정기관도 수상 한 사람이 모든 관리들을 감시할 수 있는 이 장치를 통해 운영되어야 한다고 생각했다. 이런 점에서 그는 칸트처럼 개개인이 입법원리를 자신의 '의지의 준칙'으로 삼아 행동하리라고 생각진 않았다. 이미 자유와 동등성을 확보한 개인이 자의적으로 하는 행동이, 적어도 사회적 수준에서 행복의 총량을 감소시키는 것을 막아야 한다고 보았던 것이다. 그래서 그는 '보이지 않는 눈'을 통해 언제나 스스로를 감시하는 그런 체제를 꿈꾸었던 것이다.

요컨대 시장에서 기원하는 인간의 자유와 동등성이 '인간'이라는 개념으로 보편화되기 위해선, "대체 사회가 어떻게 가능한가?" 하는 질문으로 요약되는 근대사회의 이율배반을 해결해야 했다. 홉스와 스미스, 칸트와 벤담은 이를 해결하여 인간 위에 군림하는 어떤 특별한 존재를 상정하지 않고 인간들 사이에 '평화'와 '질서'가 가능해지는 방법에 대한 모델을 제시했다. 권리의 양도계약에 의해 대표/대의체제를 만들고 그에 복종하는 인간(홉스), 가치법칙에 따라 최대 이익을 추구하는 공리적 인간(스미스), 입법자이면서 입법원칙에 따라 의무 준수의 자유를 행사하는 입법자-주체(칸트), 그리고 감시자를 대신하여 자신의 신체와 행동을 감시하는 인간(벤담). 그들 중 누구도 이러한 제한과 규정이 없다면, 자유롭고 평등한 '인간', 보편적인 존재로서 '인간'이란 전쟁상태나 무정부상태, 무질서를 뜻할 뿐이라고 생각할 것이다.

이 네 가지 극極은 국가와 시장, 법과 감옥을 모델로 탄생한 것이다. 그런 만큼 대의적 관념(혹은 국가주의), 가치법칙, 법과 의무, 자기감시를 각각 자신의 짝으로 하고 있는 규정이기도 하다. 따라서 이것은 사실상 '인간'이라는 개념이 보편적인 것이 되기 위해 명시적이든 암묵적이든 갖추어야 할 요건이다. 이는 아무리 역사와 공간을 넘어서 탈역사화되고 확장된다고 하더라도 결코 지워지지 않을 근대의 흔적일 것이다. 우리 자신의 삶, 우리 자신의 신체에 항상-이미 새겨져 있는 흔적, 그리하여 의식하든 말든 우리의 삶을 어느새 규정하고 있는 흔적.

그렇다면 이제 인간중심주의Humanism란 무엇인가란 질문을 다시 던져야 한다. 그것은 다양한 종류의 사람들 사이에서 이러한 '인간'의 보편성을 확인하려는 태도요, 그것을 사람들의 활동이나 가치평가의 확고한 중심으로 수립하려는 태도고, 바로 그 '인간'이란 이름으로 정당화될 수 있는 한에서 어떤 것도 정당화할 수 있는 유일한 가치척도로 간주하는 태도다. 또 그것은 근대적 사회, 근대적 질서를 위해 요청되는 인간의 요건을 보편적인 가치척도로 만들어 인간 활동의 중심으로 삼으려는 태도다. 따라서 그것은 보편성의 형식을 취하는 저 '인간'이란 개념으로 하여금 모든 인간들 사이에 중심이 되게 만들려는 의지의 표현이고, 이를 통해 사람들의 삶을 그 '인간'이란 모델을 통해 동일화하려는 의지의 표현이다.

3. '인간'을 넘어서

알다시피 우리 자신이 사는 이 근대라는 시대를 넘고자 했던 시도들이 있었다. '인간'이라는 개념으로 귀속되지 않는 지대를 포착하고, 그것을 통해 근대인의 경계를 허물고자 했던, 혹은 거기서 벗어나는 선(탈주선)을 그리려는 시도들이 있었다. 이는 때론 이런저런 운동으로 표현되기도 했고, 때론 이런저런 삶의 방식을 만들기도 했으며, 때론 새로운 사유를 촉

발하는 철학이나 예술로 표현되기도 했다. 그런 노력이 명확하게 하나의 문턱을 넘어간 경우로 맑스, 니체, 카프카를 들 수 있을 것이다. 이들은 '인간'을 넘어서기 위해 어떻게 했으며 어디로 갔는가?

맑스가 초기부터 모든 종류의 '보편성'이란 형식과 투쟁했다는 것을 우리는 잘 알고 있다. 헤겔에 대한 비판, 특히 모든 국가적·법적 형식에 보편성의 지위를 부여하고자 했던 헤겔의 법철학에 대한 비판은 분열과 적대가 지배하는 세계를 본 청년 맑스가 가장 중요한 과제로 삼았던 과제였다. 그가 보기에 국가가 가족이나 시민사회, 혹은 개인에 대해 행사하는 힘의 '외적 필연성'이란, 개별적인 '법률'이나 '이익'이 국가의 '법률'과 '이익'에 충돌하는 경우 후자에 굴복하지 않으면 안 된다는 것을 뜻할 뿐이다. 국가가 취하는 보편성의 형식은 억지로 꾸민 가상적 동일성을 표시하기 위한 표현일 뿐이다.[4] 이런 점에서 그는 계약과 합의에 따른 양도와 대의代議의 모델 밑에서, 시민이란 이름조차 근본적인 대립과 충돌로 균열되어 있다는 것을 본다. '인간'이란 이름은, 아직 '휴머니즘'을 탈각하지 못한 시기의 그가 보기에도, 이런 분열과 대립을 은폐하고 보편성의 형식에 따라 특정한 인간에게 다른 인간들이 복종하게 만드는 허구적 개념이다. "근대국가 자체가 현실적 인간으로부터 추상되어 있거나, 혹은 인간 전체를 단지 상상적이고 허구적인 방식으로 만족시키고 있"다는 것이다.[5]

보편적 '인간' 개념이 갖는 허구성은, 현실적 인간에 대한 새로운 통찰로 나아간다. 알다시피 「포이어바흐에 관한 테제」에서 제시되고 『독일 이데올로기』에서 충분히 부연되는 인간에 대한 정의는 이것이다. "인간의

4) 칼 맑스, 「헤겔 국법론 비판」, 홍영두 옮김, 『헤겔 법철학 비판』, 아침, 1988, 10~11쪽.
5) 칼 맑스, 「헤겔 법철학 비판 서문」, 홍영두 옮김, 앞의 책, 196쪽.

본질은 …… 사회적 관계들의 집합ensemble이다." 이 정의가 갖는 의미는 「임노동과 자본」에 나오는 다음 문장이 잘 보여 준다. "흑인은 흑인이다. 특정한 관계 속에서만 그는 노예가 된다." 요컨대 인간이란 어떤 생물학적 종이 갖는 일반적이고 보편적인 특성이 아니라, 같은 생물학적 개체나 심지어 동일인조차 다른 존재가 되게 만드는 '특정한 관계'의 집합이란 것이다. 같은 사람도 그가 속한 관계에 따라 다른 인간이 될 수 있다고 하는 이 파격적인 정의는 '인간'이란 이름에 부여된 모든 종류의 보편적 환상과 초역사적 일반성을 깨고, 역사 자체로, 사회관계 자체로 우리를 돌려보낸다. 이로써 '인간'이란 모든 것의 중심에 자리 잡고 있는 어떤 초월적 척도가 아니라, 사회적 관계에 따라 변환되는 어떤 결과물이 된다.

따라서 인간의 문제는 사회적 관계의 문제고, 사회적 관계의 변혁을 통해 주어진 '인간'을 넘어서는 문제다. 그것은 그 '보편적' 형식이 근대적 사회관계, 다시 말해 자본주의적 사회관계의 산물이라는 것을 보는 것이고, 그 관계를 전복하는 것이다. 따라서 그것은 보편성의 형식을 취하는 근대적 인간을 넘어서는 것이고, 다른 종류의 인간이 되는 것이다. 맑스가 보기에 인간의 문제란 오직 혁명의 문제일 뿐이다. 그러나 그것이 혁명을 통해 인간이 자동적으로 바뀐다는 안이한 생각을 뜻하는 건 아니다. 왜냐하면 인간을 규정하는 다양한 관계의 집합이 단순히 생산관계로 환원되지는 않기 때문이다. 역으로 맑스는 코뮨주의 혁명을 하기 위해선 "전면적인 인간 혁명"이 필요하다고 말한다(『독일 이데올로기』). 가치법칙에 따라 모든 것을 계산하고 자기 이익의 극대화만을 위해 살아가는 인간, 대표자에게 자신의 권리를 양도하고 그를 바라보며 그에 복종하는 인간, 법은 자신이 만든 것이니 철저히 준수해야 한다고 믿고 사는 인간, 어디선가 나를 감시하고 있을 시선을 항상 의식하며 사는 인간, 대중들이 이런 인간에 멈추어 있는 한, 혁명이란 꿈도 꿀 수 없는 것이기 때문이다.

한편 니체는 인간과, 휴머니즘과 직접 대결한다. 지구나 우주의 중심에 인간이 있으며, 그것들은 바로 인간을 위하여 존재한다는, '인간적인, 너무나 인간적인' 발상은 그가 보기엔 가소로운 것이다. 그것은 숲속의 개미가, 자신이 숲의 중심이며, 숲의 존재목적이라고 여기는 것과 동일한, 어이없는 아집이자 자만심의 표시일 뿐이다(『인간적인, 너무나 인간적인』). 그런 인간이 자연에서 분리되어, 자신의 잣대를 자연에 들이댔던 것은 17세기에 이르러서였다. 그 시기는 인간을 발견하고 그것을 중심으로 질서를 세우려던 시기였다. 거기서 인간은 자연과 마주설 수 있는 하나의 거대한 주체로 탄생하지만, 그러기 위해서 하나의 대상으로 객관화되기 시작한다. "인간은 무엇을 알 수 있는가, 인간은 무엇을 해야 하는가, 인간은 무엇을 원하는가"를 물었던 칸트의 질문은 객관적인 대상이자 세계를 구성하는 주체(선험적 주관)로서 인간이 세계의 보편적 척도로서 확고한 자리를 잡게 되었음을 보여 준다.

그러나 이러한 인간이란 사실 이미 법적 형식 아래 고착된, 다만 그에 반작용하면서 살아가는 존재고, '금지'라는 법적 형식의 부정적 권력의지 아래 무력화되어 버린 존재다. 위반의 대가를 가르치고 기억시키는 형벌에 의해, 혹은 스스로 억제하고 자신의 욕망과 생각을 억누르는 법을 가르치는 노동에 의해 창조적이고 생성적인 능력을 상실한 존재다. 사회적 안전을 보장하는 습속의 도덕에 길들여진 존재, 자신의 능력과 의지를 어떤 대표자에게 양도함으로써 스스로가 할 수 있는 모든 것을 포기한 채 그 대표자의 뜻에 따르는 존재, 바로 이런 존재가 우리가 말하는 '인간'이다. "비겁하게 정체를 숨긴 추상적이고 보편적인 인간." 근대에 이르러 선언된 인간의 승리란 바로 이런 인간의 승리였던 것이다. 그래서 니체는 근대인들을 일러 '가축떼'라고 부른다. 채찍과 형벌이 보장하는 명령에 중력을 견디는 낙타의 정신으로 충실히 따르고, 어디선가 짖기 시작하면 이유도 모른 채 따라 짖으며, 새로운 길을 찾아가길 포기한 고개 숙인 존재. 이 존재가 바로 '인간'이다. 세상의 중심에 있다는, 세상 모든 일의 척도로 숭배되는 우상.

그리고 그 반대편에 또 다른 우상들이 있다. 국가주의, 혹은 우상이 된 국가, 그것은 신을 대신하여 숭배되는 새로운 신이고, 근대에 나타난 허무주의의 징표다. "선한 자나 악한 자나 모두 음독자가 되는 곳, 선한 자나 악한 자나 모두 자기 자신을 잃어버리는 곳, 그곳을 나는 국가라고 부른다."(『차라투스투라는 이렇게 말했다』). 그 국가가 끝나는 곳에서, 인간을 넘어서는 새로운 가락이 시작된다.

그래서 니체는 혁명을 말하는 사회주의자들을 비판한다. 이 가축떼 같은 인간들로 대체 어떻게 혁명이 가능하단 말인가! 니체가 보기에 혁명이란 그런 인간을 넘어서지 않고는 불가능한 일이다. 통상 '초인'이라고 번역되는 '위버멘쉬'Übermensch는 '인간' 이후 도래할 어떤 새로운 종種의 이름(명사)이 아니라, '인간'이라고 불리는 현재의 우리 자신을 넘어서는 것을 뜻하는 하나의 동사überwinden고, 그 동사로 표시되는 실천철학적 요구다. 거기 내포된 인간은 국가와 법, 감옥, 화폐에 의해 길들여진 인간이 아니라, 스스로 창조하는 새로운 가치와 삶의 방식을 통해 자신을 길들이는 인간이다. 거기에 내포된 삶의 방식은 주어진 것을 수동적으로 받아들이고 반동적으로 반응하면서 사는 부정적인 삶의 방식이 아니라, 새로운 것을 능동적으로 생산하는 긍정적인 삶의 방식이다. 그런 방식으로 사는 것, 그런 삶을 통해 자신의 신체와 자신의 생각, 자신의 감각과 자신이 갖고 있는 가치까지 끊임없이 변이시키는 것, 그것이 바로 니체가 인간을 넘으라고 말하면서 요구하는 것이다.

카프카가 관심을 갖고 있던 것은 법과 관료제, 그리고 그러한 것 아래서 살아가는 사람들의 모습이었다. 이를 통해 카프카는 권력이 무엇보다도 우선 욕망이라는 것을 보여 준다. 『성』에서 K가 묵게 된 여관의 여주인은 '성'의 권력자 클람이 준 기념물을 평생 간직하고 산다. "클람이 신호를 보냈을 때, 내가 클람에게 달려가는 것을 방해할 수 있는 남편이 어디 있겠어요?" 면장의 아내는 자신에게 보낸 것도 아닌 클람의 편지에 도취되어 "꿈을 꾸는 듯한 모습으로 클람의 편지를 만지작거리고 있다."『소송』에서 K를 유혹하던 정리延吏의 아내는 예심판사와 학생의 욕을 하지만, 자신을 부르러 온 학생이 나타나자 그의 얼굴을 어루어만지며 "예심판사님이 부르셨어요. 나는 당신과 함께 가지 못하겠어요" 하며 그에 안겨 간다.

이런 식으로 카프카는 권력에서 욕망을 보고, 욕망에서 권력을 본다. 지배와 억압이 지배자와 억압자보다는 피지배자, 피억압자에 의해 이루어진다고 한다면, 바로 이 때문이다. 가령 『성』에서 관리 소르티니의 '비열한 유혹'을 거절한 아말리아의 가족은, 그 소문을 듣고 그 가족과 모든 것을 끊어 버리는 이웃들에 의해 파멸한다. 아말리아의 아버지는 무언지도 모르는 죄를 용서받기 위해 이후 관리들을 찾아다니며 소명하지만, 관리들도 무슨 죄인지도 모르는 죄를 용서할 순 없었다. 관리보다 더 가혹하고 관리보다 더 비열한 대중 자신의 단죄와 처벌. 변호사 앞에서 K를 비난하는 『소송』의 또 다른 피고인 블로크는 변호사의 의뢰인이 아니라 "변호사의 개"였다.

하지만 그렇기 때문에 거꾸로 초월적 형식, 보편성의 형식을 취하는 법 또한 하나의 욕망이며, 국가적 권력 역시 하나의 욕망임을 보게 해준다. 칸트가 법의 밑(기초, 근거)에는 아무것도 없으며 법이 바로 선의 기초라는 것을 보여 주었다면, 카프카는 법의 밑바닥에 욕망이 있으며, 법전에는 포르노 사진이 있고, 법정에선 강간 내지 간통이 벌어지고 있다는 것을 보여 주었다. 법이 하나의 욕망일 뿐이라면, 다른 욕망과의 충돌은 피할 수 없다. 그러한 충돌이 바로 '소송'ᵖʳᵒᶻᵉᵝ이다.(법으로부터의 이탈과 충돌이 없다면 소송은 있을 수 없다!) 또한 그런 만큼 최종적 '해결'은 없다. 최종심급은 무한히 연기된다. 따라서 카프카는 소송 가운데서 욕망의 끊임없는 변용과 변화만을 본다. 그렇다면 마찬가지로 보편성의 형식 아래 정의된 '인간'이란 개념 또한, 경계선을 가변화하는 끝없는 소송/과정을 통해서 무한한 가변성의 세계 속으로 들어가게 된다.

카프카는 출구가 없어 보이는 이런 세계에서 출구를 찾는다. "저는 자유를 원했던 게 아닙니다. 저는 다만 하나의 출구만을 원했습니다."(「학술원에 드리는 보고」) 하지만 종종 '구원'이라는 단어로 표시되는 그 출구는, 우리를 에워싼 벽들 사이 어딘가에 숨어 있는 게 아니라, 우리가 서 있는 곳 바로 거기라고 그는 말한다. 벤야민 말대로 카프카의 세계가 하나의 극장이라면, 그리고 그에게 인간이 태어나면서부터 무대에 서 있는 존재요, 그에게 요구되는 것은 자기 자신을 연기하는 능력일 뿐이라면(「프란츠 카프카」), 우리 자신이 서 있는 자리가 바로 그 구원의 장소일 것이다. 왜냐하면 새로운 연기演技를 통해, 자신은 다른 것이 되고, 이로써 우리는 막다른 골목에서 언젠가 벗어날 수 있을 것이기 때문이다. 따라서 그는 방, 사무실, 복도, 도로, 광장 등에서 막다른 골목을 보는 것만큼이나, 그 모든 곳에 출구가 존재한다는 것을 알려 준다. 보편적 형식의 '인간'이 사실은 끊임없이 가변화되는 상이한 욕망의 양상들을 묶는 끈이라면, 그것은 우리가 스스로 새로운 삶을 시도하고 새로운 동작을 시도하는 순간 어느새 풀려 버리는 허술한 끈인 셈이다. 그래서 카프카는 '인간'이란 이름에 별 다른 관심을 갖지 않았는지도 모른다. 우리가 이미 그 안에서 항상-이미 넘어서고 있는 것이라면, '인간'이란 이름이 남아 있다는 사실이 대체 무슨 문제가 될 것인가!

4. 근대적 '인간'의 외부

이미 오래 전에 니체는 '신의 죽음'을 선언했다. '신'이란 무엇인가? 모든 것의 척도가 되는 초월적인 어떤 것, 가변적인 것들로 가득한 한심한 현실을 떠난 피안의 불변적이고 영원한 어떤 것, 그리하여 이 피곤한 세계를 사는 우리가 의당 도달하기를 꿈꾸며 절하고 숭배하는 어떤 것이다. 그것은 말 그대로 어떤 초월적인 신일 수도, 플라톤이 말하는 이데아의 세계일 수도, 혹은 철학자들이 발하는 불변의 영원한 실체일 수도, 혹은 형이상학이 모든 것의 기초에서 발견하고자 하는 확고부동한 '근거'일 수도 있다.

인간중심주의(휴머니즘)는 인간이야말로 세상의 모든 가치의 척도며 '만물의 영장'이고 만물의 중심에 있는 존재라고 선언한다. 그에 따라 휴머니즘의 시대인 근대에 '인간'은 신이 죽은 이후 신의 자리를 차지한 새로운 우상, 새로운 신이 되었다. 따라서 푸코는 적어도 근대 이후의 우리에게 니체가 말한 '신의 죽음'이란 다름 아닌 '인간의 죽음'을 뜻한다고 말한다(『말과 사물』). 니체가 말한 '초인'이 인간을 넘어섬을 뜻하는 것을 염두에 둔다면, 이 말을 이해하는 것은 그다지 어려운 일이 아니다.

하지만 우리는 지금까지 인간이 어떤 생물학적 종의 이름이 아니며, 우리가 그 말을 듣고 떠올리는 어떤 모호한 표상도 아니라는 것을 충분히 보았다. 그것은 국가와 시장, 법, 감옥을 꼭짓점으로 하는 사변형의 경계를 갖고 있으며, 보편성의 형식으로 작동하는 사회·역사적 구성물이다.

그런데 인간이 근대의 '신'이라는 자리를 차지했다고 한다면, 인간의 경계를 구성하는 네 개의 꼭짓점 또한 그에 상응하는 나름의 신들을 갖고 있다. 개별적인 욕망의 상충으로 인한 전쟁상태를 피하기 위해 전권을 위임받은 (근대)국가가 새로운 초월적 존재, 새로운 숭배의 대상이 되었다는 것은 굳이 홉스를 읽지 않아도 다 아는 사실이다. 가치법칙이 지배하는 사회에서 화폐가 모든 이들의 열광적인 숭배 대상이 되었으며, 그들의 모든 활동을 평가하는 초월적 척도가 되었다는 것을 모르는 사람이 어디 있는가? 근대에 이르러 나타난, 공리적이고 보편적인 형식을 극단화한 법이 또다른 초월적 존재가 되었다는 것도 많은 설명을 필요로 하지 않는다. 다만 감옥에서 탄생한 새로운 신을 위해서만 약간의 설명이 필요할 뿐이다.

그것은 아마도 '정상성'이라는 형식을 취하는 '개인', 혹은 개인들을 자유롭게 방치해도 별 탈이 없을 조건으로서 '정상성'이라는 형식 자체일 것이다. 정상적인 인간, 그것은 정상적인 신체를 갖고, 정상적인 '욕망'에 따라, 정상적인 방식으로 생각하고 행동하는 사람이다. 가령 과도한 성욕을 가진 사람, 변태적인 성욕을 가진 사람, 남의 일에 과도한 관심을 가진 사람, 외도를 즐기는 사람, 어떤 한 가지 일에 미친 듯 몰두하는 사람, 돈 버는 일에 관심이 없는 사람, 탈주범을 숨겨 주는 사람, 남들의 생활에 걸핏하면 참견하는 사람 등은 모두 그렇지 못한 사람들이다. 자신이, 혹은 자신과 만나는 사람이 이런 사람은 아닌지 끊임없이 관찰하는 시선, 그것이 바로 감시자의 시선을 대신하는 자신의 시선이다. 보되 보이지 않는 시선의 권력이 '정상성'이란 형식을 만들며 작동하고 있는 것이다.

이는 자유주의자들이 말하는, 자신만의 고유한 자유를 만끽하려는 '자아'와 상관적이다. 남에게 자신의 자유와 프라이버시를 침해받지 않기 위해, 또한 남들의 그것을 침해하지 않기 위해 서로 간에 높은 벽을 쌓는 근대적 개인이 그것이다. 일찍이 엘리아스는 근대문명Zivilization이 다양한 방식으로 서로 간에 이런 벽을 쌓아 왔다는 것을 세밀하게 지적한 바 있다 (『문명화과정』). '정상성'이란 자유롭게 움직여도 남의 신체에 닿지 않는, 나를 항상-이미 둘러싸고 있는 그 경계, 그 벽들의 다른 이름이다. 절대화된 프라이버시, 절대화된 개인의 삶, 그것은 근대에 이르러 새로이 숭배의 대상이 된 또 하나의 우상인 셈이다.

따라서 '인간'을 넘어선 새로운 인간은 이러한 경계를 통해 정의되는 근대적 인간의 형상을 넘어서는 것, 그 경계선에 갇힌 삶의 방식에서 벗어나는 새로운 삶의 방식을 통해 정의될 수 있다. 먼저 우리는 "해야 한다, 고로 할 수 있다"는 칸트 식의 행동준칙에서 벗어나 우리 자신의 행동과 실천을 정의할 수 있어야 한다. 그것은 법적 형식, 의무의 형식에서 벗어나 실천이나 행동을 산출하는 것을 뜻한다. 그것은 스스로 만든 것이라는 근대적 허구 아래, 자신에 복종하는 환상이 덧씌워진 의무의 형식에서 벗어나 새로운 욕망의 배치를 만드는 것이다. 단순화하면, "하고 싶다, 고로 할 수 있다"는 명제로 요약될 수 있는 새로운 욕망의 배치.

하지만 혹자는 이렇게 질문할지도 모른다. 그렇다면 우리는 다시 홉스적 전쟁상태로 되돌아가게 되진 않는가? 그런 의미에서 그것은 몽상적 이상가의 순진한 무정부주의를 뜻하는 것은 아닌가? 그러나 전쟁에 대한 공포를 이용해 국가를 정당화하는 홉스의 논리에는 이미 원자화된 개인, 오직 자기 눈앞의 이익만을 생각하는 개인, 그것을 위해 어떤 상대와도 경쟁하고 대립하는 근대적 개인이 전제되어 있다. 그러나 우리는 그러한 개인이 시장이라는 '특정한 관계'의 산물이며, 그 관계가 만들어 내는 특정한 욕망의 표현임을 알고 있다. 폴라니Karl Polanyi나 많은 인류학자들은 인간의 역사에서 살벌한 경쟁으로 특징지어지는 그런 인간관계가 매우 짧고 제한된 역사만을 갖고 있음을 보여 준 바 있다. 그것은 시장 가운데서도 가치법칙이 지배하는 시장, 가격기제라는 '보이지 않는 손'이 작동하는 시장이 만들어 낸 욕망의 배치다.

폴라니는 호혜성과 쌍대성이라는 원리에 따라 이루어지는 다양한 교환의 형태들을 보여 준 바 있다(가령 『인간의 경제』, 『거대한 전환』 등). 생의 말년에 푸코는 근대적 인간을 만들어 내는 권력의 '외부'를 사유하기 위해 그리스 문헌을 뒤져 새로운 욕망, 새로운 권력의 배치를 찾아 낸 바 있다. '자기에 대한 배려'만으론 '왕따'가 되고 나쁜 놈이 되어 사회적으로 매장되기에 사실은 결코 '자기에 대한 배려'가 되지 못하는 권력관계를 거기서 발견한다. 거기서 그는 '타인에 대한 배려'를 통해서만 타인들의 인정을 받기에, '타인에 대한 배려'를 통해서만 '자기에 대한 배려'가 가능해지는 새로운 권력의 배치를 본다(『성의 역사 3: 자기에의 배려』). 그것은 홉스가 생각한 욕망의 배치──권력의 배치기도 한데──와는 전혀 다른 종류의 욕망의 배치가 가능하며, 실제로 역사적으로 존재했음을 보여 주는 것이다.

이는 감시자의 시선을 스스로 대신하는 종류의 배치를 넘어서는 지점과 연결되어 있다. 혹자는 그래도 감시의 시선이 통과하지 않는 '프라이버시'의 중요성에 대해 말할지도 모른다. 법을 어기는 것이 아닌 한, 그리고 적당한 노동, 적당한 매너로 정상적인 생활을 하는 한, "전봇대로 이빨을 쑤시든" 방안에서 하루 종일 TV를 보든 무슨 상관이랴! 그러나 푸코는 이미 성욕을 히스테리화하고 자위를 교육대상화하며 섹스를 병리학의 대상으로 다루는 방식으로, 가장 내밀한 침실 안에서조차 '정상성'의 형식을 만들면서 작동하는 권력의 존재를 드러내 보여 준 바 있다(『성의 역사 1: 앎의 의지』). 건강한 정신, 건강한 신체를 생산하기 위해 우리는 침실 안에서조차 자신의 신체를 의사의 시선으로 본다. 따라서 자기감시의 배치란 사실은 '정상성'이라는 영역 안에 개인의 욕망을 가두고 통제하는 배치며, '프라이버시'나 '내밀성'은 그 배치의 일부일 뿐이다.

반면 타인에 대한 배려를 통해 자기를 배려하는 욕망의 배치가 가능하다면, 그것은 또 그러한 배려의 시선으로 타인을, 또한 자신을 바라보는 새로운 시선의 배치가 가능하리라고 상상할 수도 있지 않을까? 그것은 자신의 건강, 자신의 정상성에 대한 집착 속에서 스스로 자기감시의 체제 안에 포섭되는 것과는 다른 종류의 삶, 다른 종류의 배치가 가능하리란 것을 시사하는 것은 아닐까? 이런 점에서 '자율주의'autonomia는 단지 외적 강제에 의하지 않고 자율적으로 활동한다는, 자기감시와 그다지 다르지 않아 보이는 어떤 행동의 방식이라기보다는, 다른 종류의 인간관계, 다른 종류의 욕망의 배치를 내포하는 하나의 중요한 사례라고 할 것이다.

다른 한편 가치법칙과 화폐의 문제는 근대적 인간의 경계를 넘어서기 위한 또 다른 중요한 조건이다. 가치법칙이란 모든 것이 화폐화되는 한에서만 존재할 수 있는 이 근대세계의 '법칙'이다. 뒤집어 말하면 화폐화되지 못하는 것, 가치화되지 못하는 것은 존재할 수 없으며, 결국 사라지게 된다. 돈이 되지 않으면 생산하지 않으며, 돈이 되지 않으면 멀쩡한 곡물도 바다 속에 처박아 버린다. 모든 생산의 흐름은 더 많은 돈이 벌리는 것으로 몰려간다. 사과는 상품성이 좋은 종으로 점점 단일화되고 있으며, 벼나 옥수수도 소출량이 많은 것으로 단일화되어 간다.

사람도 마찬가지다. 정상적으로 살아가기 위해서 우리는 노동을 해야한다. 노동이란 '자본에 의해 구매되는 활동', 쉽게 말해 '돈이 되는 일'이다. 혹시 돈이 되지 않을 일만을 하고 있는 사람이 있다면, 그게 공부든, 창작이든, 혹은 무언가를 두드려 만들어 내는 '공작'工作이든, "쓸데없는 짓"

을 하고 있는 것이다. 마찬가지로 돈이 되지 않는 활동, 가령 가사노동이나 음악을 듣는 것은 노동이 아니다. 즉 '가치 없는' 활동이다. 사신을 가치화하는 데 능숙한 사람은 유능한 사람이 되고, 그렇지 못한 사람은 무능한 사람이 되었다가, '인간'의 경계에서 벗어난 사람이 되기도 한다.

또한 가치법칙은 모든 교환을 등가성에 의해 정의한다. 즉 동등한 가치를 갖는 상품 간에만 교환이 성립한다. 이는 모든 교환되는 것에 대해 "얼마짜리인가?"를 보게 만든다. 맑스는 이로 인해 모든 것이 냉혹한 계산의 찬물 속에 들어가게 된다고 묘사한 바 있다. 이젠 선물도 의무가 되고 계산의 대상이 된다. '나는 당신에게 선물을 했는데, 왜 당신은 나에게 선물을 하지 않지?(당신은 나를 사랑하지 않는군!)' 혹은 '나는 5만원짜리 선물을 했는데, 너는 고작 1만원짜리 선물을 해?(이런 괘씸한!)'

확실히 '타인을 위한 활동'이나 '타자에 대한 배려'는 가치법칙을 넘어서지 못하고선 불가능하다. 가치법칙은 타인을 위한 활동조차 등가적 내지 준-등가적 가치를 갖는 무언가로 돌려받고 싶다는 욕망을 자동적으로 만들어 내기 때문이다. 확실히 "하고 싶다, 고로 할 수 있다"라는 명제는 가치법칙을 넘어서지 못하고선 무의미하다. 가치법칙은 '타인에 대한 배려'조차 끊임없이 계산하게 하여, 이익과 손해를 분별하게 하며, 그 계산된 결과에 따라 움직이는 타산적打算的인 활동으로 바꾸어 버리기 때문이다. 각자를 자기 손에 남은 이익만을 계산하는 홉스적인 개인으로 만들기 때문이다. 또한 계산하지 않고, 돈이 되지 않는 일을 하는 사람, 타인을 배려하며 사는 사람이 생존할 수 없게 되기 때문이다. 화폐화되지 않는 모든 일을 무가치한 것으로 만들어 버리기 때문이다. 살기 위해선 돈을 벌어야 하고, 그러기 위해선 내가 하고 싶은 것을 포기해야 하는 그런 삶의 방식을 자동적으로 만들어 내기 때문이다("해야 한다, 고로 할 수 있다"가 다시 나타난다). 등가성과 무관한 호혜적 교환, 비자본주의적인 화폐의 사용, 화폐적 척도로 환원되지 않는 '가치'의 가치화, 가치법칙에 따르지 않는 욕망의 배치.

더불어 우리는 '대의' 내지 '대표'의 형식으로 정치를 정의해선 안 된다. 정치란 선거로 선출된 대표자들이 대의적으로 구성된 국가기관에서 행하는 활동, 쉽게 말해 남들이 대신해 주는 그런 활동이 아니라, 우리 자신이 하는 활동, 우리 자신의 삶 자체가 되어야 한다. 정치라는 개념에서 국가주의적 관념을 제거하는 것. "자유로운 개인들의 자발적 연합"을 구성하는 모든 종류의 실천, 근대적 권력에 우리를 길들이는 모든 종류의 습속에서 벗어나기 위한 모든 활동, 상생적인 관계를 만들어 가는 모든 일상적 행동들, 그리하여 '나'나 '우리'라는 경계를 끊임없이 확장하면서 접속가능한 모든 것에 자신을 여는 삶을 만들려는 모든 노력들, 그것이 바로 '정치'란 말로 우리가 새로이 지칭해야 할 것들이다.

사실 맑스가 분명히 한 것처럼, 어떤 개인도 추상적인 '인간'으로 존재하지 않는다. 그가 속하게 되는 관계에 의해, 어떻게 생산하고 어떻게 활동하는가에 의해 그가 누구인가가 결정된다. 어떻게 생산하는가, 어떻게 살고 활동하는가는 무엇을 하고 싶은지, 어떻게 하고 싶은지 하는 욕망에 의해 추동되며, 동시에 그러한 욕망을 만들어 낸다. 이는 그런 관계만큼이나 상호 간에 형성되는 욕망의 형태가 다양할 수 있다는 것을 의미한다. 그리고 이 관계는 인간 상호 간의 관계를 넘어서, '인간'과 언제나 짝하는 '비인간'과의 관계를 항상-이미 포함한다. 여기서 '비인간'이란 동물, 식물, 대지와 공기 등을 포함하는 자연, 혹은 인공적으로 만들어진 것들, 생산수단, 사물 등, 인간을 위해 존재한다고 간주되던 모든 것에 해당된다.

그렇다면 그것은 인간 간의 관계뿐만 아니라, 인간과 비인간의 관계에서도, '인간'의 욕망을 넘어서 다른 종류의 욕망의 배치가 있을 수 있음을 뜻하는 게 아닐까? '비인간'을 포함하는 타자들에 대한 배려를 통해서만 자기 배려가 가능한 그런 욕망의 배치, 혹은 권력의 배치가 있을 수 있는 게 아닐까? 그렇지만 그것은 아마도 '인간'이 생산한 것만이 '가치'를 가지며, 그것을 생산하는 데 든 인간의 노력이 그 가치의 크기(값)를 결정한다는 오만하기 그지없는 경제학적 휴머니즘을 던져 버릴 것을 요구하는 것처럼 보인다. 그것은 아마도 인간의 생명 연장 안에서 '생명'을 정의하고, 그것을 중심으로 다른 모든 생물을 '진화'라는 위계 속에 배열하는 생물학적 휴머니즘을 넘어설 것을 요구하는 것처럼 보인다. 그것은 아마도 '언어'를 소통의 특권적인 수단으로 설정하고, 그것을 사용하지 못하는 모든 것들의 '메시지'를 고요한 침묵 속에 밀어 넣으며, 인간이 그것들에 부여한 의미가 바로 그 각각이 갖는 진정한 의미라고 간주하는 언어학적 휴머니즘을 벗어날 것을 요구하는 것처럼 보인다. 휴머니즘의 죽음.

찾아보기